陕西出版资金资助项目

唐长安城考古笔记

何岁利 / 著

陕西师范大学出版总社

图书代号　SK18N1788

图书在版编目（CIP）数据

唐长安城考古笔记 / 何岁利著. —西安：陕西师范大学出版总社有限公司，2018.12（2021.7重印）
ISBN 978-7-5695-0410-1

Ⅰ.①唐… Ⅱ.①何… Ⅲ.①唐长安城—古城遗址（考古）—研究　Ⅳ.①K878.34

中国版本图书馆CIP数据核字（2018）第266556号

唐长安城考古笔记
TANG CHANG'AN CHENG KAOGU BIJI

何岁利　著

责任编辑	雷亚妮
责任校对	邓　微
出版发行	陕西师范大学出版总社
	（西安市长安南路199号　邮编 710062）
网　　址	www.snupg.com
印　　刷	陕西金和印务有限公司
开　　本	700mm×1020mm　1/16
印　　张	19
插　　页	2
字　　数	228千
版　　次	2018年12月第1版
印　　次	2021年7月第2次印刷
书　　号	ISBN 978-7-5695-0410-1
定　　价	68.00元

读者购书、书店添货或发现印刷装订问题，请与本公司营销部联系、调换。
电话：（029）85307864　85303635　传真：（029）85303879

序

安家瑶

我的年轻同事何岁利为纪念唐长安城建都1400周年写了《唐长安城考古笔记》一书，嘱我为其写序。何岁利是唐长安城考古的亲历者，这本书以通俗的语言记录了他在中国社会科学院考古研究所西安唐城队的经历和思考，对大众理解考古、保护文化遗产有积极意义。

唐代是我国政治统一、经济发展、文化繁荣、国际交往频繁的盛世。长安城作为唐代的都城，人口一度超过百万，是中世纪的世界名城，也是唐代丝绸之路的起点。

唐长安城的前身是隋大兴城。公元581年，杨坚建立了隋朝，仍以汉长安城为都。但汉长安城建于西汉初年，久经丧乱，破败不堪。公元582年，隋文帝诏令在汉长安城东南二十里的龙首原之南营建新都，命名为大兴城。唐取代隋之后，将该城改名为长安城，仍沿用为都，并有多次增修。这个城市自隋开皇二年（582年）兴建，经过了322年，到唐天祐元年（904年）正月，朱全忠挟唐昭宗移都洛阳，宫室、百司及民家被拆毁，以其木材扎成浮筏，由渭河转黄河至洛阳，唐长安城沦为废墟。

隋大兴城、唐长安城在中国都城发展史上占有特殊的地位，其规划设计承前启后。近年曹魏、东魏、北齐邺城和魏晋洛阳宫城阊阖门、太极殿的考古都给隋唐长安城中轴对称制度、宫城北置的布局、明确功能分区的设计理念，找到源头。隋唐长安城的规划设计影响巨大，唐州城大多根据长安坊内十字街的设计而部署。隋唐长安城的规划设计对宋、元、明、清城市布局有着不可磨灭的影响。隋唐长安城的规划设计直接影响到朝鲜半岛和日本。2008年美国规划师协会访问西安，我给他们讲隋唐长安城。当他们知道隋大兴城规划精严、规模空前，而且中国的史书明确记载了隋代规划师宇文恺的名字时，那吃惊、敬佩的表情让我至今难忘。

由于隋唐长安城的巨大影响，早在盛唐时期的韦述即著有《两京新记》，对长安城的规划和布局做了较详的记述。自五代、北宋以来一直有学者踏察、记录这座城址。北宋宋敏求所著《长安志》中，做了补充和研究。北宋吕大防又作图刻石以期使之永垂后世。此图仅残存一部分，是至今保存的隋大兴唐长安城的最古老地图。南宋程大昌所著《雍录》和赵彦卫所著《云麓漫钞》，对长安城也进行了研究和阐述。元代李好文作《长安志图》。清代学者徐松对长安城做了大量考证研究，著有《唐两京城坊考》。20世纪初，日本人足立喜六曾对长安城进行了研究，著有《长安史迹考》。

以田野调查发掘为基础的考古学是近代出现的一门崭新的科学学科。到20世纪50年代，中国考古学研究对象的年代范围极大地拓展了。除了继续开展史前考古工作外，还做了大量的历史时期遗存的调查和发掘，特别是历史上重要都城的勘察。1957年，陕西省文物管理委员会对隋唐长安城址进行了初步探测；同年，中国科学院（1977年更名为中国社会科学院）考古研究所派出以马得志先生为队长的西安唐城考古队（又名陕西第一工作队），以隋大兴唐长安城为工作重点，进行了长期、全面的勘察和部分考古发掘。近年来，西安市考古研究院和陕西省考古研究院也投入到隋唐长安城考古发掘的工作中，从而对城址的平面布局、坊市的形制、宫殿的分布及其建筑基部的结构等，有了进一步的认识，对历史文献记载多有补缺纠正，也为遗址的展示和利用奠定了科学依据。我有幸于1982年开始参加隋唐长安城考古工作，十年后主持了西明寺、大明宫含元殿和太液池、圜丘等遗址的发掘。现任唐城考古队队长龚国强博士于2005年起主持发掘大明宫丹凤门、宫署遗址等，目前正在发掘隋唐长安城东市遗址。

马得志先生于2016年9月底离我们而去，临终前念念不忘的还是隋唐长安城的考古工作。可以告慰考古前辈的是，当下文化遗产越来越受世人重视，隋唐长安城的总体保护规划正在制订，考古发掘的队伍后继有人，考古数字平台正在建立。大明宫遗址与大雁塔、小雁塔已列入联合国教科文组织世界遗产名录，西市部分遗址、含光门遗址和圜丘遗址等已建成遗址博物馆对外展出，明德门遗址保护展示工程正在进行。隋唐长安城的遗址见证了那段灿烂的历史，传递着中华文明的基因。今人只有深入挖掘历史，才能增强中华民族的文化自信，激发全民族创新、创造的活力，不断铸就中华文化新辉煌。

2018年6月

前言

唐长安城考古笔记

何岁利

近几年，随着《盗墓笔记》的大红大紫，盗墓小说、盗墓电影成为时尚，曲折离奇的情节、稀奇灵异的珍宝，成了诸多年轻人追逐喜爱的对象。再加上鉴宝类电视节目的热播，仿佛拥有一件珍宝就可以一夜暴富、一步登天。考古学这个原本冷僻的专业突然变得"炙手可热"、人气十足，吸引了许多人好奇的目光。我们这群低调的专业考古工作者竟然也收获了许多朋友的艳羡与崇拜，甚至在朋友圈里不时成为"香饽饽"，受到很多关注与调侃。

真实的考古工作是怎样的呢？到底有没有传说中那般传奇？作为一名专业考古工作者，我就和大家一起来说说我参与过的唐长安城考古。隋唐长安城，也就是现在西安市城区范围，我们就从西安说起。

西安，古代多称长安。西周、秦、西汉、新朝、东汉、西晋、前赵、前秦、后秦、西魏、北周、隋、唐等13个王朝都曾以此为都城，所以西安又有"十三朝古都"的美誉。特别是作为隋唐两代的都城，长安城曾是当时世界上规模最大的城市和中国古代最大的都城，与古罗马城一起被认为是东西方古代城市的代表。长安城规模宏伟、建筑壮丽、布局规整，不仅为中国唐以后的都城建设树立了典范，同时对邻近其他国家都城的形制布局也产生了一定的影响，在世界古代都城史上占有重要地位。

唐长安城的考古工作如今已经走过60余载，在考古工作者的努力下，城址的形制、范围、相关遗迹（如城墙、城门、街道、宫殿、寺院、池苑等）都有许多重要的发现，也取得诸多成果。但这些考古发现与成果，绝大多数的普通民众却知之甚少。

2015年3月，我应陕西省图书馆的邀请，做了一场关于唐长安城考古的公益讲座，概括介绍了有关长安城考古的一些情况，并回答了西安城市发展建设与长安城考古的关联等一些群众关心的热议话题。没有想到的是，现场引起了大家的强烈反响，报告结束后，许多人不肯离去，继续追问一些有关长安城考古的问题。之后的一段时间，又受到许多媒体的采访。这使我第一次深切感受到公众渴望了解长安城考古情况的迫切心情。作为一名西安人，同时又是长安城考古工作者，我自觉有责任、有义务把更多唐长安城考古的情况介绍给大家。后来不久，陕西师范大学出版总社的邓微老师找到我，建议我把历年来唐长安城考古成果，自己20多年来从事唐长安城考古工作的亲身经历与考古背后的故事整理成书出版，以便让更多的人能够了解真实的唐长安城考古，这才有了《唐长安城考古笔记》一书。

从内心来讲，让更多人知道唐长安城考古成果及考古工作背后的故事和经历，也是我所渴望的事。特别是考古工作背后的故事和经历，一般不会被记录，多半只有当事人和几个关系密切的同事知晓，过去也就过去了……这一情况，至今存在于考古行业。一方面，从工作角度讲，这样就失去了许多考古工作过程的资料与记录，不利于考古工作的继续与传承。另一方面，这更是公众考古的损失。对于大众来说，他们所关心的不是什么学术性问题，而更多是出于好奇，想了解考古工作是怎样去拨开迷雾还历史一个真相，怎样对历史谜团孜孜不倦地探索，等等。或许这正是考古工作不断得以发展的一大动力,是考古工作的价值所在。也正因此,如今更多的考古单位与众多考古大家,都以实际行动大力推动公众考古工作,希望专业的考古能够融入公众生活。

陕西师范大学出版总社经过多方协调,把我这些年从事唐长安城考古工作所取得的成果、工作情况、见闻和一些感受编辑成书,是我莫大的荣幸,也是半个多世纪以来所有唐长安城考古工作者莫大的荣幸。希望这本小书,让更多人了解历史上真实的长安城,了解真实的长安城考古,了解长安城考古工作者背后的故事及一些鲜为人知的考古经历。

作为唐长安城考古的第一本非专业性书籍,我想把它献给为唐长安城考古奉献毕生精力的前辈马得志先生。马先生是唐长安城考古的奠基人,第一任中国科学院考古研究所唐长安城考古队队长,唐长安城考古第一代功勋级元老。从1956年起,马先生就带着大家对唐长安城郭城的形制、规模、城门、街道、里坊、市场、太极宫、兴庆宫、大明宫的形制、结构、宫门、宫殿等进行全面的考古钻探与发掘,同时又对整个长安城(包括大明宫)进行了系统的考古测量,获得了珍贵、翔实的考古资料。直到现在,隋唐长安城的考古工作还以此为基础。这些资料也是研究唐长安城非常重要的考古资料,永远无法替代。

写作此书的时候,笔者正在乌兹别克斯坦参加"一带一路"考古项目中乌联合考古队明铁佩(Mingtepa)遗址发掘工作,期间惊悉马得志先生于2016年9月30日晚因病逝世(享年94岁)。据其亲属描述,马先生在昏迷时,还在谈考古,谈西安,把医生、护士当成考古队员"分配"到各地去考古。他们都以为马老神智糊涂了,可有谁知道,就是这样一位老先生,把自己的一生都献给了考古,献给了自己工作的唐长安城。他在生命的最后时刻还心系西安,惦念唐城考古!

2018年恰逢唐长安城建都1400周年。追忆历史,感悟唐朝,作为新时代唐长安城考古工作者,探寻大唐盛世下的长安城,揭示和认识更多鲜为人知的大唐历史文化信息,是工作职责也是历史使命。穿越历史,寻找真相，探寻长安的灿烂与包容、厚重与自信，让考古和历史不再停留于过去的时间与空间，不再停留于报告、书本和脑海，而是走进大众的视野和生活。因此，我也想把这本小书献给拥有1400岁辉煌历史文化与雄厚积淀的唐长安城，以表崇敬和纪念。

长安城的考古不是一二人所能完成的，考古工作所取得的丰硕成果，是集体智慧的结晶。所有考古工作的开展与成果的取得，除了一线发掘、研究的考古工作者外，更离不开幕后考古技师们（熟练掌握田野考古钻探、发掘、绘图、照相等技术的一线工作人员）不为人知的奉献。考古工作离不开他们的身影，考古报告中却鲜有他们的名字。说他们是考古工作背后的英雄，一点都不为过。1998年至今，和我一起进行隋唐长安城考古工作的技师有李振远（1982年起从事隋唐长安城考古）、谭崇礼（1981年起从事隋唐长安城考古）、冯小振（1982年起从事隋唐长安城考古）、王佐刚（1998年起从事隋唐长安城考古）、郑朝阳（1992年起从事隋唐长安城考古，后从事其他城址考古）、董慧杰（1990年起从事唐长安城考古，后从事汉长安城考古）等。希望他们在读到这本书时，能为自己作为唐长安城考古人之一而感到自豪，长安城考古成果的取得离不开他们辛勤的汗水！

2018年6月18日于西安研究室

目录

第一章 历史长安
世界大都会——唐长安城 / 001

世界大都会——唐长安城 / 002
唐长安城的前世与今生 / 003
唐长安城选址与建设 / 006
唐长安城内的"紫禁城"——三大内中的大明宫 / 011
唐长安城与大明宫的废毁 / 024
唐长安城与西安城区的今昔对照 / 025

第二章 寻找长安
唐长安城与大明宫的考古历程 / 037

新中国成立前对唐长安城的调查与发掘 / 038
新中国成立以来唐长安城与大明宫的考古历程 / 041
西安城区还有哪些真正的唐代遗址？ / 048
大明宫考古发现的遗址 / 061

第三章 印象长安
古今交融的千年画卷 / 065

唐长安城内的道路与交通 / 066
唐长安城的里坊与市场 / 071
唐长安圜丘：差点被遗忘的千年天坛 / 080

探访唐长安城的大内宫城——太极宫 / 083

昔日腥风血雨的玄武门今何在？ / 088

天下粮仓之唐太仓遗址 / 093

长安城西南隅地标——木塔寺 / 097

明德门外北望长安城 / 099

第四章　考古长安
大明宫考古笔记 / 105

一块石碑——大明宫考古的开始 / 106

范围与格局的探寻 / 107

宫门考古 / 115

宫殿考古 / 143

大明宫的"脉络"——道路与水系 / 190

中央"智库"——大明宫翰林院 / 214

人间仙境、绮丽的后宫——皇家池苑太液池 / 217

大明宫内园林植物的考古探寻 / 232

大明宫内鲜为人知的宗教建筑 / 238

第五章　记忆长安
唐长安城考古的那些事儿 / 243

含光门考古，我得感谢一位陌生游客 / 244

消失的帝都城阙——我记忆中的唐长安城安化门遗址 / 247

应记住为保护大唐西市遗址做出贡献的民营企业家 / 249

那一年为了工作，我差点失去了女儿 / 251

大明宫含元殿御道考古的前前后后 / 253

丹凤门考古发掘亲历记 / 261

大明宫国家遗址公园考古往事 / 265

太华路考古纪实 / 268
大明宫考古，你所不知道的那些事儿 / 273

附录一　考古不是"挖宝" / 279
附录二　我的考古工作历程 / 287

唐长安城考古笔记

第一章 历史长安

世界大都会——唐长安城

世界大都会——唐长安城

20世纪90年代，有人做过一项很有意思的问卷调查，题目是：如果可以选择，你愿意生活在中国古代哪个朝代的哪个城市？回答令人吃惊的一致，第一位的选择是：唐代长安城！唐长安城到底是怎样的一座城市？为什么会在今人心目中享有如此高的地位？

唐时期的中国，国势隆盛、声威远播，经济文化高度发展，位居当时世界前列。唐长安城作为中国历史上最强盛王朝的都城，气势磅礴，同时也是当时世界上规模最大、经济最为发达的国际化城市，以繁荣与秀美闻名世界。

唐长安城也是绵延万里的丝绸之路的起点，都城规模宏伟、建筑壮丽、布局规整，不仅为中国唐以后的都城建设树立了典范，同时对邻近其他国家都城的形制布局产生了一定的影响，在世界古代都城史上占有重要地位。

与我国古代其他都城相比，唐长安城的面积84平方公里，是汉长安（36平方公里）的2.33倍，是北魏洛阳城（73平方公里）的1.15倍，是隋唐洛阳城（45平方公里）的1.86倍，是元大都（50平方公里）的1.68倍，是明南京城（43平方公里）的1.95倍，是明清北京城（60平方公里）的1.4倍。

唐长安城与相近时期世界上其他国家都城相比，居当时世界之最。它的面积是东罗马帝国首都拜占庭（447年建，面积11.99平方公里）的7倍，是伊拉克首都巴格达（800年建，面积30.44平方公里）的2.75倍，是日本奈良藤原京（690年建，面积6.5平方公里）的12.92倍，是日本奈良平城京（708年建，面积22.5平方公里）的3.73倍，是日本京都地区平安京（793年建，面积22.88平方公里）的3.67倍。

唐长安城曾是世界古代历史上人类建造的最大都城，是当之无愧的"世界第一城"。唐长安城又是世界历史上第一个达到百万人口的大城市。唐长安的人口中，外国的商人、使者、留学生、留学僧等总数不下3万人。当时来长安与唐通使的国家、地区多达300个，唐代的科技文化、政治制度、饮食风尚等从长安城传播至世界各地。另外，西方文化通过唐长安城消化再创造后又辗转传至周边的日本、朝鲜、缅甸等国家和地区。唐长安城成为西方和东方商业、文化交流的汇集地，是当时世界上最大的国际大都会。

唐长安城，一座令古今中外无数人神往的城市，一座拥有无限荣耀的辉煌之城，一座文化璀璨、满腹经纶的博学之城，一座广纳宾朋、热情待客的开放之城……站在1400年的历史节点上回望，这座世界历史文化名城历久弥新，馥郁芬芳一如往昔。历经千年沧桑，长安城的记忆永远留在中国人的心中！长安是中国的长安，也是世界的长安。长安可谓一个圣地。海外唐人街遍布，是因为唐朝影响大，有唐人街的地方人们就会想起唐长安城。

唐长安城的前世与今生

一、唐长安城的前世

汉长安城作为都城，历经西汉、东汉、西魏、北周。隋朝建立后，最初依然沿用北周的旧都，即西汉长安城。后隋文帝在汉长安城东南二十里的龙首原之南另建新都，称大兴城。唐代建立以后，沿用大兴城为都城，也就是后来的唐长安城（图1-1）。

隋唐长安城历经隋都大兴城（582—618年）36年，唐都长安城（618—904年）286年，300余年风雨，铸就了中国古代封建统一王朝与世界古代文明史上辉煌的国际大都会。天祐元年（904年），朱全忠挟持唐

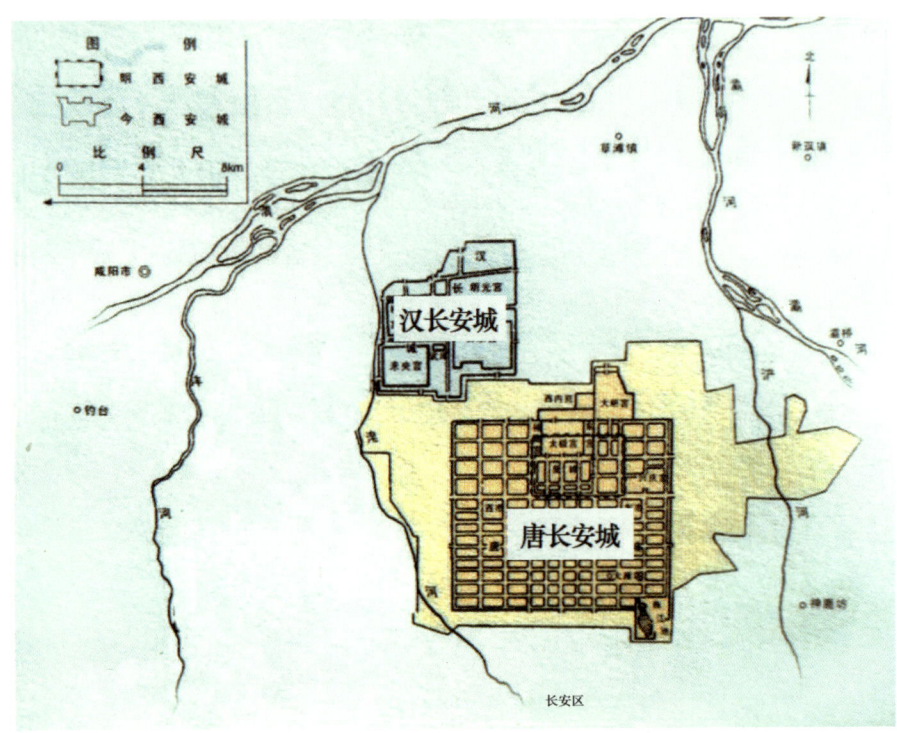

图1-1 汉唐长安城对照图

昭宗东迁,并把宫室拆毁。至此,有着322年历史的隋唐长安城便最终谢幕,宣告废弃。

二、唐长安城的今生

唐长安城废弃后,驻守长安的佑国军节度使韩建认为城广人稀,不利于防守,于是对城市进行改筑,史称"新城",也就是五代、宋、金、元的长安城。城区范围仅限于原唐长安皇城范围①,面积大大缩水,仅及整个唐长安城的十六分之一,规模较之盛唐时期已不可同日而语。

韩建主修的新城规模在五代、宋、金、元时变化不大。只不过名称略有变化,后梁时称"大安府",后唐时称"西京府",宋金时称"京兆

---

① 关于唐长安皇城的范围,《唐六典》卷七载:"东西五里一百一十五步(约合今2 815.5米),南北三里一百四十步(约合今1 719.4米)。"考古实测数据为:东西2 820.2米,南北1 843.6米,周长9.2公里,面积约5.2平方公里。

府"，元代称"奉元路""奉元城"①。

明代是唐以后长安城历史上一个重要时期。保留到现在的著名的西安城墙及许多县市城墙，多半是明代修建的。

明洪武二年（1369年），明政府改元代奉元路为"西安府"，取意"安定西北"。"西安"之名自此而始，并沿用至今。

如今的西安是陕西省省会、副省级市、关中平原城市群核心城市、国家中心城市等，也是国务院公布的首批国家历史文化名城，联合国教科文组织于1981年确定的"世界历史名城"。西安总面积10 752平方公里，人口近千万。拔地而起的现代化的城市建筑美轮美奂，国际大都市风采依旧。千年古都的历史文化沉淀，使现代化的西安时尚中渗透着古朴典雅，身在其中，仍能感受到千年前永远的长安城。

三、西安城墙西南角为"半圆形"始于元代

西安城墙四个城角中三个为方形，唯独西南角为半圆形（图1-2），很多到过西安的人，还有一些西安本地人都不知怎么回事。西安城城墙西南角之所以为半圆形，这与古代城墙形制变化有关。

五代、宋、金时长安城的平面为长方形，城角特征沿用唐代皇城制度，均为方形，没有明显变化。至元代奉元城时，城角改为半圆形。

明代的长安城，是在元奉元城的基础上进行了拓建，拓建的西安城墙以唐皇城西南角为基点，利用皇城南墙和西墙，然后向东向北拓伸。据考古调查，拓展后的明西安城城墙西南角仍保留有元奉元城城墙半圆形建筑形制。而明城墙的西北、东北、东南三角台，则改为明代形制，建成方形。今天，在玉祥门豁口以南环城林地内，还发现元代西安城墙西北角的半圆形角

---

① 韩建新城城垣规模在五代、宋、金、元时变化不大，这在许多史籍中皆有记载，如《长安志》载："天祐元年，昭宗东迁于洛，降为佑国军。梁开平元年改府曰大安，二年改军曰永平。后唐同光元年复为西京府，曰京兆。晋天福元年改军曰晋昌。汉乾祐元年改军曰永兴，其府名皆仍旧。宋亦曰京兆永兴军。……圣朝初，仍旧。"

图1-2 西安城墙西南角

台遗址。①如今的西安城墙西南城角仍为半圆形。

千年之后回望，唐长安城与现在的西安城仍有着千丝万缕"剪不断，理还乱"的传承和纠葛，现在的西安城区格局，大致还是唐长安城时代的"棋盘式"，道路区划四方规整，方向也几乎是正南正北。今西安城留存部分城唐墙遗址，一些街道和建筑仍沿用至今，比如朱雀路、含光路及至今屹立的大雁塔、小雁塔，比如在原址上兴建的兴庆宫、大唐西市、大唐芙蓉园、青龙寺，比如让人们更直观了解唐朝皇帝居所的大明宫遗址，比如含光门、朱雀门、明德门等一个个被千年历史文脉传承至今的名字……

唐长安城选址与建设

一、天人合一——唐长安城的选址

唐长安城最初创建于隋，时名"大兴城"。大兴城之名是因隋文帝杨坚在北周时曾受封为大兴郡公，因此定名为大兴城②。也有一说，大兴城的定名与宫城所在地的大兴村有关。不管怎么说，从城到宫均名大兴，显然是取其永远兴隆昌盛的意思。

---

① 西安市地方志编撰委员会编：《西安市志》第二卷《城市基础设施》，西安出版社，2000年。
② 《隋书》卷二九《地理志上》。

大兴城是在新址上建起的规模空前的新型都市。那么，这座伟大的都城是怎样产生的？其选址与创建又是怎样的一个过程？

公元581年，杨坚废北周静帝，建立了隋朝。隋初依然沿用北周的旧都，即西汉长安城，但这座城市已历时780年之久，残破不堪，生活垃圾的污染使其地下水出现碱卤现象，根本无法饮用。再加上汉长安城容易遭受洪水侵袭，不够安全，杨坚遂决定放弃旧京城。此外，据《隋唐嘉话》记载："隋文帝梦洪水没城，意恶之，乃移都大兴。"出于以上考虑，隋文帝决定另建新都。

当然，隋文帝另建新都最大的原因可能是其立志恢宏，欲体现重新走向统一的隋王朝的强大与创新（也可能是一代帝王的任性所为）。总之，一座伟大、全新的都城就此应运而生。

开皇二年（582年），隋文帝亲自部署勘察了今西安附近的地形大势，经过一番精心选择后，最终确定在汉长安城东南二十里的龙首原之南兴建都城。开皇二年六月，隋文帝杨坚正式颁诏，任命左庶子宇文恺负责规划设计并组织施工，开始营建新都。

宇文恺是当时著名的建筑学家，设计时博考群籍，研究众说，参考了北魏洛阳、北齐邺都等城市的建设经验，在六条冈阜的自然基础上进行设计。这六条冈阜，当时称为"六坡"，东西横亘于今红庙坡到大雁塔之间，现在仍然隐约可见。

这种利用高地布设重要建筑物的做法，既可表现建筑的宏伟壮观，又增加了城市的立体空间。如果把隋大兴城内的建筑物绘制成立体透视图，则高低错落的建筑艺术特色十分明显，那就是宫殿最高，政府机关次之，寺观和要人住宅又次之，最下层是一般居民的住宅。不难看出，整个大兴城的建设立体空间感强烈，层次分明，实在是一幅壮丽的不朽画卷。本来高低不平的地形对都市建设来讲并不是有利条件，但经宇文恺如此设计以后，反而为大兴城增添了不少光辉，可谓匠心独具，"化腐朽为神奇"。

隋大兴城是把天时、地利、人和完美结合的一座伟大城市，实为我国古代都城史上的辉煌之作。

隋大兴城的规划设计师宇文恺不仅是隋代杰出的建筑学家、城市规划专家，还是一位杰出的水利学家、天文学家。宇文恺生于西魏恭帝二年（555年），隋代朔方郡夏州（今陕西靖边县）人，出身于鲜卑贵族（宇文氏为北周国姓），"博览书记，解属文，多伎艺"①。宇文恺一生最大的成就是长安城与洛阳城的规划设计。另外，至今仍久负盛名的避暑圣地隋仁寿宫（在今陕西麟游县城，唐代称"九成宫"）也是他的杰作。

二、历经隋唐——长安城的营建与规模

隋唐长安城的营建，经历了隋大兴城的创建和唐长安城的改建两个大的阶段。也就是说，长安城经历了隋唐两个王朝的建设。

（一）隋大兴城的营建

隋大兴城的营建非常迅速，从开皇二年（582年）六月，隋文帝杨坚正式颁诏，开始营建，到开皇三年（583年）三月，隋文帝就正式迁入大兴城。也就是说大兴城从最初建设到使用，只用了短短10个月左右的时间。

隋大兴城建造顺序是先筑宫城，次筑皇城，最后筑外郭城。开皇三年隋文帝迁入隋大兴城之时，仅宫城和皇城建成，外郭城城墙并未修筑完成。隋大业九年（613年）三月"丁丑发丁男十万城大兴"②，才开始筑外郭城，并开凿龙首渠、永安渠、清明渠，引浐水、沣水、潏水入城。由于隋大兴城规模宏大且建造时间极为急促，隋文帝所建大兴城外郭城城墙至隋亡都未完全建成，直到唐代才陆续完善。③

---

①《隋书·宇文恺传》。
②《隋书》卷三《炀帝纪》。
③肖爱玲等：《古都西安·隋唐长安城》，西安出版社，2009年。

（二）唐长安城的营建与规模

公元618年，李渊建立唐朝，是为唐高祖。唐初沿用隋大兴城为都，并改名为"长安城"。唐初长安城中的建置基本上因袭了隋朝旧制，没有进行大的改作，只是把大兴宫、大兴殿、大兴门、大兴县、大兴苑的名称分别改成了太极宫、太极殿、太极门、万年县和禁苑。到唐太宗时，才开始对长安城进行了一系列的维修和扩建。太宗贞观八年（634年）始，在宫城东侧北郭墙外增修了大明宫，高宗永徽五年（654年）重新修筑了长安城郭[①]。玄宗开元二年（713年）又新修建了兴庆宫。开元十八年（730年），再次对长安城进行了修葺和扩建，使唐长安城比大兴城更加宏伟壮丽。经过唐初以来的不断增修与扩建，特别是随着唐代前期社会经济的飞速发展，唐都长安日益繁荣。

经历了隋初创建与唐代增修，长安城以宏伟壮丽的建筑及日臻完善的城市规划，成为当时世界上最著名的国际性大都市。

（三）修建隋唐长安城，建筑材料从哪来？

隋唐长安城修建是史无前例的。大规模的施工建设，需要大量的砖、瓦等建筑材料，这些建筑材料从哪里来？在哪里烧造？大量的考古工作和研究，基本对此有了较一致的认识：隋唐长安城的建筑材料绝大部分是就地、就近烧造！

就地取土烧砖是关中地区的一种传统。西安地处黄土平原，随处可得的黄土含盐碱低，是优良的砖瓦原料。居住在这块土地上的人们很早就认识到了这种天然资源，就地取土烧砖，免去运输之劳。这种方式不仅为百姓常用，大型的皇宫、官府、寺院的建造也常选用此种方式。汉长安城北宫遗址的南面发现20余座汉代窑址，这些窑址都是官窑，其产品用于北宫、未央宫和武库等建筑的建造。到了唐长安城营建时期，这种做法更加

[①]《旧唐书》卷四《高宗本纪》："冬十一月癸酉，筑京师罗郭，和雇京兆百姓四万一千人，板筑三十日而罢，九门各施观。"

普遍，慈恩寺、西明寺、青龙寺等遗址上都发现了同时期的砖瓦窑址。可能是由于就地取土烧砖的情况太普遍，影响到城市规划，才有开元十九年（731年）六月敕："京、洛两都，是惟帝宅、街衢坊市，固须修筑，城内不得穿掘为窑，烧造砖瓦。其有公私修造，不得于街巷穿坑取土。"另外，最显著的就是大明宫含元殿发掘时，在含元殿东北部就发现了20多座砖瓦窑址，研究表明，这些砖瓦窑址就是为含元殿的建造专门烧造建筑材料的。

2011年，在唐长安城外西北部（今西安市未央区大白杨村西）发现了唐代窑址22座。这些陶窑（图1-3）保存完整、两两成组、形制结构完备，还出土了大量建筑材料（筒瓦、板瓦、莲花纹瓦当、砖等），还有陶瓶、双耳罐、陶盏、陶盆等生活用具。另外，在陶窑附近，考古人员还发现了与窑场有关的水井等。经考古实测，这些窑址位于唐长安城光化门西北约1.5公里，东距大明宫约5.5公里，窑址西部就是唐代梨园遗址。初步判断，此处应该是为唐长安城北城墙区域或梨园建设提供建筑材料的一处有规模的烧造基地。

图1-3 考古发掘出的唐代陶窑操作间

唐长安城内的"紫禁城"——三大内中的大明宫

北京的故宫,又称紫禁城,是明清两代的皇家宫城(即皇宫),规模之大,建筑之华丽,皆令人叹为观止。但很少有人知道,唐长安城的"紫禁城",建筑规模与华丽程度,远胜于明清故宫。

一、唐长安城的三大内——太极宫、大明宫与兴庆宫

唐长安城在宫城营建方面,以西内太极宫、东内大明宫、南内兴庆宫规模最大,时称"三大内"(图1-4)。

西内太极宫:位于隋唐长安城中轴线最北部。始建于隋文帝开皇二年(582年),隋称大兴宫,唐代改称太极宫。因其为唐帝国的正宫,故又称"京大内";唐高宗时期修建了大明宫后,因其位于大明宫之西,故又称太极宫为"西内"。据考古实测,宫城东西宽2 830.3米,南北长1 492.1米。太极宫之南为皇城,北倚长安城北墙(自强路以北),北墙外为西内苑,内苑之北为禁苑;西墙则与今西安城的西城墙在同一直线上,其南段为西安城西墙的北部所压;南墙则在今西安城内西五路以南80米处,今西安市莲湖公园西侧的"西五台"恰在宫城南墙之上;东墙的位置在今西安城内革命公园的西端,向北经尚平路一带。太极宫东西两侧分别是太子所居住的东宫与掖庭宫。太极宫是都城长安第一处大的宫殿群,有殿、阁、亭、馆三四十所,加上东宫尚有殿阁宫院20多所,整体构成了都城长安一组富丽堂皇的宫殿建筑群。其中分布着许多著名的宫殿建筑,如太极殿、两仪殿、承庆殿、武德殿、甘露殿、凌烟阁等。除主要政殿太极殿、两仪殿之外,甘露殿是皇帝在内宫读书之处,也是第三大殿。武德殿,在隋代即较有名,它与东宫邻接,隋文帝废太子勇为庶人即在此殿宣诏。太极宫是初唐政事活动的中心,高祖、太宗在这里君临天下,成就了一代圣制,"贞观之治"政令皆由此地发出,贞观君臣论政的许多著名故事也都发生在这里。高宗龙朔以后,政事活动中心东移大明宫,然中宗、睿宗、玄宗、僖宗与昭宗

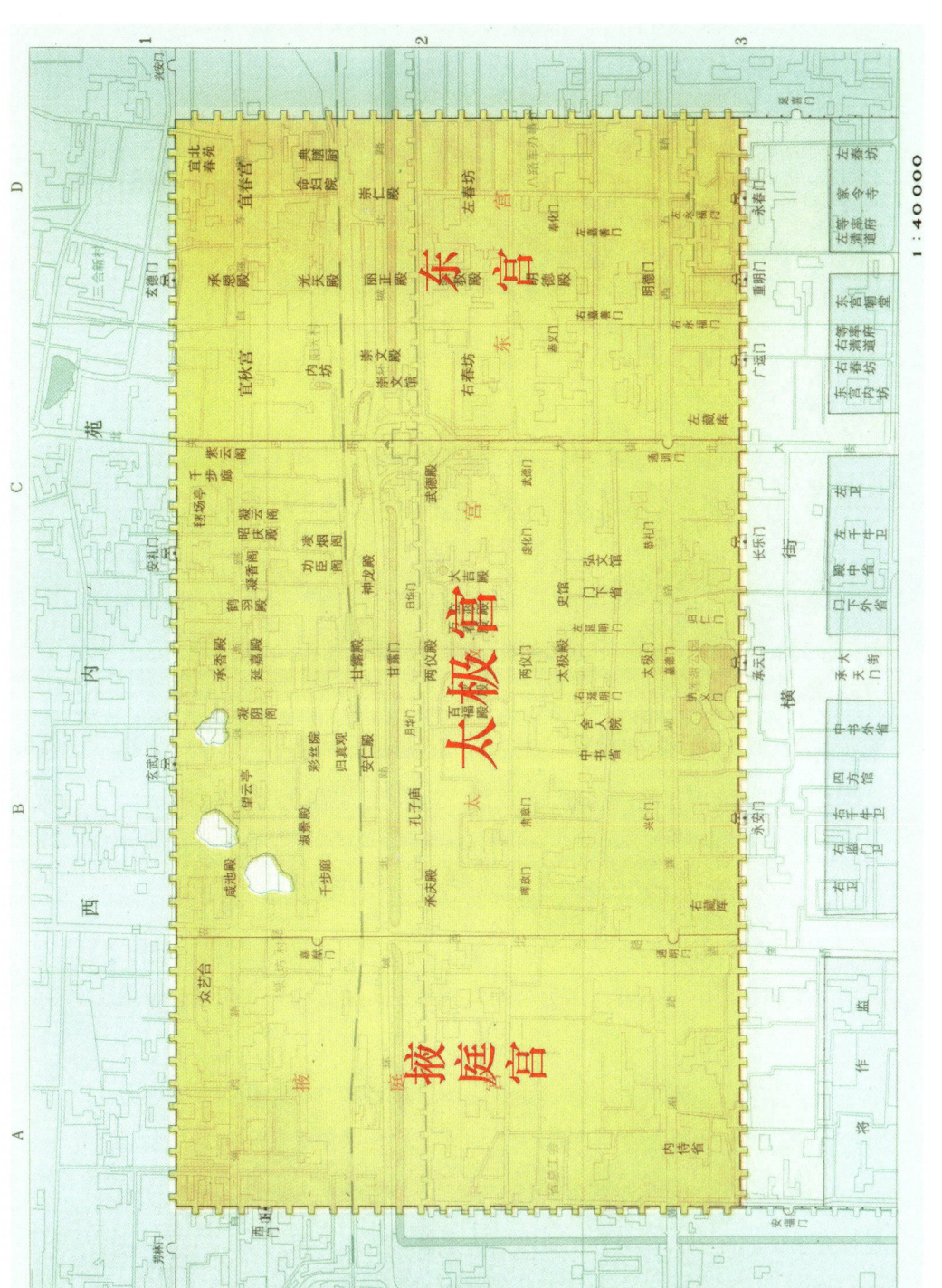

图1-4 唐太极宫平面图（底图见史念海：《西安历史地图集》，西安地图出版社，1996年）

仍有部分时间在西内听政，这里仍保持着重要的政治地位。

南内兴庆宫（图1-5）：位于长安城外郭东城墙春明门内，因位于大明宫之南，故又称"南内"。遗址范围东至西安市仁厚庄与西安理工大学西部，西至兴庆西路，南至咸宁西路中段，北至东关长乐坊路南。如今的兴庆宫公园在兴庆宫遗址的西南部，面积约为兴庆宫遗址的三分之一。兴庆宫是唐玄宗李隆基做藩王时期的府邸，李隆基登基后大规模扩建为宫城，成为长安城三大内之一。宫城东西1080米，南北1250米，总占地达2016亩，面积是北京故宫的两倍。宫内布局一反宫城布局的惯例，将朝廷与御苑的位置颠倒过来，由一道东西墙分隔成北部的宫殿区和南部的园林区。兴庆宫是唐玄宗开元、天宝时代的中国政治中心所在，也是他与爱妃杨玉环长期居住的地方。天宝十五年（755年）安史之乱后，兴庆宫失去了政治中心的地位，成为太上皇或太后闲居之所，大多数时间为太后等后宫常驻之地。唐末长安城被毁，兴庆宫随之被废弃。

东内大明宫：大明宫因位于太极宫之东，故称"东内"。大明宫是唐长安城三大内中规模最为宏大的一座宫城，位于唐长安城北禁苑东南的龙首原上（今西安市自强东路以北，玄武路以南，建强路以东，太华路以西），占地3.2平方公里左右，是北京明清紫禁城的3.5倍，相当于3个法国凡尔赛宫、12个俄国克里姆林宫、13个法国卢浮宫。大明宫以其宫殿成群、建筑壮丽、规模宏伟著称于世，有"千宫之宫"的美称。这些说法虽然有些夸张，但大明宫作为中国古代规模最大，建筑最为壮丽的宫城确是空前绝后的。大明宫不仅是中国古代宫殿建筑的巅峰之作，同时也是当时世界上规模最大的宫殿群。

二、千宫之宫——东内大明宫的营建与规模

大明宫始建于唐太宗贞观八年（634年）十月，最初是太宗李世民为其父高祖李渊修建的行宫，初名"永安宫"，意求太上皇永远安泰，后更名为大明宫。贞观九年（635年）五月，大明宫正在修建之时，唐高祖李

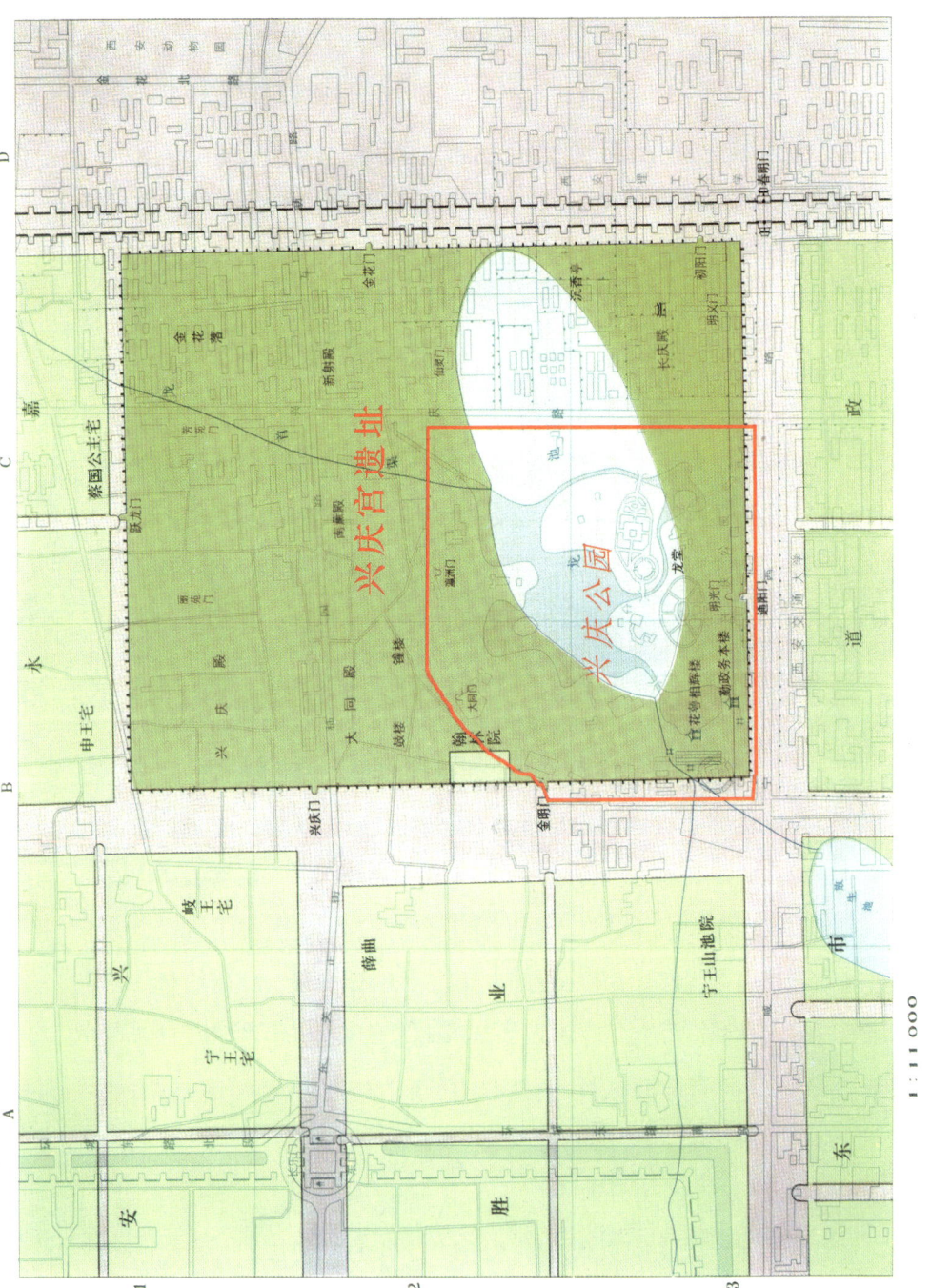

图1-5 唐兴庆宫平面图（底图见史念海：《西安历史地图集》，西安地图出版社，1996年）

图1-6 大明宫效果图

渊驾崩,大明宫的修建也因此停止。

唐高宗李治即位后,于龙朔二年(662年)开始大规模重建大明宫,翌年四月,高宗"始御紫宸殿听政,百僚奉贺,新宫成也"①。

由于皇帝的紧急需要,工程营造十分迅速,新宫的修建仅用了10个半月的时间,可谓神速。所建之大明宫,"邻斗极之光耀,迩天汉之波澜……捧帝座于三辰,衔天街之九达……排层城而郭帝居,豁闾阖而面苍苍"②。宫中主殿含元殿,"左翔鸾而右栖凤,翘两阙而为翼;环阿阁以周墀,象龙行之曲直"③,可谓是气魄雄浑。

从此,在其后的200余年间,大明宫一直是大唐帝国的行政中枢,唐高宗以后的唐代诸皇帝也多在此听政。大明宫的营建历经唐太宗、唐高宗、武则天等两朝三帝,最终成为一座史诗般的宫城(图1-6)。

大明宫总体格局由朝政区和生活区两大部分组成,朝政区位于宫城南部,主要以朝会为主;生活区位于宫城北部,以生活居住和游宴为主。大

---

① 《唐会要》卷三十《大明宫》。
② 《全唐文》卷三一四《含元殿赋》。
③ 《全唐文》卷三一四《含元殿赋》。

明宫的正门丹凤门以南是丹凤门大街，以北是含元殿、宣政殿、紫宸殿等组成的南北中轴线，宫内建筑，也大都沿着这条轴线分布。含元殿是大明宫的正殿，威严壮观，视野开阔，同时也是大明宫外朝所在。含元殿位于龙首原南坡，高出地表8米左右，可俯瞰整座长安城。含元殿以北是宣政殿，是皇帝临朝听政之所，称为中朝。在含元殿与宣政殿之间，是大明宫官署区，这里分布有中书省、门下省等，是宫城内皇城职能部门所在。宣政殿以北是紫宸殿，称为内朝。含元、宣政、紫宸组成的外朝、中朝、内朝格局多为后世的宫殿所效仿。北京紫禁城的太和、中和、保和三殿就是这种格局的传承与体现。大明宫的北部为生活区，也是皇家园林区，建筑布局疏朗，形式多样。紫宸殿北的太液池，是皇家园林的中心，整体设计秉承中国古典园林穿池筑山之传统，布局以"一池三山（蓬莱、方丈、瀛洲）"为中心而展开，并配以亭、台、楼、阁、宫殿以及花草树木、鸟兽虫鱼等，池周围建有回廊，附近还有多座殿宇、厅堂、楼观，使得宫苑建筑错落有致，互相映衬。整体设计既符合中国古代宫城建筑前宫后寝的礼制要求，同时也将中国古典园林视觉上的美学特点发挥到了极致。

三、大明宫的规划设计师——阎立德、阎立本

大明宫这座史诗般的宫城，其设计规划者是谁呢？史书并没有明确记载。但仔细推敲唐代历史文献便可知晓，这座伟大宫城的规划设计者应是唐代著名建筑学家、艺术家阎立德、阎立本兄弟。

唐代时，"凡两京宫殿、宗庙、城郭、诸台省监寺廨宇楼台桥道"的建造营葺，都要委托给将作监的"将作大匠"来完成[①]。大明宫的规划与建设历经太宗、高宗两个朝代，在这段时期担任将作大匠的依次有阎立德（596—656年）、刘审礼（650—683年）、阎立本（650—683年）等[②]。

---

① 《唐六典》卷二十三《将作都水监》。
② 孙国栋：《唐代中央重要文官迁转途径研究》，上海古籍出版社，2009年。

太宗时期重大的宫城与工程建设都出于阎立德，也就是说，阎立德可能就是大明宫最初的规划与设计师。

阎立本是阎立德之弟。显庆元年（656年）时，阎立本弟承兄业，升迁为将作大匠。后又代其兄阎立德为工部尚书。阎立本尤善图画，工于写真。唐代著名的《步辇图》《古帝王图》《职贡图》《萧翼赚兰亭图》等都是出自阎立本之手。大明宫的第二次建设时期是在高宗龙朔二年，且这一时期建设规模空前，而这一时期担任将作大匠的正是阎立本。阎氏一家深谙工艺之学，专门负责皇家工程的设计和营造，因此有理由推测，高宗时期大明宫建设的规划者与设计者就是阎立本。

综合以上分析，大明宫最初设计可能是在太宗贞观八年（634年），设计者为阎立德。高宗龙朔二年（662年），大明宫重建，阎立本弟承兄志，成为大明宫太液池最终的规划者与设计者。

四、大明宫的修缮

大明宫建成后，由于后世诸帝的喜好不同，政治地理形势的变迁，以及战乱、火灾、地震、自然损伤、安全防御等各种因素的影响，大明宫历经了多次的修缮和增建（表1）。

总的来说，大明宫创建于太宗贞观年间，经高宗龙朔年间的兴修，奠定了大明宫的基本格局。但是高宗李治在大明宫中仅居11年[1]，武则天久居洛阳，只是晚年在大明宫中逗留了两年。继任者中宗、睿宗选择在太极宫居住。唐玄宗则把旧时王宅改造为兴庆宫，断断续续仅在大明宫住了8年。所以在高宗辞世后的70多年，大明宫基本布局没有太大改动（图1-7）。

值得一说的是东夹城和翰林院、学士院的修建。唐玄宗于开元十四年（726年）决定移仗兴庆宫听政，为方便皇帝游走于两宫之间，同年修建了夹城复道，北起大明宫东宫墙，南沿唐长安城东郭城墙，直抵兴庆

---

[1] 张永禄：《唐都长安》，西北大学出版社，1987年。

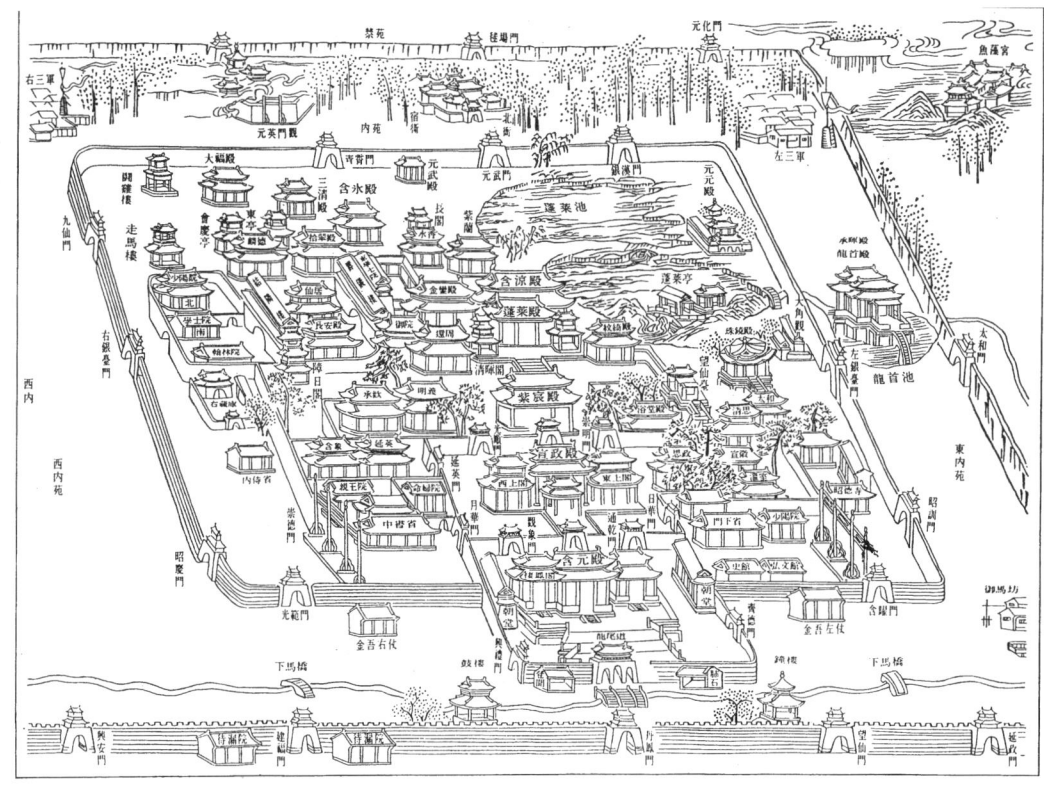

图1-7 清代人绘制的大明宫示意图

宫。这使大明宫东宫墙50米外另添一堵城墙,无疑对大明宫改动较大。翰林院和学士院在大明宫右银台门附近。唐置翰林,为大唐待诏之所,是大唐帝国中央智库所在。但玄宗后,翰林地位显著提升,张说、陆坚、张九龄、徐安贞等均为翰林待诏,史载"王者尊极,一日万机,四方进奏,中外表疏批答,或诏从中出"①。随着翰林参掌机务,其原有办公驻地已不能满足需求,遂于开元二十六年(738年)在翰林院南另置学士院,二院共同组成皇帝的"私人顾问",掌握草诏权,是唐代中后期重要的政治机构。大明宫政治决策机构由外朝向内廷迁移的变化,标志着皇权的进一步集中,大唐帝国逐步由律令政治体制向高度集中的皇权体制过渡。

① 《旧唐书》卷四三《职官志二》。

表1 大明宫修缮与增建一览表

帝王	时间	建设内容	资料出处
唐太宗	贞观八年（634年）	创建大明宫。"（大明宫）贞观八年置，九年曰大明宫，以备太上皇清暑，百官献赀以助役。"	《新唐书》卷三十七；《唐会要》卷三十；《长安志》卷六等
唐高宗	龙朔二年（662年）、三年（663年）	重建大明宫。"（龙朔二年）六月七日，制蓬莱宫诸门殿亭等名，……（龙朔三年）四月二十二日，移仗就蓬莱宫新作含元殿，二十五日，始御紫宸殿听政，百僚奉贺，新宫成也。"	《唐会要》卷三十《大明宫》
唐高宗	麟德年间（664—665年）	建麟德殿	《唐会要》卷三十《大明宫》
唐玄宗	开元二年（714年）	"置左右教坊于蓬莱宫侧。"	《长安志图》第六
唐玄宗	开元二十年（732年）	"自大明宫夹东罗城复道，经通化门观以达此宫。"	《唐两京城坊考》卷一《兴庆宫》
唐玄宗	开元二十六年（738年）	"于院南别置学士院，学士院南厅五间、翰林院北厅五间，中隔花砖道，承旨居北厅东第一间。"	《唐两京城坊考》卷一《大明宫》
唐德宗	贞元三年（787年）	"作玄英门及观于大明宫北垣。"	《唐会要》卷三十《大明宫》
唐德宗	贞元十二年（796年）	"八月六日。户部尚书裴延龄。奉敕修望仙楼。至十三日，令又筑望仙楼东夹城。其年十二月，度支郎中兼御史中丞副知度支苏弁，奉敕改造三殿前会庆亭。""十二年八月增修望仙楼及广夹城。"	《唐会要》卷三十《杂记》

第一章 历史长安 世界大都会——唐长安城

续表

帝王	时间	建设内容	资料出处
	贞元十三年（797年）	"三月于麟德殿前新造亭子成名曰会庆亭。"	《册府元龟》卷十四《帝王部·都邑第二》
	贞元十九年（803年）	"十九年二月修含元殿。"	《旧唐书》卷十三《德宗本纪》
唐宪宗	元和元年（806年）	"元和元年，建福门外建百官待漏院。"	《雍录·待漏院》
	元和二年（807年）	"二年六月左神策军新筑夹城别开门曰玄化，造楼曰晨辉。"	《册府元龟》卷十四《帝王部·都邑第二》
	元和六年（811年）	"六年五月，诏毁兴安门南竹亭。"	《唐会要》卷三十《杂记》
	元和十二年（817年）	"十二年四月，命右神策军中尉第五守进，以众二千筑夹城，自云韶门、芳林门西至修德里，以通于兴福寺。"	《册府元龟》卷十四《帝王部·都邑第二》
		"其年闰五月，新造蓬莱池周廊四百间。"	《唐会要》卷三十《杂记》
	元和十三年（818年）	"十三年二月，诏六军使创修麟德殿之右廊。是月，浚龙首池起承晖殿。雕饰绮焕，徙植佛寺之花木以充焉。"	《唐会要》卷三十《杂记》
	元和十五年（820年）	"十五年二月，诏于西廊内开便门，以通宰臣自阁中赴延英路。七月，新作永安殿及宝庆殿，修日华门，通乾门，并朝堂廊舍。……十月，发右神策兵各千人，于门下省东少阳院前筑墙及造楼观。"	《唐会要》卷三十《杂记》
唐穆宗	长庆元年（821年）	"长庆元年五月，禁中造百尺楼。时帑藏未实，内外多事，土木之工屡兴，物议喧然。"	《唐会要》卷三十《杂记》

续表

帝王	时间	建设内容	资料出处
唐敬宗	宝历元年（825年）	"七月乙亥度支准宣，进镜铜三千余斤，黄金、银薄总十万，翻修清思院新殿及阳德殿图障。"	《册府元龟》卷十四《帝王部·都邑第二》
唐敬宗	宝历二年（826年）	"正月甲戌左右神策六军威远皇城左右金吾共差二万人入内穿池修殿。"	《册府元龟》卷十四《帝王部·都邑第二》
唐敬宗	宝历年间（825年至826年）	"望仙门侧看楼十间。"	《旧唐书》卷十七《文宗上》
唐文宗	太和二年（828年）	"九月集贤院奏请创造昭庆门里西墙至集贤院门南廊舍三十九间，许之。"	《册府元龟》卷十四《帝王部·都邑第二》
唐文宗	太和九年（835年）	"七月，填龙首池为鞠场。"	《旧唐书》卷十七《文宗上》
唐文宗	太和九年（835年）	"九月，帝幸右银台门观、门楼兴工之作。"	《册府元龟》卷十四《帝王部·都邑第二》
唐武宗	会昌元年（841年）	"敕造灵符应圣院于龙首池。"	《册府元龟》卷十四《帝王部·都邑第二》
唐武宗	会昌五年（845年）	"五年正月，造仙台。其年六月，修望仙楼及廊舍，共五百三十九间。"	《唐会要》卷三十《杂记》
唐宣宗	大中二年（848年）	"二年正月，敕修右银台门楼屋宇，及南面城墙至叡武楼。"	《唐会要》卷三十《杂记》
唐昭宗	光化元年（898年）	"李茂贞与诸道相次进表助营宫苑，诏遣建自华至京经度宫室，开构桥道，九月自华还京。""内则内园、客省、尚食、飞龙、弓箭、染房、武德留后、大盈琼林，如京营幕等司，并命妇院、高品、内养两院要……"	《册府元龟》卷十四《帝王部·都邑第二》；《大唐重修内侍省之碑》（保全：《唐重修内侍省碑出土记》）

五、城头变幻大王旗——大明宫内听政的皇帝

自高宗龙朔以后,唐代皇帝多居住于大明宫听政,在大明宫存在的270多年间,在此朝寝的皇帝有20多位,他们的更迭大体可以分为四种类型。

第一类是唐李氏宗室的皇帝;第二类是在统治阶级内部斗争中赶走唐皇帝自立为帝,或扶植他人为帝者;第三类是外族入侵扶植的傀儡皇帝,如广德元年(763年)吐蕃趁唐代宗对西线防御空虚之机,挥师东进,十月攻克长安,代宗出逃到今天三门峡以西,吐蕃大将马重英立已故的汾王李守礼之孙广武王李承宏为帝,在位月余;第四类是农民起义领袖,也就是在推翻唐王朝统治中起重要作用的黄巢。当然,李氏宗室的皇帝是大明宫内皇权更迭的主体。

唐高宗李治:高宗自龙朔三年(663年)四月由太极宫徙居大明宫,除去以后五幸东都洛阳之外,凡在长安,都居住于大明宫,计约11年。

武则天:龙朔三年与高宗同由太极宫徙居大明宫,后临朝称制,多居住、听政于神都洛阳,但凡返回长安,则居于东内大明宫。

唐玄宗李隆基:自开元二年(714年)六月由太极宫徙居大明宫,至开元十六年(728年)正月,其中除去三幸东都洛阳,凡在长安,则居住听政于大明宫,计约8年。

唐肃宗李亨:自至德二年(757年)十月入居大明宫,于宣政殿接受玄宗所传国玺,至宝应元年(762年)四月死于东内长生殿,计在大明宫5年。

唐代宗李豫:李亨的长子,自宝应元年即位,至大历十四年(779年)五月死于东内紫宸内殿,均在大明宫居住听政。

唐德宗李适:自大历十四年五月即位,至贞元二十一年(805年)正月死于东内会宁殿,均在大明宫居住听政。

唐顺宗李诵:入住大明宫的第七位皇帝,贞元二十一年正月即位于西内太极殿,同年二月移居大明宫,八月逊位,以太上皇徙居南内兴庆宫,

计在大明宫听政6个月。

唐宪宗李纯：自永贞元年（805年）八月即位于东内宣政殿，至元和十五年（820年）正月死于东内中和殿，计在大明宫居住听政15年。

唐穆宗李恒：从元和十五年正月至长庆四年（824年）正月，均在东内大明宫听政，约4年。

唐敬宗李湛：于长庆四年正月即位于西内太极殿，二月移居大明宫听政，至宝历二年（826年）十二月死，居住听政于大明宫，约3年。

穆宗和敬宗父子二人都出生在大明宫，长在大明宫；执政期间都极其昏庸无能，没做过什么值得称道的事情。两人执政仅7年时间，把宪宗辛辛苦苦经营的事业，几乎丢失殆尽。从此，唐代社会再也没有出现过激动人心的岁月，一天一天走向衰落。这父子二人还有一个共同点：都没有善终，是一对"短命鬼"。穆宗于长庆四年因长期服用长生药中毒身亡，时年不足30岁。敬宗于宝历二年十二月某夜，打猎回来后，与宦官刘克明等28人饮酒，酒醉酣睡时被害，年仅18岁。

唐文宗李昂：穆宗的次子，敬宗的同父异母弟，于大明宫宣政殿继承兄皇帝位。即位后锐意改革，选贤任能，重视农耕。在他任期内发动了著名的"甘露事变"，但举事失败，反被软禁，最后忧郁成疾死去。自宝历二年十二月即位于东内宣政殿，至开成五年（840年）正月死于东内太和殿，均在东内大明宫居住听政，共约14年。《旧唐书》评价其"有帝王之道，而无帝王之才"。

唐武宗李炎：穆宗的第五子，与敬宗、文宗为同父异母兄弟，他自开成五年正月，至会昌六年（846年）三月服食金石之药死，均在大明宫听政，计约6年。

唐宣宗李忱：宣宗是宪宗的十三子，和敬宗、文宗、武宗是叔侄关系，是叔继侄位。自会昌六年三月即位，至大中十三年（859年）八月死，均在东内大明宫居住听政，共约14年。

唐懿宗李漼：李忱长子，自大中十三年八月即位，至咸通十四年（873

年)七月,在位15年,主要在东内大明宫居住听政。

唐僖宗李儇:李漼五子,自咸通十四年七月即位,至文德元年(888年)三月死于西内武德殿,在位15年,除两次出奔,凡在长安,主要居住听政于大明宫。

懿宗和僖宗都是由宦官扶上帝位的,父子二人均荒淫无度,昏庸无能,是李唐皇室两个典型的"败家子"。史家认为这两朝是唐的衰败时期。

唐昭宗李晔:李氏宗室主宰大明宫的最后一位皇帝。李晔聪明睿智,执政时风华正茂,中外称之。曾采取多种措施改革前朝弊政,扭转政局,打击宦官势力,讨灭强藩,恢复中央集权。但时唐王朝已回天乏力,李晔卫道乏术,反被迫多次出逃。曾于光化元年(898年)至三年(900年),一度居住听政于大明宫。天祐元年(904年)正月被迫迁都洛阳。后被朱全忠杀害,时年38岁。

唐长安城与大明宫的废毁

天祐元年正月,朱全忠逼迫唐昭宗李晔迁都洛阳城,唐代灭亡,长安城也沦为废墟。隋唐长安城自隋开皇二年(582年)创建,到唐天祐元年废毁,历时322载。这座辉煌壮丽、享誉世界的都城是中国封建社会政治、经济发展最为繁荣时期的产物!历史往往就是这样:辉煌与繁华散尽时,便是凋零与败落日!隋唐长安城也不例外。

大明宫作为长安城规模最大的宫城,也随着长安城沦为废墟而灰飞烟灭。大明宫从贞观八年(634年)创制,至龙朔三年(663年)四月全面建成。从建成至懿宗朝终的200余年间,大明宫先后经历了黄巢起义、安史之乱、朱泚僭伪、吐蕃进犯等事变和地震、大风、淫雨、失火等自然力的破坏,但事后都得到及时的缮治修复,始终保持完好状况,而且,各代皇帝还在宫内有所添建,新增了一些殿、堂、亭、台等,这应该是大明宫最为辉煌的时期。及至僖宗和昭宗两朝(873—904年),各种社会矛盾空前尖锐，声势浩大的农民起义和连年不息的军阀混战，撼动了唐王朝统治的社会根基。期间发生在长安的数次战乱，不仅导致皇帝频频弃宫奔逃，市民蒙难，更使本已日久凋敝的隋唐都城，满目疮痍，败落有加。①

查诸史籍，唐末长安发生的战乱，当有8次之多，其中僖宗朝4次，昭宗朝4次。这些战乱的破坏所及，各有侧重，程度不等。其中最严重也是最后一次祸乱发生在天祐元年正月。时朱全忠逼迫唐昭宗李晔迁都洛阳城，"毁长安宫室百司及民间庐舍，取其材，浮渭沿河而下，长安自此遂丘墟矣"②，长安城内"连甍号哭，月余不息"③。这就是著名的"天祐迁都"。这次祸乱对大明宫的破坏，是毁灭性的，大明宫所有建筑被拆毁，木材由水路运往洛阳，用于洛阳宫室的营建，而砖瓦之类不便搬运的建筑材料，则弃置原地。闻名于世的都城长安连同大明宫一起被毁灭废弃，沦为废墟，李唐王朝也寿终正寝。大明宫这颗璀璨的明珠从此也褪去了历史的光环，埋没于地下，湮灭于历史的长河之中。

唐长安城与西安城区的今昔对照

如今的西安城区之下就是过去的唐长安城，当你走在繁华的西安城区时，其实也是穿梭在已有千年历史的唐长安城之中。但是，现在的西安城与唐长安城具体是怎么样的一个对照，大多数人并不太清楚。自1959年始，考古工作者就开始对唐长安城陆续进行考古钻探与发掘，现代的西安与过去的长安对照已十分清楚。

一、唐长安城与今西安城

唐长安城城墙墙体现均损毁无存，仅有部分城基还断断续续埋藏在

---

① 高本宪、韩海梅：《唐末大明宫毁废过程考述》，载《文博》2009年第3期。
② (宋) 司马光：《资制通鉴》卷二六四。
③ 《旧唐书》卷二十上。

地下。

东城基：南起新开门北之120米处（即芙蓉园之东北角），经岳家寨西头，铁炉庙村东头，沙坡村以东，亢家堡以西到胡家庙的村北约200米处，全长7970米。

西城基：北起今之任家口村以北500米处，经任家口村以西，大土门村正中心，李家庄以西，尚塘寨、陈家庄以东，木塔寨以西，南至闸口村以北950米处，全长8470米，北偏西0度22分2秒。2005年3月，中国社会科学院考古研究所西安唐城队在配合高新区城墙遗址公园建设时对西城墙南段进行了考古钻探与发掘。发掘显示，西城墙墙基多分布在地表下0.6～1.4米。残存的夯土墙基宽度为5～6米，夯土厚度为0.5～1.0米。2005年底，西安唐城队又对西城墙最南端进行了发掘，发掘出了唐长安城的西南角——唐长安城的西城墙与南城墙在此交会。如今，西南城角遗址已在原址保护的基础之上设立了标识（在今西安市唐延路南端），供世人游历参观。

南城基：西起今之木塔寨以西280米处，经木塔寨正中心，北山门口村以南，沙浮沱村之北，杨家村之南，吴家坟村以北，穿过陕西师范大学，经过瓦胡同村以北，庙坡头村之南，至明代王尚书坟园，以直角形北折510米，再以直角形东折1360米至今之新开门村西北约120米处止，全长9500米。

北城基：东起今之胡家庙西北约200米处，经三府湾北，与今之陇海铁路交叉，再西经纱厂街南口，中架村南，童家巷北，革新巷，沿生产路以南向西伸展，再从西北卫生材料厂以南，火烧碑村以北经过，至任家村以北约500米，与西城墙衔接，全长9570米。①

二、现状调查：隐藏在现代西安背后的世界大都会

可能是出于职业习惯，我几乎每隔一二年就会对长安城进行考古调

---

①陕西省文物管理委员会：《唐长安城地基初步探测》，载《考古学报》1958年第3期。

查,这不是任务,也不是为了学术,完全是自发的,更多的是出于一种责任——任何一位考古工作者与生俱来的责任。千年沧桑,城市发展,唐长安城本身留存的遗迹并不是很多,需要我们每一个人去关心和呵护,尤其是专业考古工作者。

2014年,我照例又开始进行长安城的考古调查,期间又接到西安市名城会韩老先生的邀请,参加该会与西安市规划局联合开展的一个长安城保护规划课题,实在是高兴,因为有了更多部门尤其是规划部门的参与,才能有效推进长安城的保护。也正是在这一年,我本人又取得对长安城考古的一些新认识,如纠正了长安城北墙传统的认识错误,明确了长安城中轴线的今昔对照,发现了承天门的可能位置,等等。

明德门遗址:调查的第一站是唐长安城外郭城正南门明德门遗址。此时明德门所在的杨家村已经拆迁,明德门被围挡在一个施工范围内,折腾了半天才进入明德门遗址范围。面前的明德门已经被荒草和建筑垃圾覆盖,遗址的保护碑也埋没在茂密的草丛中(图1-8)。虽然1972年考古队发掘过门址,我也不时来调查,那时的明德门尚在杨家村一围墙中,遗址的具体位置还基本清楚,如今没有了参照,遗址的分布范围也不是太清楚了。

明德门西侧城墙:从明德门遗址西侧的杨家村路口往西,可以看到明德门小区北侧修建的唐城墙遗址公园(图1-9)。这里因修建小区时,象征性地复原了一段明德门西侧唐长安城南墙,形成了明德门唐城墙遗址公园。城墙位置虽然不是很准确,但基本

图1-8 明德门遗址2014年调查现状

上是南城墙遗址的范围。公园不长，西行500米也就结束了。

安化门遗址：从明德门城墙公园再往西行，就会到达明德门西侧的安化门遗址。安化门遗址位于北山门口村东200米。如今安化门已经消失在人们的视野中，不是专业人士，一般很难找到安化门的大致位置。从明德门城墙公园沿明德二路继续西行，约500米后就到了同东仪路相交的丁字路口，路东就是沙浮沱村，穿过东仪路，看准一条同城墙遗址基本在同一纬度的村中小路继续西行，200米后被一民办学校挡住，这里并排有三座补习学校，最西侧的学校操场主席台位置可能就是安化门遗址所在。1998年、2000年考古调查时，安化门遗址在地表上还有夯土残迹，但2003年我再次调查时，安化门已经无存。当时询问过村里的一些人，据说是2002年前后，村里盖房子时就已经被"平整了"。不禁感慨，几个农民就平了大唐帝国的城门？在惜土如金的城中村里，盖一栋房子要远远比留着那两堆"没一点用处"的夯土来得实惠……

唐长安城西南城角：由安化门遗址所在的沙浮沱村再向西，就是北山门口村，从北山门口村所在的电子四路一直西行，到电子西街十字路口西南角开始，就又是唐长安城南墙所在，从这里一路向西，行约2.7公里就到了长安城西南城角（图1-10）。位置在陕西体育运动管理中心的东北角（唐延路和科技八路丁字路口西南角）。西南城角是2005年进行的考古发掘，遗址位于地下1.5米左右。如今这里已经进行了保护，一个不大的路边广场中央地面上标识有唐代长安城的形状，小广场的西侧毗邻陕西省高尔夫练习场，在小广场的西南角还立有城墙遗址公园的说明栏。这个小广场也是西安高新区唐城墙遗址公园的最南端所在。

明德门东侧南城墙：我们再回到明德门向东走，从明德门到启夏门，要跳过明德门遗址区域和明德二路到长安路，长安路对面绿树成荫的师大路，就是原来城内顺城巷一部分（虽然路有点斜了还断头）。南侧的陕师大雁塔校区自然是南城墙所在范围了。

启夏门：启夏门遗址已经没有了，但多年考古调查发现翠华路和当年

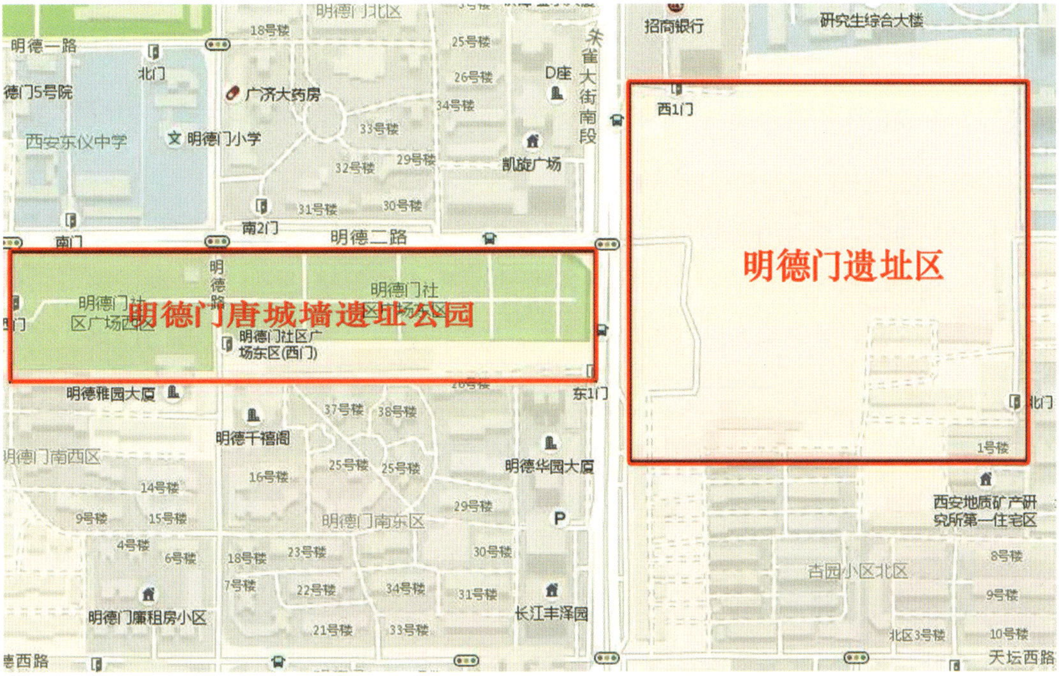

图1-9　明德门唐城墙遗址公园位置示意图

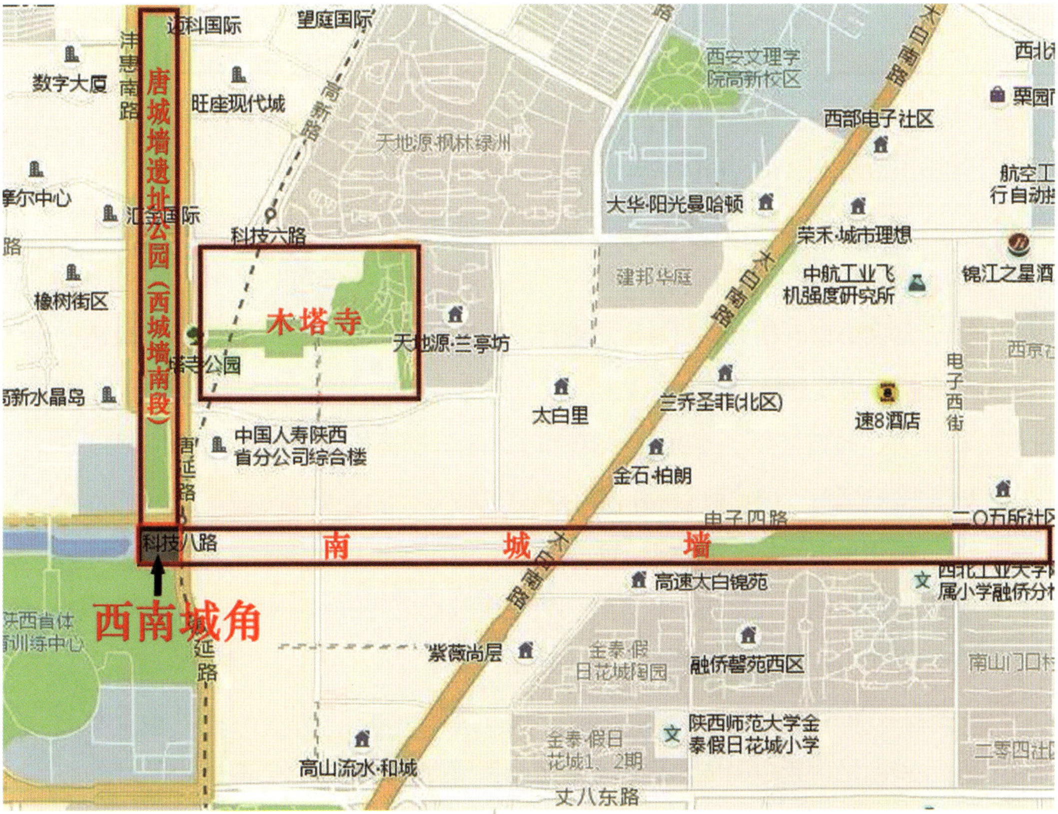

图1-10　唐长安城西南部城墙示意图

的启夏门大街基本重合，所以启夏门的位置大概就在翠华路和陕师大东门的交叉位置附近（图1-11）。

唐长安城东南城角：过了陕师大，就是曲江地界了，雁南二路和遗址公园间一马平川，直行1.6公里到曲江池。由于当年建城把曲江池也包括进去，所以城东南角随着池子的结构，向北平移了一点，直到新开门位置（图1-12）。另外，唐长安城在东城墙内多修了一道墙，两墙中间称为夹城，唐玄宗为了方便低调地从皇宫去曲江池，就从夹城直接前往，无须封路禁行。新开门就是通至芙蓉园的那道门，虽有记载，但考古人员并没有找见这个门的地基，可见这个门应该比较精简低调，没有现在复原的这么夸张。由此向北至长安城东北城角，大明宫南宫墙东端再向东近8公里就是长安城东城墙所在。

长安城西城墙南段：我们再次回到西南城角。由西南城角一直向西3.7公里就是现在西安高新区的唐城墙遗址公园，位于唐延路与沣惠南路之间的绿化带内。这一段城墙遗址地表建筑早已无存，2005年中国社会科学院考古研究所西安唐城队进行了勘探发掘，仅有三处残存地下约0.6~1.4米深的夯土墙基。如今这里的城墙遗迹均用绿化带标识。

唐延平门遗址：在西城墙南段还有一座延平门址。2005年中国社会科学院考古研究所西安唐城队进行了勘探发掘，发掘出三个门道和部分西城墙，发掘结束后相关部门对遗址进行了本体保护。如今已成为此处城墙遗址公园一大文化休闲景点。

无存的西城墙、金光门、开远门：西城墙南段所在的唐城墙遗址公园北端只到科技路，科技路以北唐城墙就踪迹全无。虽然也有宽阔的绿化带，绿化带下2008年后建设了人防工程，但鉴于这样那样的情况，没有发现和展示西城墙，原先位于金光门村的西城墙金光门也在城市建设中消失了。金光门村再往北就到了土门，据说西城墙北侧的开远门就是"土门"的原名，位置可能在大庆路上丝绸之路浮雕群附近，当地年长者对此都还有一些记忆。新中国成立后此地还曾经保留有较高的土堆，并且能看到夯

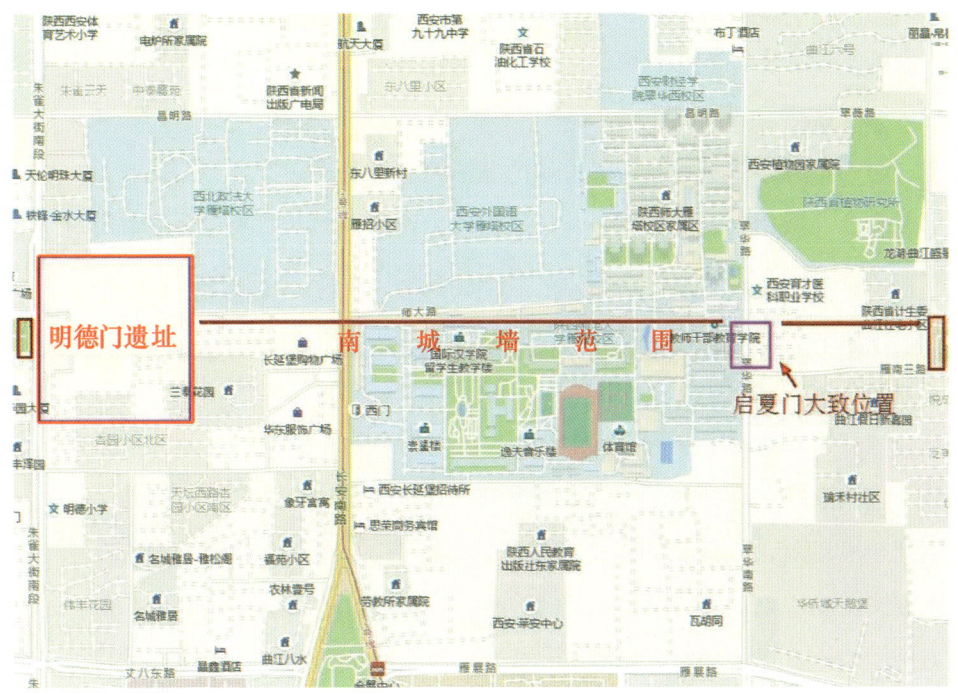

图1-11 明德门东侧南城墙与启夏门位置示意图

图1-12 东南城角与新开门

土台基，但如今已无从考证。开远门再向北的城墙与长安城东北城角如今均为现代建筑，古代城墙已无踪迹。

　　唐长安城北城墙：我们沿上述西城墙向北就会到达长安城西北城角，可如今西北城角已无遗址可寻，但从西北城角向东的北城墙范围还是清楚的，大致分布在西安市自强西路、自强东路以北范围。目前考古确定的一段位于西安市北关自强西路51号西安昆仑电线电缆有限公司院内，被围墙包裹得严严实实，只有一个小门可以进入，夯土城墙上长满了小树和杂草，但夯土层次非常清晰（图1-13中1处）。另外，在西安市北关自强西路中段西安铁路职业技术学院北操场围墙北边10米处（图1-13中2处），发现一段墙址，东西长53米，南北宽10米左右，高约3米，周围有铁栅栏围护。西安市人民政府于20世纪80年代在这里曾立有"唐城墙遗址"保护石碑，现已不存。需要说明的是，此段墙址过去一直被误认为是长安城外郭城北墙（同时又是太极宫北墙的一部分），甚至有人认为此处是李世民发动玄武门政变的玄武门旧址。但经过城市坐标测量确认，此段城墙位于隋唐长安城外郭城北墙以北近30米处，并不是外郭城北墙，更不可能是太极宫北墙的一部分，至于说这里为玄武门旧址，更没有什么可能。此处可能是北夹城墙，或是外郭城北墙北侧某建筑遗址。沿自强西路一直向

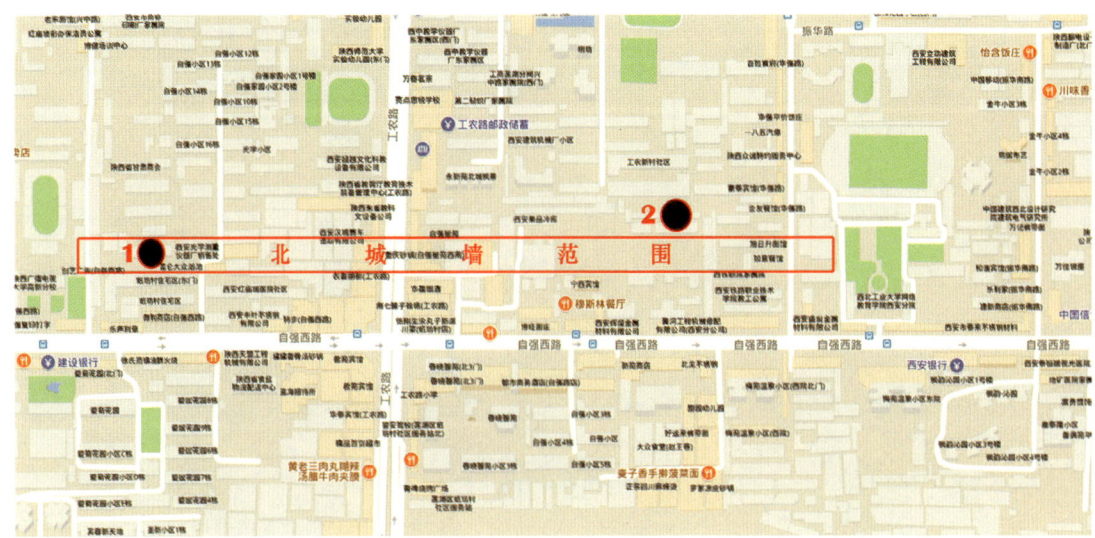

图1-13　北城墙（局部）范围示意图

东,就到达自强东路的大明宫遗址公园,公园内的大明宫南宫墙也就是长安城的北城墙,长达1674米。

唐长安城东北城角:大明宫南宫墙东端再向东,就会到达长安城东北城角。东北城角位于西安市东二环华清路立交桥西南,2014年调查时,遗址区还是现代城市建筑。2017年,西安市文物保护考古研究院为配合西安壹号院项目建设,在该处工地考古勘探发掘出隋唐长安城外郭城北城墙、东城墙、夹城墙,也发掘出"十王宅"(唐时又称"十六王宅")①北坊墙、东坊墙墙基,还发掘出北通大明宫的夹城遗址及多条道路遗迹。本次发掘确定了隋唐长安城遗址东北角的具体位置,也揭示出唐长安城夹城遗址,确认了夹城形制和大致走向。同时,"天宝三载十王宅瓦"的出土为十王宅里坊位置和营缮年代提供了重要依据。如今已对发掘出的东北城角遗址进行临时保护,规划保护方案也在制定当中。

唐长安城东城墙:1957年考古勘探时,东城墙还间断留存夯土城基,考古实测东城墙从东北城角到新开门为7970米左右。如今东城墙已基本无存,因此大多数人都对东城墙没什么概念,即便是西安曲江居民,认知最多到新开门拐角。但如果从卫星地图上看会发现,算上预留地的话,东城墙的遗址公园还预留有绿化带(图1-14),而且马上就要推进到西影路上了(青龙寺地铁站、雁翔路与西影路十字点的正南)。从长度上看,基本是唐延路城墙遗址公园长度的一半。

更值得期待的是,继续往北,青龙寺东面、雁翔路与西影路十字点的正北是一大片空地。届时此地若能建设遗址公园,那么城东的城墙遗址公

---

① "十六王宅"最初称"十王宅",位于唐代长安城大明宫南边的永福坊和兴宁坊,是唐代开元年间皇子集中居住的地方。唐玄宗即位初年,皇子尚年幼,均居于宫内,到开元十三年(725年),随着皇子日渐长大,玄宗便下令在长安城东北安国寺附苑城内修筑大宅,让多位皇子在其中分院居住。之所以让皇子在专门的皇室住宅居住,是为了限制皇室成员的权力,杜绝皇室子嗣参与政治,禁止诸皇子与群臣交结。在统一居住的王宅里,皇们的生活起居均由宫中宦官密切照料,一日三餐由家令侍奉。唐玄宗还安排一些富学之士作皇子侍读,专门讲授诗书,对他们进行严格培养。

图1-14　东南城角现状位置示意图

园将和西面几乎对称，都连到二环交会口，西安城南雁塔区将把半个唐长安城勾勒出来。乐游原、曲江池、明德门、木塔寺的逐步复原将勾勒出古城的重要节点，到时西安市唐长安城的轮廓将会更完备和清晰。随着古城文化遗址的合理保护，西安作为千年古都，不仅深厚的文化底蕴得以充分展现，城市的幸福指数也会大大提高。

三、唐大明宫与今西安城区

大明宫遗址的范围，基本上就是现在大明宫国家遗址公园的范围。2010年前后建成开放的大明宫国家遗址公园就是在大明宫原遗址上建设的。对照现在的西安城区（图1-15），大明宫遗址四至范围如下：

东宫墙：北起马旗寨村骆驼岭，东南斜向含元殿村游乐园（西安市啤酒路西口对面），至原西安玻璃钢风机厂再向东折至黄河棉织厂大家润超市东部，于此南折，穿大华纺织厂、太华路小学东部，南至纱厂南街。

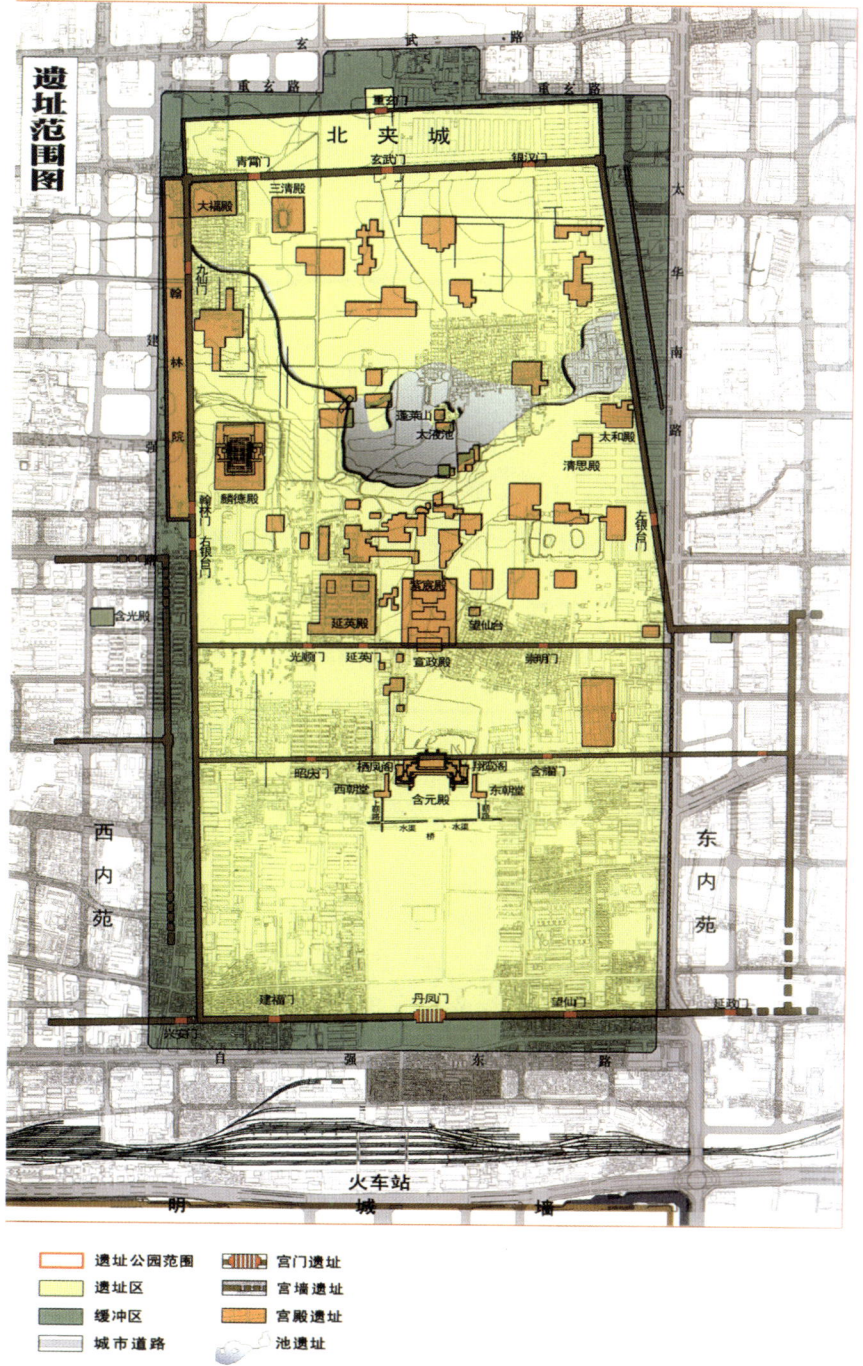

图1-15 大明宫与西安城区对照图

南宫墙：大明宫的南墙系共用长安城北墙一部分。东起纱厂南街东部，横穿太华路，沿自强东路北一直向西至建强路。如今，南城墙大明宫部分也基本是大明宫遗址公园复原展示的南城墙沿线。

西宫墙：南起建强路东30米、自强路北80米左右，向北沿建强路北上。

北宫墙：分布在今大明宫遗址公园内玄武门东西延伸范围（重玄路以南180米左右）。

大明宫的宏伟建筑群，显示了封建帝王至高无上的威严和穷奢极欲的生活。每一座宫殿，每一处廊庑，都是劳动人民一椽一柱、一砖一石修成的，因而整个宫廷建筑既凝结着唐代人民丰富的经验和智慧，也浸透着劳苦大众的血汗。唐朝历代天子，在这里发号施令，谱写了中国封建王朝鼎盛时期的宏伟篇章，也演出了一幕幕活剧。然而所有这一切，都未能逃脱落幕时的冲天火焰。唐末战火不断，大明宫沦为一片废墟，只给后人留下了不尽的追怀，留下了对大唐帝国近300年风云变幻的慨叹。

自20世纪五六十年代起，经过半个多世纪的考古工作，今人已了解了大明宫的面貌，如今也在原址上修建了大明宫国家考古遗址公园。步入其中，仍然可以感受到唐代帝国建筑的宏伟壮丽及王者天下的大国气魄。

唐长安城考古笔记

第二章 寻找长安

唐长安城与大明宫的考古历程

新中国成立前对唐长安城的调查与发掘

唐长安城的考古工作正式开始于20世纪50年代末期。在此之前,日本人足立喜六与北平研究院史学研究会考古组曾对隋唐长安城遗址进行了调查或发掘。

1906—1910年日本帝国教育会选拔足立喜六前来清朝陕西高等学堂任教。足立氏一向憧憬中华文化,每当授课之余,便在西安附近调查古迹。1908年秋季得到日本东西方交通史专家桑原骘藏博士指导,此意更坚,回国后著成《长安史迹考》(1933年出版)。1935年该书被译成中文出版,书中大量调查资料和所附171幅照片,对西安历史研究具有弥足珍贵的价值,在中日学术界已形成深远的影响。当时,足立喜六也对大明宫进行了调查,并对部分遗址进行测绘、拍摄,其中就包括大明宫含元殿、太液池等(图2-1、2-2)。

20世纪30年代初前后,当时的北平研究院史学研究会考古组来陕西对隋唐长安城遗址进行调查和发掘。其中,1922年10月在西安原唐中书省遗址出土了《颜勤礼碑》,1934年2月21日至3月19日先后于陕西省民政厅二院和省政府马号内进行了两次小规模的发掘工作,获得宋吕大防刻之唐大明、兴庆两宫图的残石和唐太极宫及坊市图残石。这些残石对唐宫殿,特别是大明宫、兴庆宫及坊市的研究极有价值,为后来复原唐长安城的布局提供了十分珍贵的图形资料。

说到宋吕大防刻之唐大明、兴庆两宫图的残石和唐太极宫及坊市图残石,就不得不说说吕大防石刻之《长安图》。历来对隋唐长安城的考古与历史研究中,宋吕大防石刻《长安图》是不可忽略的一项重要资料。20世纪30年代陕西所发现的石刻唐大明、兴庆和太极宫及坊市残图其实是石刻《长安图》中残存的一部分。宋吕大防石刻《长安图》原图刻于北宋元丰三年（1080年），是吕大防在考据长安故图的基础上，修正其诸多的失误之处所制作的一张城市地图，也可以说是中国现存最早、范围最广的碑刻古城市地图，是研究隋

图2-1　足立喜六拍摄的含元殿遗址（图出自［日］足立喜六：《长安史迹研究》，王双怀、淡懿诚、贾云译，三秦出版社，2003年）

图2-2　足立喜六拍摄的太液池蓬莱岛遗址（图出自［日］足立喜六：《长安史迹研究》，王双怀、淡懿诚、贾云译，三秦出版社，2003年）

唐长安城最重要的一手文献资料。该碑刻图由于历史原因未能完整保存下来，如今仅碑林博物馆存一块。另有残石拓本21块存世（图2-3）。①通过发现的《长安图》残石及拓本，我们可以清楚地看到长安城当时的宫殿和坊市设置，为世人了解长安城的真实面貌提供了最为珍贵的历史材料，具有很高的研究价值。

---

①胡海帆：《北京大学图书馆藏吕大防〈长安图〉残石拓本的初步研究》，《唐研究》第二十一卷，北京大学出版社，2015年。

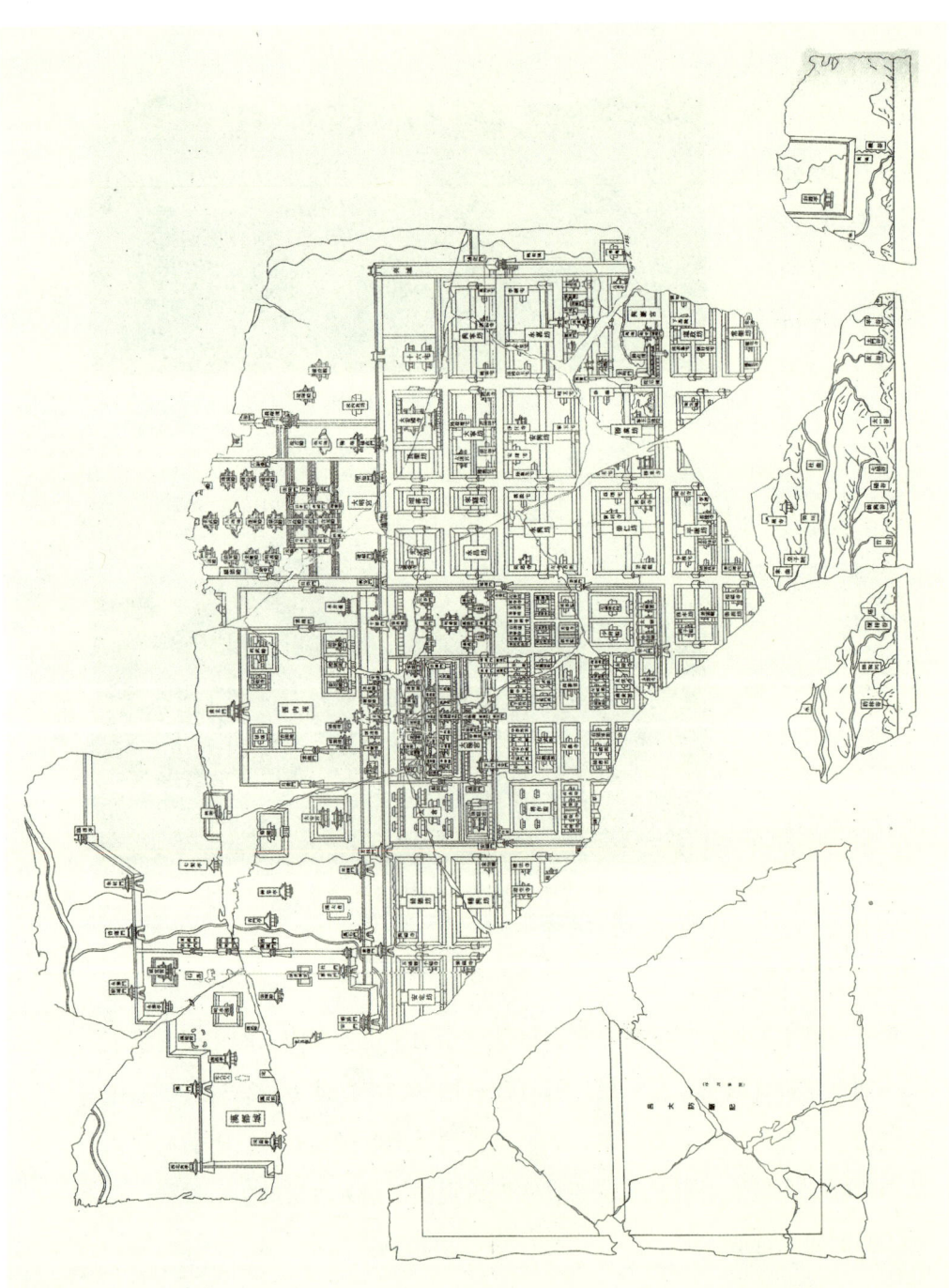

图2-3 石刻《长安图》残块线线绘图

新中国成立以来唐长安城与大明宫的考古历程

新中国成立后，唐长安城及大明宫的各项考古工作正式开始。陕西省文物管理委员会在1957年首先对长安城（外郭城）的范围和各城门的位置等做了详细勘察和探测，收获很大。①

1957年起，中国科学院考古研究所在陕西省文物管理委员会考古勘察的基础上，除对长安城的城址做了复查外，主要是进一步勘察城内坊、市、街道、宫城、皇城等的形制与布局。至1962年底，除个别区域尚待复查外，其他绝大部分基本上已勘察清楚。

勘察工作分为两个阶段进行。第一阶段是1959—1960年的普遍勘察。1959年工作开始时，先就长安城的东西两市及部分的街道和里坊进行勘察，并且做了一些小规模的发掘来核实勘察的情况。至1960年底，除对长安城的外郭城、宫城、皇城等范围、形制勘察了一遍外，还对皇城以南与皇城左右的部分坊及长安城的主要街道等，也做了普遍勘察。与此同时，对当时的东市和西市遗址，进行了发掘。第二阶段，1961—1962年进行复查。为慎重起见，1961年起对第一阶段普探所得城址、里坊和街道等布局情况又进行了复查与核实。至1962年底，基本上复查了一遍。根据复查的结果，对长安城遗址的范围和形制进行了实测。但对唐时有名的风景区曲江池及清明、永安、龙首等渠道尚未勘察。长安城址的实测和绘图，由中国科学院考古研究所郭义孚担任。

20世纪70年代至90年代中期，考古人员在认识了长安城整体状况的基础上，进一步调查发掘了兴化坊、明德门、青龙寺、含光门及大明宫内三清殿、东朝堂、翰林院等主要遗迹。1996年，西安市文物保护考古研究所对唐长安城城址保存状况进行了实地调查，并就保护措施提出了一批建议。1999年，中国社会科学院考古研究所又对长安城圜丘（天坛）遗址进行了发掘。2003年夏，中国社会科学院考古研究所和西安市文物保

---

①详见《长安城地基初步探测》，载《考古学报》1958年第3期。

护考古所组成的联合考古队对西安小雁塔原荐福寺塔院区域进行了勘探和发掘,清理了一个唐代中晚期灰坑,其内出土一批精美陶瓷器。2004年4月,中国社会科学院考古研究所又对唐长安城西南角进行再勘探和发掘。2005年,对唐长安城外郭城西墙南段和延平门遗址进行了考古勘探和发掘。2006年,对西市遗址进行了大规模的考古勘探与发掘,发现了东北十字街道、骨器作坊、砖砌水渠道及大量精美遗物。2014年西安市文物保护考古研究所勘察和发掘了唐长安城朱雀大街的一段街道。2015年至2017年,中国社会科学院考古研究所对东市遗址进行了较大规模的考古勘探与发掘,发现了一些店铺、水井、街道和重要遗物,收获很大。2017年,西安市文物保护考古研究所在配合基本建设时,又发掘发现了唐长安城东北城角及十六王宅的部分坊墙等。

大明宫的考古工作始于1957年,主要经历了以下几个重要时期:

①1957年3月至1959年9月,将宫中主要宫墙、城门、宫殿、池、渠等遗址的范围和分布勘察清楚。发掘了其中的4座城门、1处大型宫殿遗迹、部分城墙,探得太液池东南方面20余处宫殿遗址。出版考古报告《唐长安大明宫》。

②1959年9月至1960年12月,集中对太液池以北、以西及宣政殿西侧区域进行勘探,共发现了10余座遗址。并根据位置,对文献中所记载的拾翠、大福、承香、含冰、紫兰、玄武等殿,以及玄元皇帝庙和大角观等遗址进行判断。至此,连同前一阶段所探明的各殿遗址,已发现30余座。此外,对左银台门、右银台门、九仙门等门址进行了探测。出版考古报告《中国科学院考古研究所1960年田野工作的主要收获》《1959—1960年唐大明宫发掘简报》。

③20世纪80年代,主要对大明宫的一部分殿堂遗址进行调查发掘,其中对清思殿、三清殿、朝堂、翰林院及含耀门等遗址进行了发掘。出版考古报告《唐长安城发掘新收获》《陕西唐大明宫含耀门遗址发掘记》。

④1995年以后,对含元殿、太液池及其周围殿阁、丹凤门遗址等进行

了详细的钻探发掘工作。特别是1995、1996年发掘含元殿遗址,发掘面积上万平方米,厘清龙尾道的形制与规模,发现了专为含元殿建造而设的窑址。2001年至2005年中国社会科学院考古研究所与日本奈良文化财研究所成立中日联合考古队,合作开展对大明宫太液池的勘察与发掘。经过5年的努力,获得了太液池池岸、道路、回廊、人工景园、宫殿等许多珍贵资料。2005年9月至12月,中国社会科学院考古研究所西安唐城工作队对大明宫丹凤门遗址开展了考古钻探和发掘,发掘面积近8000平方米,这次考古发掘探明了丹凤门是具有五门道形制的最高等级的隋唐长安城城门,并发掘出了残存门址,由墩台、门道、隔墙、马道、城墙等部分组成。丹凤门的发掘不仅为大明宫的整体保护提供了依据,更为外郭城北段城墙的位置、范围的确定及城门形制的研究提供了重要的参考依据。

2008年,随着唐大明宫国家遗址公园的建设,大明宫宫门、宫墙的考古工作进一步展开。考古发掘确定,南宫墙遗址系隋大兴城唐长安城北垣的一部分,其全长1674米。随后又发掘出了南宫墙上的兴安门、建福门、望仙门遗址。这次考古工作基本搞清楚了南宫墙及丹凤门、建福门、望仙门、兴安门遗址的状况和坐标。随后又对太液池、望仙台、玄武门、重玄门、大明宫东北城角进行了发掘,收获很大。

2009年又对宣政殿、紫宸殿区域进行了勘探和发掘,搞清楚了殿址范围。

2013年至2017年,又相继开展了含元殿与宣政殿之间官署区的考古,发掘出了疑似中书省的建筑遗址等。

特别需要指出的是,在以安家瑶先生为首的第二代考古工作者的努力下,隋唐长安城的考古进入了一个全新的时期,在多方位发掘与多学科研究的基础上,开启了隋唐长安城国际合作发掘与研究的新局面,也更注重遗址保护与利用。在科学的考古规划下,获得了长安城和大明宫诸多考古资料,并解决了考古研究中诸多学术难题。笔者当年就是在安家瑶先生的指引下从一个懵懂的大学生逐步成长为一个专业的隋唐长安城考古工作者。

表2　唐长安城与大明宫考古年表

序号	时间	工作内容	备注
1	1957年3月至1957年6月	唐长安城外郭城、城门位置，大明宫考古勘探、试掘	《唐长安大明宫》，中国田野考古报告集考古学专刊（丁种第十一号），科学出版社，1959年
2	1957年10月至1959年5月	基本上将城垣与主要的宫墙、城门及宫殿、池、渠等遗址的范围和分布勘察清楚。根据勘察的线索，发掘了其中的4座城门、1处大型宫殿遗址、部分城墙以及其他遗址等多处。此外，1957年在西内苑还发掘了含光殿遗址的一部分	
3	1957年11月至1957年12月；1958年6月至1958年12月	重玄门遗址发掘。二次发掘共1260平方米	
4	1957年12月至1959年5月	麟德殿遗址发掘	
5	1958年1月至12月	配合兴庆公园建设，对兴庆宫遗址进行了发掘，并在胜业坊区域进行了勘探和发掘	《唐长安兴庆宫发掘记》，载《考古》1959年第10期
6	1959年至1960年	1959年夏季唐长安西市考古勘探，1960年西市发掘，左银台门钻探、九仙门钻探，右银台门发掘，翰林门发掘	《1959—1960年唐大明宫发掘简报》，载《考古》1961年第7期
7	1959年冬至1969年春	1959—1960年，对长安城的外郭城、宫城、皇城等的范围，长安城的主要街道等的形制进行勘察；东市、西市局部发掘。1961—1962年，唐长安西市勘探与发掘；含元殿遗址、栖凤阁、翔鸾阁等第一次发掘	

续表

序号	时间	工作内容	备注
8	1970年10月至1973年1月	明德门考古发掘	《唐代长安城明德门遗址发掘简报》,载《考古》1974年第1期
9	1973年至1980年	青龙寺三次考古发掘,1980年青龙寺再次发掘	《青龙寺与西明寺》,文物出版社,2015年
10	1980年10月至1981年5月29日	清思殿遗址发掘	《唐长安城发掘新收获》,载《考古》1987年第4期
11	1981年9月10日至1982年5月30日	三清殿遗址发掘	
12	1982年秋	含元殿东朝堂发掘	
13	1983年3月1日至1983年8月15日	翰林院考古发掘	
14	1983年	大规模维修西安城墙时,发现皇城朱雀门、含光门	中国社会科学院考古研究所西安唐城队
15	1983年3月至1983年8月	大明宫麟德殿第二次发掘	
16	1984年	在皇城西侧建福门以北100米处,也就是"新城"西北角处,发现有突出城外的夯土台基	中国社会科学院考古研究所西安唐城队
17	1985年2月至11月底	配合西安市供电局白庙变电站基建,发掘了西明寺遗址一部分	《青龙寺与西明寺》,文物出版社,2015年
18	1986年3月至6月	含光门考古发掘	《唐长安皇城含光门遗址发掘简报》,载《考古》1987年第5期
19	1987年4月9日至1987年5月25日	含耀门考古发掘	《陕西唐大明宫含耀门遗址发掘记》,载《考古》1988年第11期
20	1987年7月下旬至8月26日	长安城安定坊发掘,发现十字街和水井	《唐长安城安定坊发掘记》,载《考古》1989年第4期
21	1992年3月	在雁塔路自和平门始向南至西安测绘研究所的道路东侧,发现一条东西向大道及其他遗址	陕西省考古研究所

续表

序号	时间	工作内容	备注
22	1995年3月20日至1996年秋	含元殿遗址第二次发掘（发掘总面积27 000平方米），在含元殿柱网布置、大台形制、龙尾道位置、建殿时砖瓦窑址、殿前广场等方面考古成果丰硕	载《考古学报》1997年第3期
23	1998年秋冬	太液池遗址全面考古钻探	中国社会科学院考古研究所西安唐城队
24	1999年3月至6月	唐长安城圜丘（天坛）遗址发掘	《陕西西安唐长安城圜丘遗址的发掘》，载《考古》2000年第7期
25	2000年春至秋	太液池遗址考古试掘（南岸、东南岸）	[1]《西安市唐长安城大明宫太液池遗址》，载《考古》2005年第7期 [2]《西安唐长安城大明宫太液池遗址的新发现》，载《考古》2005年第12期 [3]《西安唐大明宫太液池南岸遗址发现大型廊院建筑遗存》，载《考古》2004年第9期 [4]《唐长安城大明宫太液池遗址考古新收获》，载《考古》2003年第11期 [5]《唐长安城大明宫太液池遗址发掘简报》，载《考古》2003第11期
	2001年春	太液池遗址西岸试掘	
	2001年秋至2005年春	中日合作太液池遗址考古发掘	
26	2002年5月至7月	大明宫左银台门遗址发掘	中国社会科学院考古研究所西安唐城队

续表

序号	时间	工作内容	备注
27	2003年夏	中国社会科学院考古研究所和西安市文物保护考古所组成的联合考古队对西安小雁塔原荐福寺塔院区域进行了勘探和发掘，清理了一个唐代中晚期灰坑，其内出土一批精美陶瓷器	《西安小雁塔东院出土唐荐福寺遗物》，载《考古》2006年第1期
28	2004年4月	唐长安城西南角考古钻探，明确了西南城角的位置	中国社会科学院考古研究所西安唐城队
29	2004年3月至8月	为配合长安城含光门西门洞工程，开展有关文物考古调查	
30	2004年3月至4月	大明宫望仙台遗址考古勘探	
31	2005年7月	大明宫麟德殿保护工程考古发掘	
32	2005年9月至2006年7月	大明宫丹凤门遗址考古发掘	《西安市唐长安城大明宫丹凤门遗址的发掘》，载《考古》2006年第7期
33	2005年7月至2006年8月	大明宫含元殿御道（殿庭）、殿前道路、排水设施等考古	《西安市唐大明宫含元殿遗址以南的考古新发现》，载《考古》2007年第9期
		大明宫龙首渠及桥梁遗址及上朝道路的发现与发掘	
34	2005年3月至12月	唐长安城西城墙南段、延平门勘探与发掘	中国社会科学院考古研究所西安唐城队
35	2006年4月至6月	唐长安西市遗址勘探发掘，发现十字街、骨器作坊等	
36	2007年9月	为配合含光门博物馆建设，再次对长安城含光门遗址清理发掘	
37	2008年10月	大明宫遗址公园丹凤门、南宫城墙、太液池、西宫墙等考古勘探与试掘	

续表

序号	时间	工作内容	备注
38	2009年1月至12月	大明宫遗址公园御道东西,含元殿村,玄武门东南、西南,太液池北部、东北、西北,孙家湾,含元殿西侧宫墙,宣政殿、紫宸殿核心区域等考古勘探与试掘	中国社会科学院考古研究所西安唐城队
39	2009年3月至5月	大明宫望仙台遗址全面发掘	
40	2014年	小雁塔西北唐长安城朱雀大街勘察和一段街道的发掘	西安市文物保护考古研究所
41	2015年至2017年	唐长安城东市考古勘探、发掘	中国社会科学院考古研究所西安唐城队
42	2017年	唐长安城东北城角、十六王宅考古勘探发掘	西安市文物保护考古研究所

西安城区还有哪些真正的唐代遗址?

走在繁华的西安城区,我不止一次回忆这些年自己的考古经历,蓦然发现,我们最引以为豪的大唐王朝,其实如今真的没留下多少遗址。一方面,历代的天灾人祸,让本来就不容易保存的土木建筑只剩下了夯土;另一方面,近些年城市的疯狂建设,唐长安城很多遗址还没来得及发掘、保护和展示,便彻底消失在挖掘机的轰鸣中,消失在钢筋混凝土的浇筑中。

西安城区还有哪些真正的唐代遗址?笔者粗略统计了一下,如今在西安城区能看到的真正的唐代遗址总计有27处(图2-4)。这些真正的唐代遗址你去过几处呢?一起去看看吧。

1.唐长安外郭城北墙

位于西安市北关自强西路51号西安昆仑电线电缆有限公司院内。接近地面部分被浮土和垃圾掩盖。

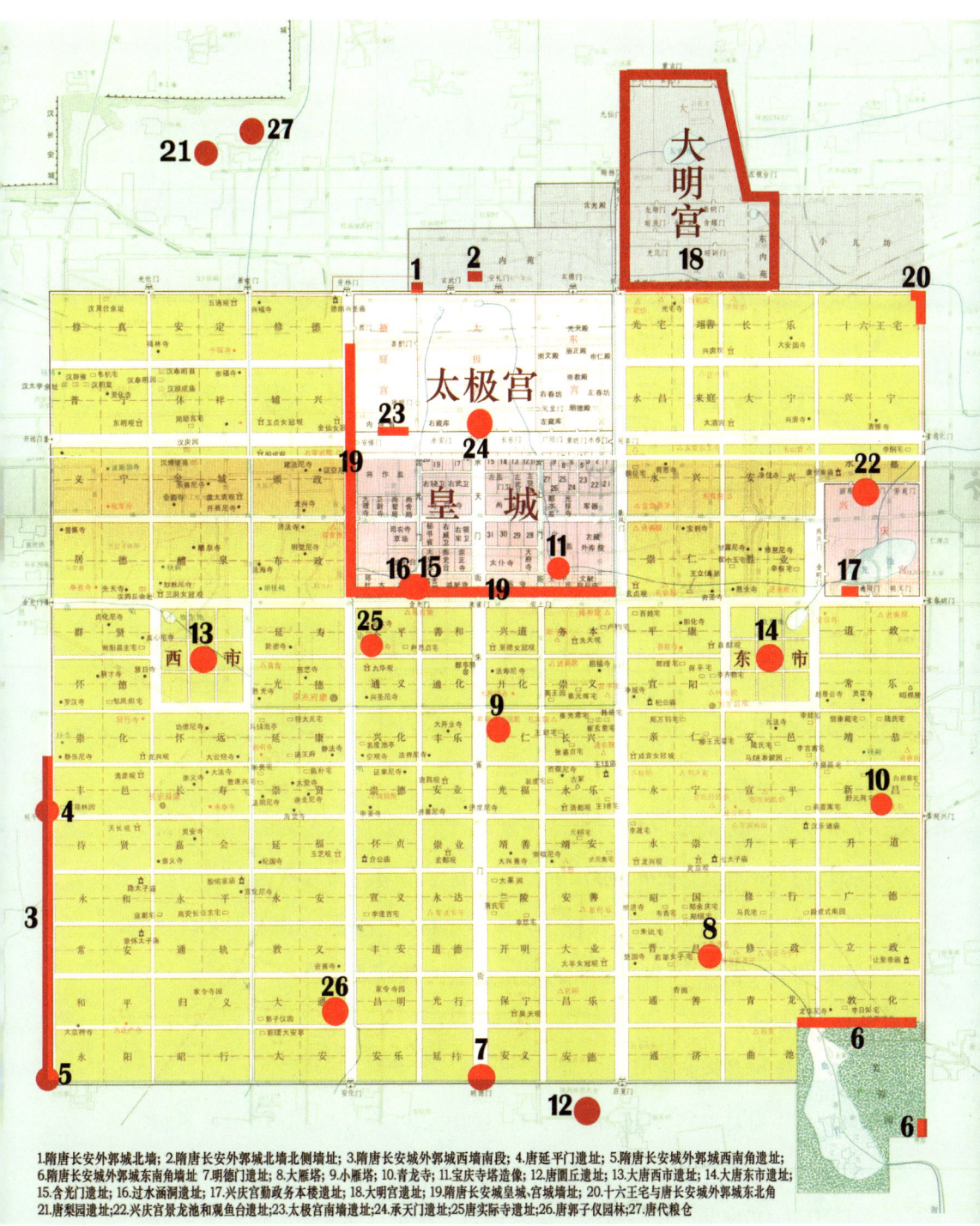

图2-4 西安城区唐代遗址平面分布图（底图见史念海：《西安历史地图集》，西安地图出版社，1996年）

1.隋唐长安外郭城北墙；2.隋唐长安外郭城北墙北侧墙址；3.隋唐长安城外郭城西墙南段；4.唐延平门遗址；5.隋唐长安城外郭城西南角遗址；6.隋唐长安城外郭城东南角墙址 7.明德门遗址；8.大雁塔；9.小雁塔；10.青龙寺；11.宝庆寺塔造像；12.唐圜丘遗址；13.大唐西市遗址；14.大唐东市遗址；15.含光门遗址；16.过水涵洞遗址；17.兴庆宫勤政务本楼遗址；18.大明宫遗址；19.隋唐长安城皇城·宫城墙址；20.十六王宅与唐长安外郭城东北角；21.唐梨园遗址；22.兴庆宫景龙池和观鱼台遗址；23.太极宫南墙遗址；24.承天门遗址；25.唐实际寺遗址；26.唐郭子仪园林；27.唐代粮仓

2.唐长安外郭城北墙北侧墙址

位于西安市北关自强西路中段的西安铁路职业技术学院北操场围墙北,东距华强路约120米,南距自强西路约130米。

墙址为黄土夯筑而成,东西长53米,南北宽10米左右,高约3米。其西段27.4米已被辟为花圃种植花木,地表尚存几十厘米高的墙基。西安市人民政府于20世纪80年代在这里曾立有"唐城墙遗址"保护石碑,现已不存在。

此段墙址过去一直被误认为是长安城外郭城北墙(实则在北墙以北近30米处),究系何遗址,尚待确认。

3.唐长安城外郭城西墙南段

位于西安高新区唐延路与沣惠南路间的西安唐城墙遗址公园内(图2-5)。南北全长3.7公里,这一段唐城墙内有一座城门——延平门,由北向南经过7个里坊,分别是崇化、丰邑、待贤、永和、常安、和平和永阳。2005年,中国社会科学院考古研究所西安唐城队对该遗址进行了勘探发掘。

4.唐延平门遗址

位于西安高新区唐延路与沣惠南路之间的绿化带内的隋唐长安城外郭城西墙南段上。2005年,中国社会科学院考古研究所西安唐城队对该遗址进行了勘探发掘(图2-6),发掘结束后不久,文物部门及时对遗址本体进行了保护,如今延平门遗址已成为城墙遗址公园一处标志性的文化休闲景点。

5.唐长安城外郭城西南角遗址

位于唐延路和科技八路丁字路口西南,陕西省高尔夫练习场东侧。西南城角是2005年进行考古发掘的,遗址位于地下1.5米左右(图2-7)。2010年前后,文物部门及时对遗址本体进行了保护,如今这里已经是精致的路边广场,这个小广场也是西安高新区唐城墙遗址公园的最南端所在。

6.唐长安城外郭城南墙与东南角

位于大唐不夜城南500米雁南二路和雁南三路东西向平行的两条城市道路之间的唐城墙遗址公园内。东西全长3600米，宽100米，面积540亩。今人示意性的复原了外郭城南墙与东南角（图2-8），走到这里，隐约还能感受到唐代城市的风貌。

7.明德门遗址

位于西安市南郊明德门小区东北约200米（原杨家村所在）处。明德门是隋唐长安城外郭城正南门。1972年前后，中国科学院考古研究所对遗址进行了发掘（图2-9）。之后，建筑学家根据发掘成果进行复原，再现了明德门历史轮廓（图2-10）。2018年再次发掘。依托这两次考古发掘，唐长安城明德门遗址保护工程正式启动，相信不久后，明德门遗址将成为继大雁塔、小雁塔、大明宫遗址之后，西安又一显示唐长安城遗址的重要地标。

8.大雁塔

位于唐长安城晋昌坊（今西安市南郊）的大慈恩寺内，又名"慈恩寺塔"，高65米左右。唐永徽三年（652年），玄奘为保存从天竺带回长安的经卷、佛像，主持修建了大雁塔。大雁塔作为现存最早、规模最大的唐代四方楼阁式砖塔，是佛塔这种古印度佛寺的建筑形式随佛教传入中原地区，并融入华夏文化的典型物证，是凝聚了中国古代劳动人民智慧结晶的标志性建筑。现如今该遗址区已经修建了广阔的水景，发展成集历史文化、旅游休闲于一体的一张千年古都文化名片。

9.小雁塔

小雁塔位于今陕西省西安市友谊西路小雁塔景区内，即唐长安城安仁坊荐福寺内，又称"荐福寺塔"，高45米左右。塔建于唐景龙年间，是当时的信众为了祈福集资修建的，它见证了另一位唐代高僧义净翻译佛经的岁月。小雁塔是密檐式塔，与大雁塔同为唐长安城保留至今的重要标志。

图2-5　西安高新区唐城墙遗址公园鸟瞰（2005年）

图2-6　考古发掘出的延平门遗址（2005年）

图2-8　曲江唐城墙遗址公园复原的外郭城墙与东南角

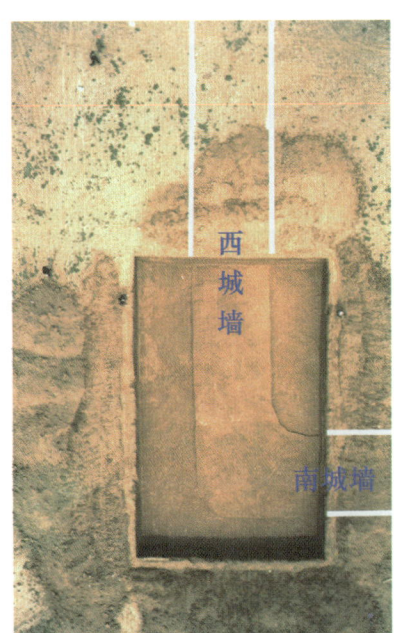

图2-9　考古发掘出的明德门遗址

图2-7　考古发掘出的西南城角（2005年）

图2-10　杨鸿勋先生复原的明德门遗址效果图

二者都属于国人对印度式佛塔进行中国化改造的产物，并开创了中国佛塔最重要的两种样态。小雁塔和荐福寺钟楼内的古钟合称为"关中八景"之一的"雁塔晨钟"，如今是西安博物院的组成部分。

10.青龙寺

位于西安市东南铁炉庙村的乐游原上。唐时为长安延兴门内新昌坊。该寺建于隋文帝开皇二年（582年），原名"灵感寺"，唐景云二年（711年）改名"青龙寺"。该寺为唐朝皇家护国寺庙，是中国佛教密宗祖寺。如今这里已经建起了博物馆。在寺院入口处还有文物部门设立的遗址保护碑（图2-11）。

1973年考古工作者对青龙寺遗址进行了发掘。发掘遗址有两处，一为塔址，一为殿堂遗址。塔基正中有一直壁方坑，当是塔心的地宫部分。此塔可能是隋唐盛行的方形木塔。殿址位于塔址东侧50余米处。殿址台基面呈长方形，似为面宽五间，进深四间格局。台基东西两侧发现有坡状慢道。台基北面中部有踏道遗迹，台基南面中间有露道。考古发掘还出土了一批银质及鎏金小铜佛、石造像、陶瓷器等。

11.宝庆寺塔造像

位于西安城墙永宁门（俗称"南门"）内书院门路口。宝庆寺塔，虽然塔是明朝建的，但镶嵌在塔身周边的佛像雕塑（图2-12），却是唐代作品，姑且也算是唐代的遗址吧。

12.唐圜丘遗址

圜丘，俗称"天坛"。位于陕西师范大学雁塔校区南操场东侧（图2-13）。是中国隋唐时期皇帝每年冬至日举行祭天活动的礼仪建筑，比北京天坛早近1000年，是全国范围内保留下来的唯一一处早于清代的圜丘遗址。1999年考古发掘。

13.大唐西市遗址

位于西安市劳动路的大唐西市博物馆内。保留了一些唐代西市的遗址，比如石板桥、隋唐西市道路遗迹、排水沟、砖井等。考古资料显示，西市不仅是商品交换与贸易场所，而且是集加工（手工业作坊）、住宅（波斯邸、北坊新宅等）、娱乐（杂戏、胡姬酒肆等）、漕运诸功能于一体的大型商业综合体。

14.大唐东市遗址

位于西安市乐居场周边。2015年至2017年底，考古发现了道路、渠道、房屋基址、作坊遗迹、砖井等唐代遗迹173处（图2-14）。期待大唐东市能够在不久的将来向人们展示大唐商业遗址的风采。

15.含光门遗址

含光门是唐长安城皇城南墙偏西一处城门，最早建于隋文帝开皇二年（582年）。1984年西安市整修西安城墙时，发现了唐含光门遗址，考古发掘出唐代含光门的三个门道、门墩、础石、石门限等。2006年建含光门遗址博物馆（图2-15）时考古工作者对含光门重新进行了发掘清理。含光门是迄今为止所发现的最为完好的隋唐城门遗址。

图2-11　青龙寺遗址保护碑　　图2-12　宝庆寺塔身的唐代佛像雕塑

图2-13　建设中的天坛遗址公园（2016年）　　图2-14　大唐东市考古发现的唐代遗迹

图2-15　含光门遗址　　图2-16　过水涵洞遗址

16.过水涵洞遗址

位于西安市含光路北端含光门城墙博物馆内西侧,东距含光门中心70余米。2006年,在配合西安市含光门段城墙道路工程施工时发现一处隋唐时期皇城城墙下部的过水涵洞(图2-16)。这一考古发现,为认识隋唐都城规划中的排水工程设施与其设计细节提供了实物资料。

17.兴庆宫勤政务本楼遗址

位于西安市兴庆公园南门内西侧,该楼建于唐开元八年(720年),高台基、大屋顶,外观宏伟,颇显豪华,显示出盛唐的宏大气魄。1958年兴庆公园建设时,陕西省文物管理委员会对唐勤政务本楼遗址进行了考古探测,中国科学院考古研究所马得志先生也带队对其进行了考古发掘。资料表明勤政务本楼和花萼相辉楼两座建筑毗邻,很难分割,其东西长86米,南北宽58米。西部向北突出一方,面积共57 828平方米。1986年在专家反复证论的基础上,公园投入人力、财力用一年的时间完成了该遗址护栏的修复工程(图2-17)。

18.大明宫遗址

位于西安市北郊大明宫国家遗址公园内,是西安城内唐代遗址分布最集中的区域。这里是唐朝政治核心区域。特别值得一提的是,遗址公园建成后,丹凤门、建福门、望仙门、兴安门、龙首渠、含元殿、宣政殿、紫宸殿、麟德殿、太液池、清思殿、三清殿、大福殿、玄武门、重玄门、左右银台门等唐代遗迹,在这里都得到了复原和保护。

19.唐长安城皇城、宫城墙址

今西安城墙是明初在唐皇城基础上向东和向北扩建起来的。也就是说,今西安城墙的西城墙和南城墙就是唐代皇城和宫城的一部分。隋唐皇城的具体位置如下:南墙从今西南城角向东至开通巷南头略东处,全长约2820米;西墙在今西南城角向北至约与城内西五台相对处,长约1843米。如今隋唐皇城、宫城城墙绝大部分被包裹在明清城墙之内,只有含光门博物馆内一城墙断面处,能清晰地看到隋唐皇城南墙与明清城墙的历史沿革关系（图2-18）。

20.十六王宅与唐长安城外郭城东北角

十六王宅位于唐代长安城大明宫南边的永福坊和兴宁坊，最初称为"十王宅"，后更名"十六王宅"，出现于唐开元年间，是当时皇子集中居住的地方。遗址在今天西安市东二环华清路立交桥西南（图2-19）。

21.唐代梨园遗址

唐代梨园遗址（图2-20）位于今西安市未央区未央宫乡大白杨村村西。这个遗址知道的人不是很多。梨园在唐中宗时已有，当时不过是皇家园林中一个与枣园、桃园一样的游乐玩赏的园子。到了唐玄宗李隆基时，它与戏曲结下了不解之缘，后来成为艺术组织和艺人的代名词。

22.兴庆宫景龙池和观鱼台遗址

景龙池在西安市东关鸡市拐往东路北，南北走向。它南接柿园路，北抵长乐坊。景龙池是唐代留传下来的一个名字，历史非常久远，如今是一条老街巷。景龙池名字的演变很有历史，曾叫过隆庆池、井龙池、龙池、兴庆池等。据史料记载，在武则天统治时期，此地有一口井溢出水来，加上雨水积涝，在隆庆坊低洼处形成大水池，池面数十顷。因为地处隆庆坊，所以叫作"隆庆池"，又因是井水溢出，还被称为"井龙池"。

在一处门牌标有"景龙池90号"的院子里，有一处老母庙遗迹。老母庙是一座土坯建筑，山墙较高，墙体由青砖包裹着土坯。老母庙外的石碑上介绍说：根据《碑林文史资料》第四辑记载，此处为唐兴庆宫的楼台遗址，传为玄宗观鱼台（图2-21）。

23.太极宫南墙遗址

位于西安市玉祥门莲湖路南侧80米处云居寺内，今之西五台恰在太极宫宫城南墙之上，东西长约500米。2014年前笔者来过这里，进入云居寺大门还能看到一块陈旧的保护碑上清楚地写着"唐长安城宫城南墙遗址（1983年）"，可不知何时，保护碑已更换成了新的，碑文为"隋大兴唐长安城遗址·西五台（1996年）"（图2-22）。

图2-17 勤政务本楼遗址

图2-18 含光门博物馆内的城墙断面

图2-19 考古发掘出的十六王宅与唐长安城外郭城东北角

图2-20 唐代梨园遗址

图2-21 观鱼台遗址

图2-22 隋大兴唐长安城遗址·西五台保护碑

24.承天门遗址

承天门是唐长安城太极宫正南门,就相当于今北京故宫的天安门。门址在今西安市莲湖区莲湖公园莲湖池南岸偏西处,基址大部分已被挖土破坏。

25.唐实际寺遗址

实际寺是隋代太保国公孙览妻子郑氏舍宅而立,位于西北大学文博学院周边。在20世纪90年代,对实际寺遗址进行了局部考古发掘,发现了房屋、灰坑和墓葬的遗迹,以及佛教造像残件、瓷器残片、砖瓦等文物。这些文物现均收藏于西北大学博物馆中。在文博学院南草坪的西侧建有一座亭子(图2-23),内有石碑写有"实际寺纪念亭碑"几字。

26.唐郭子仪园林

郭子仪园林遗址位于唐长安城大通坊,现西安市南郊电子一路附近的北山门村与丁白村之间区域。园林建立于中唐时期,是唐朝名臣郭子仪晚年居住的地方。20世纪末房地产开发,这片地就变成了高楼大厦。在楼群的东南角尚留有一片绿地,绿地前的公交车站旁边,有文化部门树立的"唐大通坊郭子仪园林遗址"保护碑(图2-24)。

27.唐代粮仓

唐代粮仓遗址位于西安市未央区梨园路中段北侧大白杨村,北距汉长安城南城墙约620米。2012年发现并发掘出东西成排、南北成列的唐代仓窖3排10座,粮仓主体为从地面向下挖成的窖穴(图2-25)。出土砖瓦、釉陶器、瓷器、陶器、开元通宝等遗物。这是西安地区首次发现唐代粮仓遗址,对研究唐代太仓的位置、粮食储存和供应有重要价值,如今这里已经树立了遗址保护碑。

图2-23 实际寺遗址碑亭

图2-24 唐大通坊郭子仪园林遗址保护碑

图2-25 考古发掘出的唐代粮仓遗址

大明宫考古发现的遗址

大明宫考古已经走过了60多个春秋，历经三代考古工作者默默奉献，考古发现了众多遗址（图2-26），主要涉及宫墙、宫门、宫殿、道路、池苑和其他遗址等。遗址虽然发现的不少，但相比大明宫整体布局来说，好比操场一角都不到。另外，由于历经千年沧桑及城市建设等破坏，绝大部分遗址埋藏在地表下，能看到的不是很多。要说哪些最重要，其实在考古人眼里，没有哪个遗址最重要的概念，每一个遗址都有不可替代性，都有独特的历史文化价值。如果一定要选择哪个最重要的话，我会全选，因为每个遗址都重要！这不是客套话，每一个考古人都会把发现的遗址看作最重要的。如果说哪个更突出，或者更"惹眼"的话，当属一些高大的建筑、宫殿、池苑及保存较好的一些古代遗存。

考古发现的宫墙（亦称"宫城墙""城墙"）：只有西宫墙中段一处拐角、北宫墙大部分、东北城角（当地人称"骆驼岭"）三处宫墙夯土清晰可见。其他宫墙均埋藏在地表下。

考古发现的宫门（亦称"宫城门""城门"）：大明宫宫墙四周的宫门，据载，南面有五门，正中为丹凤门，丹凤门东侧依次为望仙门和延政门，丹凤门西侧依次为建福门和兴安门。东城墙一门，即左银台门。西城墙二门，南为右银台门，北为九仙门。北城墙有三门，中为玄武门，左（东）有银汉门，右（西）有青霄门。今除南侧延政门因城市道路占压没发现外，其他城门均已发现，并进行了相关考古勘探和发掘。另外，还在玄武门北侧新发现了重玄门和内重门。大明宫内部的宫门发现不多，主要有含元殿东侧的通乾门、含耀门，翰林院的翰林门。这些门址也仅有丹凤门、兴安门进行了本体保护，还能看出遗址的模样。

考古发现的宫殿：大明宫历来有最辉煌的宫殿建筑群、"千宫之宫"之说，但考古发现的宫殿遗址并不多。主要有朝政三大殿，即含元殿、宣政殿、紫宸殿。另外还陆续发现有延英殿、麟德殿、三清殿、金銮殿、含

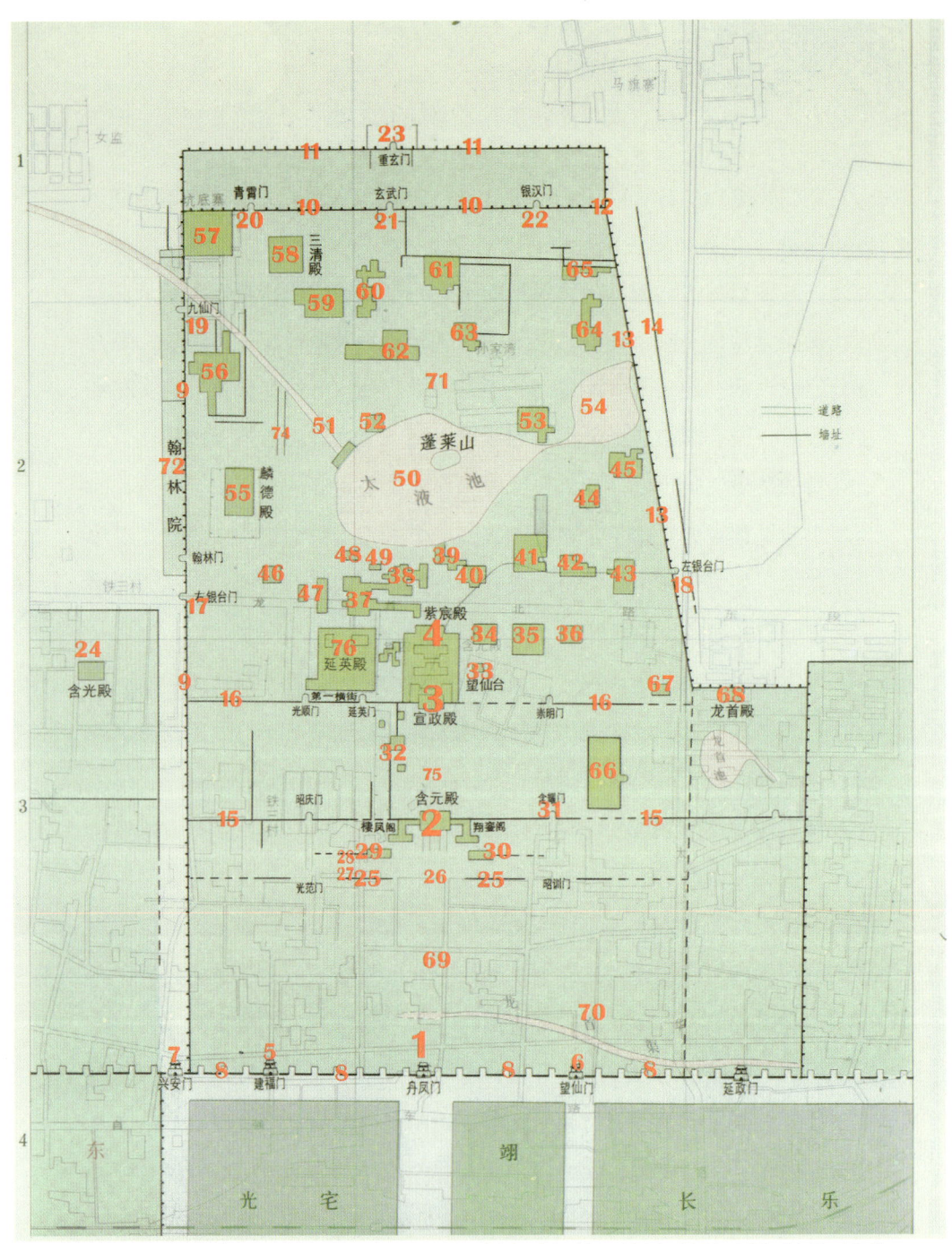

1.丹凤门;2.含元殿(翔鸾阁、栖凤阁、殿前广场等);3.宣政殿;4.紫宸殿;5.建福门;6.望仙门;7.兴安门;8.南宫墙;9.西宫墙;10.北宫墙;11.夹城墙;12.东北城角;13.东宫墙;14.东夹城墙;15.宫内隔墙;16.宫内隔墙;17.右银台门;18.左银台门;19.九仙门;20.青霄门;21.玄武门;22.银汉门;23.重玄门;24.含光殿;25.龙首渠;26.中央御道;27.西侧御桥;28.砖行步道;29.西朝堂;30.东朝堂;49.遗址;31.重耀门;32.中书省遗址;33.望仙台;34.殿址;35.殿址;36.殿址;37.廊院遗址;38.廊院遗址;39.含凉殿;40.殿址;41.清思殿;42.殿址;43.殿址;44.殿址;45.太和殿;46.金銮殿;47.建筑遗址;48.遗址;50.太液池(池、蓬莱等三岛、周边道路、回廊、造景、小桥、排水设施等);51.进水渠;52.殿址;53.殿址;54.西池及池中建筑;55.麟德殿;56.殿址;57.大福殿;58.三清殿;59.遗址;60.回廊;61.建筑遗址;62.建筑遗址;63.建筑遗址;64.廊院建筑;65.建筑遗址;66.廊院建筑;67.遗址;68.龙首渠;69.含元殿御道;70.望仙门内大街;71.廊院建筑遗址群;72.翰林院遗址;73.宫内顺城路;74.道路;75.汉墓;76.延英殿

图2-26 唐大明宫考古遗址平面分布图(底图见史念海:《西安历史地图集》,西安地图出版社,1996年)

凉殿、清思殿、太和殿、蓬莱殿等。如今还能在地面上真真切切看到的遗址只有含元殿、麟德殿、三清殿，其他宫殿均埋藏于地下。

当然，大明宫考古60余年，并不是只发现了上述考古遗址，其他还有很多未命名和未公布的考古遗址。面积3.2平方公里的大唐皇宫，埋藏在地下的遗址类型、数量众多，考古工作任重道远。如今，大明宫内的绝大多数遗址已经进行了复原保护，漫步于大明宫遗址公园，仍能体验到唐代建筑的瑰丽。

唐长安城考古笔记

第三章 印象长安

古今交融的千年画卷

唐长安城内的道路与交通

一、长安城中的道路

唐代长安城内有南北纵向街道11条、东西横向街道14条。道路都是直线，方向也基本为正东西或正南北，且均对应城门，无论去哪都很好找。长安城的路有多宽呢？宽度好几十米到上百米，最宽的是丹凤门外大街，宽度达176米！其次是位于城中央的纵向中轴线大街——朱雀大街，竟达150米！比今天120米的北京长安街还要宽。长安街上下10车道，想不通当年只走马车的朱雀大街为什么要那么宽？为了尽显大唐帝国大国气象？或许也可认为是为满足皇帝四海一统、好大喜功的心理需求。说法不同，各有千秋。

唐长安城这11纵14横的大街，笔直贯通，宽敞平坦，如果视力好，站得高，相信能够从南一直看到北，从东一直看到西，一个人一匹马也别想从眼皮子底下逃出去。古人修路时追求笔直通达的视觉效果，也可以为今天的我们提供借鉴和反思。

据考古探测，长安城的街道中，居中的朱雀大街是长安城的南北向主干大道，宽150~155米；朱雀大街东侧第一街宽67米，第二、三、四、五纵街分别宽134、68、68、25米；朱雀大街西侧第一、二、三、四、五纵街，分别宽63、108、63、42、20米。皇城以南的第一横街（金光门和春明门间）宽120米，第二、三、四横街分别宽44、40、45米，第五、六、七、八、九横街分别宽55、55、45、59、39米（图3-1）。[①]

[①]中国科学院考古研究所西安唐城发掘队：《唐代长安城考古记略》，载《考古》1963年第11期。

这是什么概念？以现在公路一个车道宽3米来计算，朱雀大街就有双向50车道。你没看错，正反双向50车道。就是现在的西安城，也没有这么宽的街道，唐朱雀大街完全是可以飙车的节奏，堪称"城市里的高速路"。

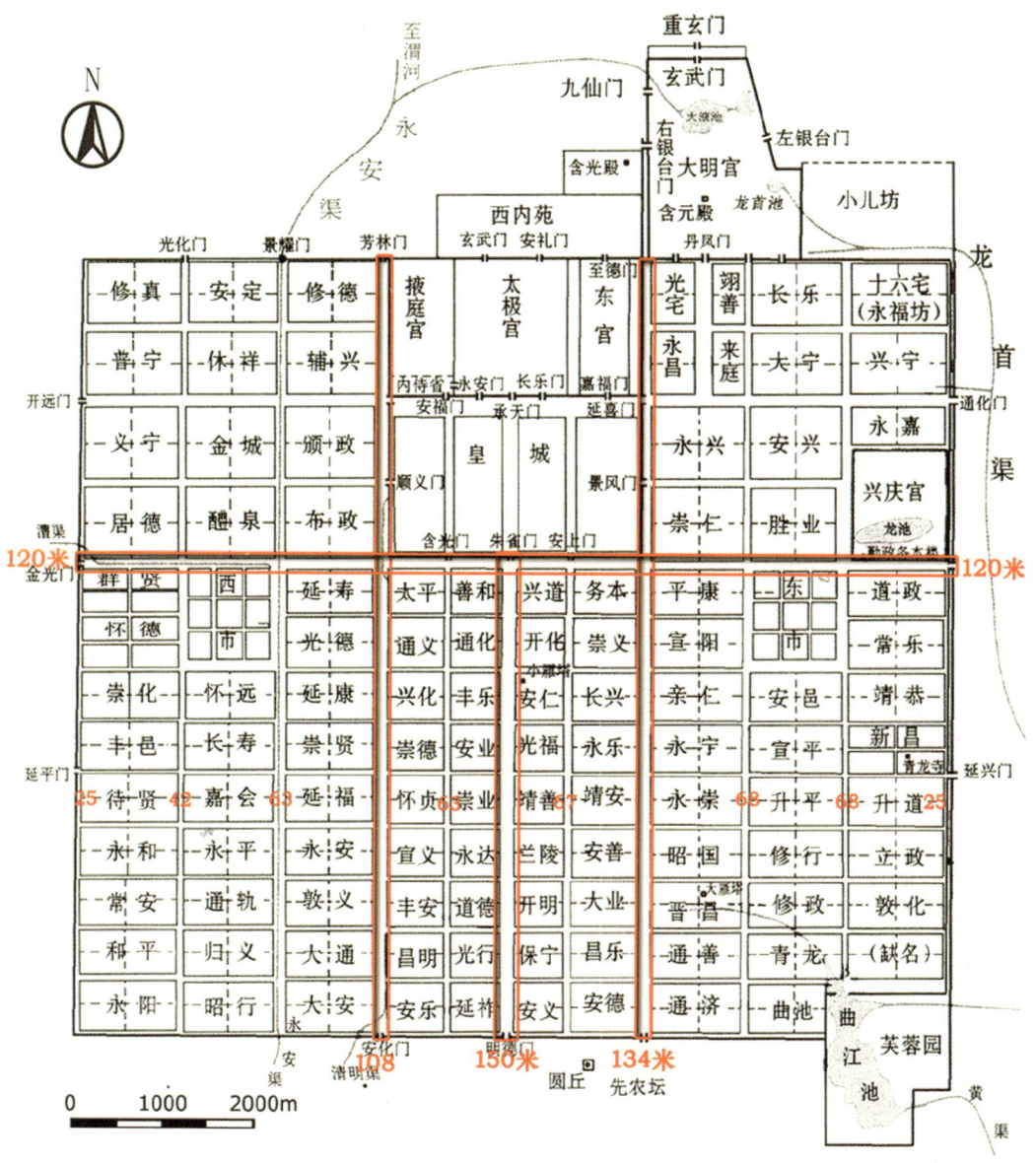

图3-1　唐长安城主要街道宽度平面示意图

人行横道的红绿灯要是没有3至5分钟时间,你根本走不过去。

那么长安城的路况如何呢?长安城内所有的道路几乎全是土路。道路两侧有排水沟和行道树,树以国槐为主,现在的西安城还有许多唐朝时期的大树。当然,长安城内也有一些铺沙的土路,称为"沙堤"。唐诗云:"长安大道沙为堤,早风无尘雨无泥。"这就是说,唐长安城一些道路为了防尘,在土路基上再铺细沙,雨天不积水,无内涝,漫步雨中鞋不沾泥,晴天无尘土,PM2.5天天达标,洒水车都省了。

二、长安城也有交通法

图3-2 仪制令石碑

《唐律》中有明确的法律条例来杜绝交通乱象。所以说,在唐代长安城也是有交通法的。唐朝正规的交通道路管理法是唐太宗贞观十一年(637年)颁发的《唐律·仪制令》,其中对交通仪制等做了严格规定,可谓"中国第一交通法"。《仪制令》始于唐盛行于宋,刻有"仪制令"的交通石碑在我国多地都有发现,陕西汉中灵崖寺就保存有一块宋代的"仪制令"石碑。(图3-2)

(一)右侧通行,避让行人在唐代已经实行

在唐太宗贞观年间,著名政治家马周制定了"右侧通行"的规定,这也是目前为止我们见到的最早的交通规则。《新唐书·马周传》中记述的"入由左,出由右",其实就是"右侧通行"的规则。看来我们今天靠右行的交规不是舶来品而是唐代就已有的规则。有关唐代人交通出行情况,在敦煌莫高窟第156窟"宋国河内郡夫人宋氏出行图"中有形象的描绘

（图3-3）。

唐代交通在避让行人等方面，也有明确法律规定。唐《仪制令》中规定："诸行路巷街，……少避老，轻避重，去避来"。安全礼让的结果，自然是道路通畅，关系融洽。这些完全符合当今交通科学的管理宗旨，先贤的远见以及伟大，由此可见一斑。

（二）严禁在城内和闹市区"超速行驶"

《唐律》规定，无故在街道和巷子的人群中快速驾马或者驾马车者，会被处以笞刑（唐代"笞、杖、徒、流、死"五种刑罚中最轻的）。如果致人性命或者斗杀则会面临最高刑罚（死刑）；比它减一等，就是流放三千里佩戴枷锁劳教。如今，在交通事故中致人死亡的，按交通肇事罪仅仅处有期徒刑3年以下，而在古代最少也要被流放三千里去劳动改造。若以现在西安为圆心，三千里应该就是到湖南长沙、辽宁沈阳、云南昆明的距离。当时这些地方，不比今天繁华，可都是穷山恶水的蛮夷之地。

陕西有句古话："人狂没好事，狗狂挨砖头。"现在纨绔子弟们爱干的事，可以说都是遗传老祖先的。比如现在有飙车，当时应该叫"飙马"，唐代有没有"长安疾速十二少""朱雀拼命十三郎"我们不知道，但是如

图3-3　敦煌莫高窟第156窟中晚唐壁画（宋国河内郡夫人宋氏出行图）

果在长安城超速或飙马,确定会受到严厉的惩罚。按照现在的意思,在长安城内"飙马",给予警告,施以笞刑,即在闹市区拿竹板或藤条抽50多下。

(三)唐代"高昌城牛车交通肇事案"

公元762年,高昌城(今新疆吐鲁番市)发生了一起严重的交通事故,一男一女两个8岁的孩童,被一辆牛车撞成重伤,引出了一场刑事附加民事的官司。这个案件的卷宗是1973年在新疆阿斯塔古墓出土的文物中发现的。该卷宗提供的审判程序和处罚原则比较完整,揭开了1200多年前那次车祸的真相,让我们看到了唐代交通肇事处理的具体方法。

6月份的高昌城,骄阳似火,市民史拂8岁的儿子金儿和曹没冒8岁的女儿想子,在商人张游鹤的店铺前玩耍时,被一辆拉土坯的牛车撞伤,两个孩子腰部以下全部骨折,生命危在旦夕。肇事者是来高昌做生意的外地人靳嗔奴的长工康失芬(30岁)。事情发生后,史拂和曹没冒把雇主靳嗔奴告上了法庭。案件是一个叫"舒"的法官处理的。在案件调查中,舒先是询问肇事者康失芬,康失芬说牛车是借来的,自己驾驶技术不过关,在牛奔跑的时候,自己"力所不逮",以致酿成大祸。法官舒问康失芬有什么打算,康失芬表示"情愿保辜,将医药看待。如不差身死,请求准法科断"。言下之意,就是先请求保外为伤者治疗,如果受伤的人不幸身亡,再按法律处罚,也就是流放三千里。用今天的话来说,康失芬就是敢做敢当、勇于担责的真汉子!

从以上可以看出,我国古代对交通肇事的处理是非常认真严格的,反映了当时的统治者对交通肇事案件的重视程度。唐朝的牛车肇事与我们现在的飙车肇事、醉驾肇事比起来,只能是小巫见大巫了。

唐长安城的里坊与市场

一、整齐划一的里坊

长安城内部是什么样子？布局如何？从考古复原的长安城平面图就能看出，城内大大小小都是"方块"，唐代叫里坊。平面就好像一个棋盘，伟大的唐代诗人白居易就把唐长安城形象称为"百千家似围棋局，十二街如种菜畦"。这大大小小的方块里坊，整齐划一，就是唐长安城的居民的生活场所。里坊共有108坊，也可以理解为108个社区。从结构上来说，里坊四面设有坊墙和坊门，内部有十字坊街或一字横街、曲巷（小路）等。

里坊规模，经考古实地探测，皇城南第一排坊（东西各十坊，以下同）南北长皆500米、第二排坊长544米、第三排坊长540米、第四排坊长515米、第五排坊长525米、第六排坊长530米、第七排坊长520米、第八排坊长530米、第九排坊长590米左右；各坊东西宽度为：朱雀门街东第一列坊（南北九坊，以下同）宽562米、第二列坊宽700米、第三列坊宽1022米、第四列坊宽1032米、第五列坊宽1125米。朱雀门街西第一列坊宽558米、第二列坊宽683米、第三列坊宽1120米、第四列坊宽1033米、第五列坊宽1115米。

皇城左右的各坊，仅探测到的而言，右侧金光门内北边的居德坊，南北长838米，东西宽1115米。皇城东边的胜业坊，仅探得东墙及南墙的一部分，其西部和北部范围均被现代建筑所压，未能探出。

目前，考古工作者仅对唐长安城极少数坊零星做过考古工作。经过考古钻探，发现了朱雀门街西的兴化坊中东西向的坊街一条，宽11米，路南、路北都有水沟。在雁塔路中段防洪渠北岸，发现一段南北向的坊内道路遗迹。此外，考古人员还在永宁、安定、群贤、怀德、新昌、延康坊等坊中进行了探查，均探出了坊中的十字街道。特别值得一提的是1987年对安定坊的发掘，不仅发现了坊中宽20米的大十字街，而且在坊中西北隅还发现了小十字街。小十字街的东西街保存较好，街宽6米，全长近500米。这说明在各坊内十字街分割的四隅坊区，还应有小十字街分布。①

二、里坊内的住宅

里坊，基本就是住宅所在，但并不是谁想住哪就住哪。要知道，长安城内地段也有高低好坏之分。城内北部靠近皇城、宫城、市场周围的里坊，那可是黄金地段，基本都是皇室宗亲、达官显贵居住，而平民百姓大多住在远离上述区域或者中部偏南的一些里坊中。我们不妨一起看看唐代一些"大咖"，比如白居易、柳宗元、韩愈、元稹、魏徵、高力士、安禄山等都住在长安城的哪些里坊吧。

白居易，初至京城时就居于永崇坊（今雁塔南路省委大院内）之华阳观，白居易32岁考上公务员以后又搬到东郊常乐坊的东亭（今西安交大校园南部），这里距离单位近，入朝上班方便。50岁的时候，白居易终于在长安城的黄金地段新昌坊（青龙寺附近）买了间二手房。柳宗元是大家都熟悉的唐宋八大家之一，世称"柳河东""河东先生"，与韩愈并称为"韩柳"，与刘禹锡并称为"刘柳"。他的居所在朱雀门街东第三街，即皇城东第一街，自北向南第七坊的亲仁坊，也就是今天西安市南稍门和南门之间的友谊东路东口十字北。韩愈的居所在朱雀门街东第二街，皇城南自北向南第五坊的靖安坊，也就是今天南郊小寨附近。再说白居易的"好基友"元稹（两人同年登科，关系甚好，并结为终生诗友），他在靖安坊也有一处住宅，和韩愈算是"坊友"。另外，元稹在朱雀门街东第一街，皇城南自北向南第三坊的安仁坊（西安南门外友谊西路附近），还有一处住宅。笔者不禁感叹，厉害了，元稹大诗人！唐长安城房产虽然不限购，但在国际大都会中拥有两处院落，实在是厉害呀！唐代宰相，敢于直言

---

①中国科学院考古研究所西安唐城发掘队：《唐代长安城考古记略》，载《考古》1963年第11期。

上谏的魏徵，其府邸在永兴坊（西安小东门）。太极宫东侧的翊善坊和来庭坊"多为阉人居之"，翊善坊大概位置在今火车站广场东半部，北近自强东路、南逾东八路的范围，唐代著名太监高力士的宅院就在此。另外，"安史之乱"的名人、杨贵妃的干儿子安禄山住在亲仁坊（今测绘路周边，宅院遗址在今西安建筑科技大学内）。

说了半天，坊内住宅是什么样子？这样说吧，不同阶层人的住宅是不一样的。

1."中产阶级"住宅

据敦煌壁画和一些唐墓壁画描绘，以及大量史书、诗歌等记载，面向非达官显贵的"中产阶级"的坊内房源大概有以下几个特征：住宅门口有马厩，位于院外侧边，不影响院内卫生。院子普遍分有前后两组院落，前院为外宅，用于会客，是男主人经常活动的区域；后院为内宅，用于生活起居，是女主人的主要活动场所。后院内宅左右常有侧厢房，也叫"耳房"。院墙内侧还可以建回廊、曲室。院内造景考究，或是植树，或是置景观石。院子普遍会留出不少空间作为菜园或果园。此时，笔者仿佛看到了读者若有所思却一脸迷茫，宅第到底是啥样子呀？算了，还是上图，看图"脑补"一下（图3-4、图3-5）。

2.平民百姓的住宅

最质朴的莫过于老百姓的住宅，就是一个小庭院，可以说是"中产阶级"住宅的简化版，唐代庭院模型多有出土，很清楚地给出了参考。

从唐三彩陶制庭院模型不难看出，庭院里面养鸡养鸭，堂室分前后两间，侧边或是回廊或是耳房。这可以说是唐代"经济适用房"标准户型。关于"经适房"户型面积，唐代宅地分配制度规定：户型以亩为单位，家里三五口人的话就大致分一亩，三代同堂再带仆役若干的话，可分得二至五亩的大户型。一亩地可以建一个有3间正房的小四合院，包括带有一间门房的前院。此外不得加盖。盖完房余下的地就作为菜园。

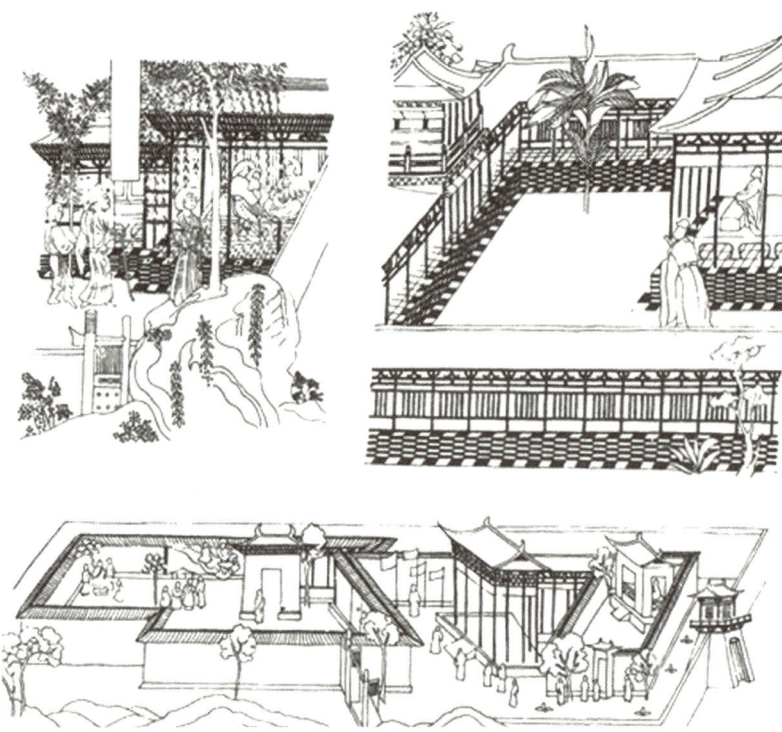

图3-4 敦煌壁画中的里坊描绘图

图3-5 唐三彩庭院模型

3.达官贵人们的豪宅

唐代达官贵人们的住宅用"豪宅"来形容一点都不为过。比如长宁公主家,里面就有私人鞠场,没事就在自家院子踢蹴鞠、打马球,家里"山池别苑,山谷蔚蔽,势若自然"。再比如关于玄宗手下户部员外兼御史王铁家自雨亭的记载:"至天宝中,御史大夫王铁有罪赐死,县官簿录太平坊宅,数日不能遍。宅内有自雨亭,从檐上飞流四注,当夏处之,凛若高秋。又有宝钿井栏,不知其价,他物称是。"由文字可见其奢华程度。

4.里坊中还有寺观和荒地

当然,长安城里坊中并不都是住宅,繁华地段的里坊中有住宅同时还有寺观,偏远的里坊有的只有寺观,有的只有田地。如兰陵、昌乐、永达和道德诸坊内只有一两座家庙、寺观或池台园地,安善坊一坊之内尽为教弩场,昌明坊属家令寺,皇城西北隅的修真、休祥、金城、普宁四坊仅保留有汉代庙园陵苑遗址9所而无人居住。其中金城坊内一所无人居住的宅第,竟一度成为一位不堪忍受压迫和剥削的高丽婢的藏身之地。另外,从皇城以南第六坊安善坊往南向左右直抵东西城墙的诸坊,称为"围外之地",这些坊内还有开垦种植的田地。①

三、城内两大市场

我们知道,现在的居民小区内多有便利店,靠大街一侧也多开有商铺,对外营业,形成繁华的社区和马路经济。而唐代长安城则不同,走在长安城宽阔的大街上,两旁全是数米高的里坊外墙,是看不到一处商铺的,这一点看看里坊的结构图便很清楚。那长安城的商铺都在哪里?

(一)东市和西市

唐长安城的商铺都在市场里,这不是废话,因为长安城的市场起初都集中在两座封闭的坊市中。隋代大兴城就已经根据前代都城将工商业店肆集

---

① (清)徐松:《唐两京城坊考》。

图3-6 西市遗址位置对照图（2006年）

中在固定地区的制度（坊市制度），在外郭城偏北的西侧设置了西市（隋称"利人市"），在外郭城偏北的东侧设置了东市（隋称"都会市"）。

西市遗址经实测，范围在今西安市莲湖区中国航空器材公司以南、东桃园桥以北、东桃园以东和糜家桥以西之间，平面呈长方形，南北长1031米、东西宽927米，面积近1平方公里（图3-6）。四周夯土围墙宽均4米许，市内有南北向和东西向均宽16米的平行街道各两条，四街纵横交叉成"井"字形（图3-7），将整个市内划分成九个长方形区域（九宫格局）。各街两侧均设有水沟。考古发掘还清理出当时的十字街道（图3-8）、石板桥（图3-9）、临街商业店铺、砖砌水沟（图3-10），根据出土器物分析，其中有饭馆、铁器店铺、石刻店铺、珠宝店、陶器店、"凶肆"等，分属不同行业。这些发现证实了文献记载的市内按行业分区布局的情况，表明了唐代西市工商业的繁荣（图3-11）。

东市遗址范围在今西安市碑林区咸宁路以南、西安铁路局以北、安东街以东和西安交通大学以西之间，平面亦呈长方形，实测范围南北长1000余米，东西宽924米，面积近1平方公里。市内也有纵横交叉的"井"字形街道（图3-12），街宽均近30米。东北隅探得一椭圆形水池遗址和一入水渠道，当是文献所载的"放生池"遗址。据《长安志》卷八载，东市和西市"市内货财二百二十行"，曾繁荣一时。

（二）为强化社会治安，禁止官民夜间出行

为了强化社会治安，防止民众反抗封建政权，隋唐两代法律严厉禁止官员、百姓夜间出行，对于都城的管理尤为严格。

据历史记载，隋代便有"禁游食，抑工商，民有向街开门者杜之"的法律，唐代也基本如此。《唐律疏议》卷二十六"犯夜"条规定："诸犯夜者，笞二十；有故者，不坐。闭门鼓后、开门鼓前行者，皆为犯夜。"白天街上无商业，到晚上也不许游走，还实行严格的"夜禁"制度，即"昏而闭，五更而启"。可知长安大街只能白天行走，太阳一落，所有人都得回到坊内，不得外出，夜晚的长安城"六街鼓歇行人绝，九衢茫茫空有月"。所以说，如今大雁塔南广场灯红酒绿的"大唐不夜城"在唐代是不可想象的事。

（三）坊市制度在中晚唐的崩溃

东市和西市，这种封闭式的市制是与发展中的城市经济活动完全相悖的。在新王朝创立之初，当战乱刚刚平息，社会生产尚未恢复，城市经济还不是很活跃的时候，将商业活动限制在固定的市坊区域，按时启闭，是

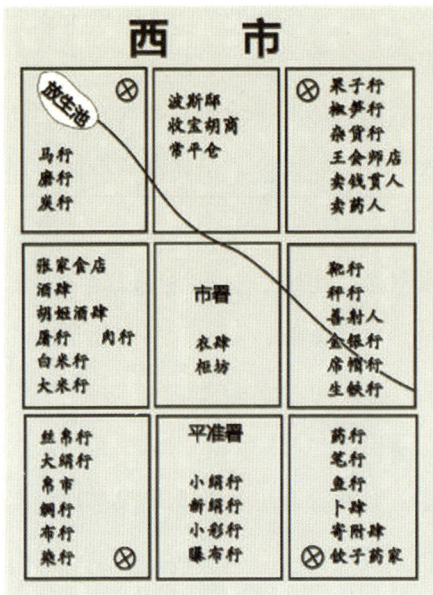

图3-7 西市平面示意图

图3-8 考古发掘出的西市东北十字街遗址
（2006年）

图3-9 西市东北十字街处的石板桥遗存
（2006年）

图3-10 西市南大街北侧的砖砌水渠
（2006年）

图3-11 妹尾达彦描绘的西市商业场景

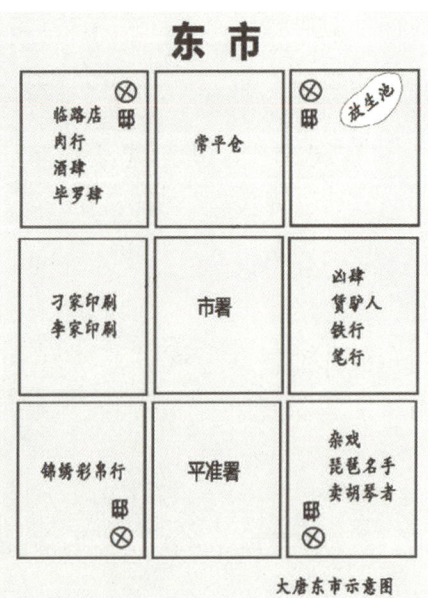

图3-12 东市平面示意图

完全可行的。但随着城市经济的繁荣和发展，靠封闭的坊墙来限制商品交换的地点，已与社会现实相违。随着国力的发展与中外交流的增强，唐王朝社会经济异常活跃，城市贸易特别繁荣，由官府设市，将千百个肆行店铺、堆积如山的货物限制在一个固定区域，定时进行交易的旧市制严重阻碍了商品流通。旧的市制已成为城市生活和经济发展的障碍，货物买卖突破坊墙的固定限制自由交易，已是必然形势。也就是说，当一项制度由最初的完备走向极盛，很可能也随之走向解体的边缘。

唐代中期，扩大市场已成为当时的普遍要求，无论是长安城还是一般城市，都出现了突破旧市制的趋向。晚唐时，扩大市场的要求则更加紧迫，破坏旧市制的事情层出不穷。这主要表现为京城与一些地方城市在已有的市场之外，在一些里坊内也相应开设了店铺，市场的交易呈现出自由化。

冲破旧的市制所出现的商业活动，不仅方便了城市居民的生活，也适应了日益繁荣的城市经济，促进了社会经济的发展。如长安长兴坊有了毕罗店这样的经营西域风味的食品店。辅兴坊和颁政坊也有了胡麻饼、馄饨等著名食品。永昌坊的茶肆不仅专门经营茶叶而且还设有茶座。东市西北的崇仁坊，已"一街辐辏，遂倾两市"①，西市东北的延寿坊，也被"推为繁华之最"②。另据《唐两京城坊考》和《酉阳杂俎》记载，除两市之外，通化门至开远门、春明门至金光门两条大道附近的里坊内，也是商业主要分布地。这表明京城长安的市场趋于自由。唐初以来，政府不允许进行夜市。晚唐随着经济的发展，在文宗开成五年（840年），"京夜市宜令禁断"，地方城市的夜市也出现并兴旺起来。扬州就有"夜市千灯照碧云"的盛景。

唐代，是中国古典封闭式的集中市制发展到极盛并开始转向变革的重要时期。这种变革，是社会经济发展的必要条件，也是历史的必然趋势。

---

① （宋）宋敏求：《长安志》卷八。
② （唐）苏鹗：《杜阳杂编》卷下。

唐末五代，临街盖店已成了合法行为。宋代，随着商品经济的飞跃发展，商会组织、行业街市相继确立，居民坊巷内设置有生活日用品的店铺，瓦子、酒肆、茶楼遍布全城。"全城皆市"的新型市制登上了历史舞台。

唐长安圜丘：差点被遗忘的千年天坛

在今天陕西师范大学雁塔校区南侧，也就是长安城正南门明德门外东南二里，唐长安城圜丘就默默地沉睡在这里。圜丘，就是我们通常说的天坛。曾几何时，这座比北京天坛早近1000年的天坛几乎被人们遗忘。

1999年3月到5月，考古工作者终于将现存年代最久远、级别最高的唐代天坛遗址，从荒土坡上厚厚的黄土中剥了出来（图3-13）。虽然发掘已过去了20年，但对当时的发掘笔者仍记忆犹新。6月的西安，如同火炉，异常炎热，但比天气更热是考古队员们的工作热情。发掘工作整整持续了两个半月，最终将这座鲜为人知的天坛发掘出来，就此揭开了长安天坛的神秘面纱。说起圜丘遗址（图3-14），其实最早是在20世纪50年代末的文物普查中被发现并确认，然而一直没有进行发掘，直到1999年才被列入中国社会科学院考古研究所的考古发掘计划。当时的领队是安家瑶，参加发掘工作的除了我还有李春林、冯孝堂、李振远等人。圜丘发掘之前，几乎没有人知道西安还有天坛，就是住在附近的居民也只知道是个大土堆，除了师大历史系几位老师，知道天坛存在于校园旁边的师生也没有多少。圜丘遗址的发掘在当时的影响不小，甚至

图3-13 考古发掘出的圜丘遗址（1999年）

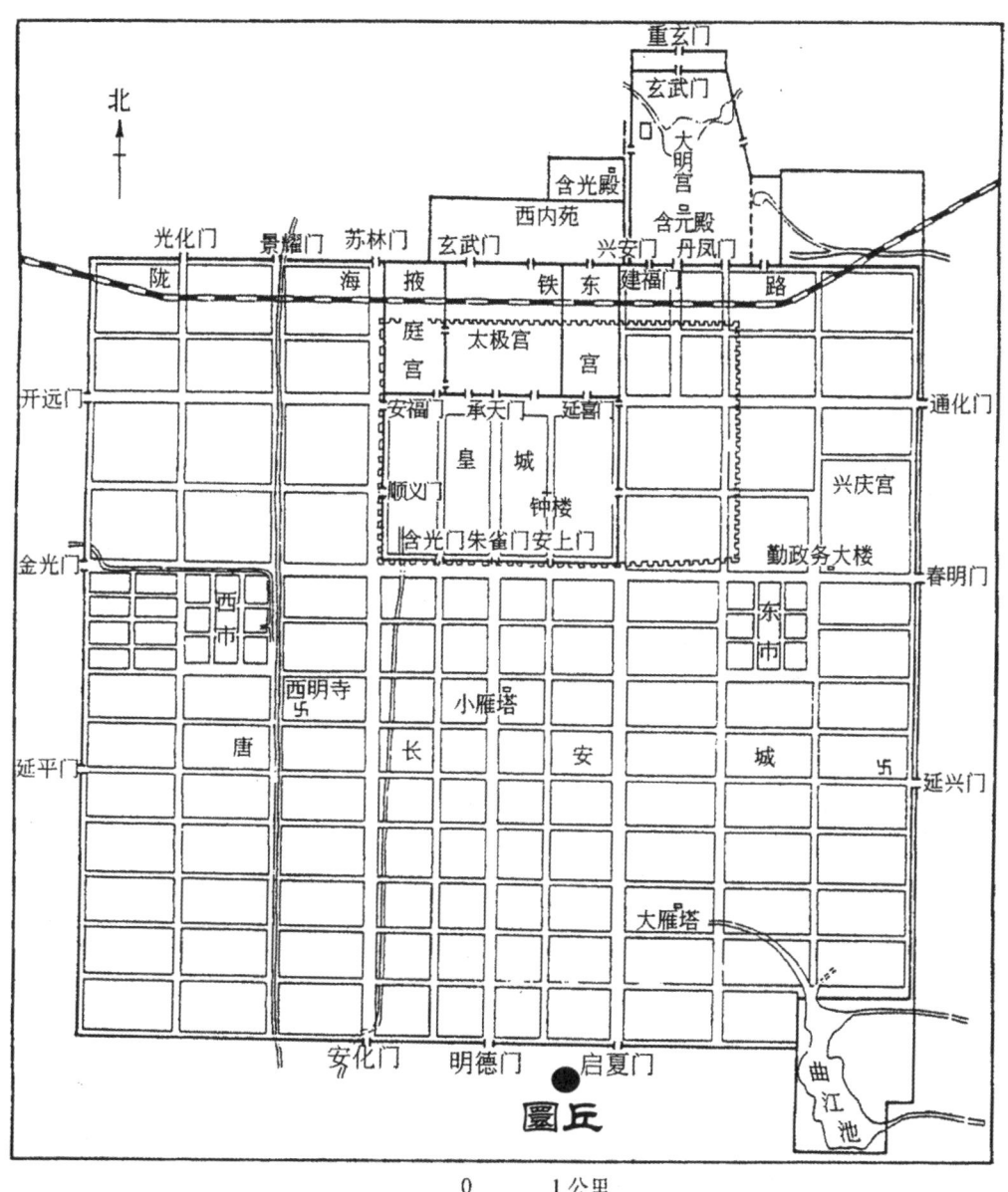

图3-14 唐长安城圜丘遗址位置示意图

很多外地媒体都做了报道。然而，事隔十几年后的今天，提起这座"天下第一坛"，很多西安人仍会瞪大双眼："西安也有天坛？"

西安不仅有天坛，而且可以称之为"天下第一坛"。这个"第一"的名号，并不是西安人往自己脸上贴金，而是名副其实、响当当的。西安天坛隋唐时称"圜丘"，1000多年前的史书中都这么叫它，而把祭祀上天的多层圆台形建筑称作"天坛"，则是元代以后的事了。虽然名字不同，但西安圜丘却是北京天坛的老祖宗。西安圜丘始建于隋文帝开皇十年（590年），比明清的北京天坛早了近1000年，从隋初到唐末，圜丘沿用了314年，至今有1400多年的历史，隋唐两代21位皇帝都曾在此进行过隆重的祭天礼仪。西安圜丘共有四层，高8米，周围登上坛体的台阶有十二个（古代称"陛"）。而北京天坛只有三层高5米多，周围登上坛体的台阶有四个。所以，无论从规格级别，还是历史年代来看，西安天坛都无愧于"天下第一坛"称号。另外，在唐以后的宋、辽、金、元等朝代，也都建有天坛。辽宁省博物馆收藏的《孝经图卷·圣治章》上就有圜丘的图像。

隋唐时，帝王圜丘祭天一般都在每年冬至日进行。因冬至为白天时间最短的一日，又是白天时间逐渐加长的开始，有新旧交替之意，所以祭天的日子定在冬至。祭祀活动有严格的规定，祭天前七日，皇帝与参加祭祀的官员便要开始沐浴斋戒，洁身静心，司礼官同时还要安排好一系列烦琐的准备工作。到冬至时，皇帝天未亮就要起驾，从寝宫赶往长安南郊的圜丘。车马辚辚，一路浩浩荡荡，沿朱雀大街往南出明德门再向东，大约两个时辰抵达圜丘。鼓乐、大臣诸人员各就各位，祭天大典便开始举行。按照司礼大臣的指引，皇帝登坛献礼，敬献给天帝的牺牲、玉帛等祭品在圜丘东南的燎坛被焚烧，霎时烟火腾空，供天帝和诸天神享用。此时，圜丘的每一阶上都站着礼部的官员，祭祀与他们位置相对应的二十八星宿。圜丘外有三道环形的矮墙，将圜丘层层围住，除了皇帝和一些重要的大臣外，其他人是不能进入内墙的。

如今，我们已不可能感受到1000多年前祭天的那种隆重和庄严，曾经高大雄伟的天坛已淹没在一片高楼中，庆幸的是，西安天坛已被列入丝绸之路申报世界文化遗产的预备名单中，西安市文物局和雁塔区也联手对天坛周围的环境进行了整治，2017年已经建成了天坛遗址公园。星月流转，转眼千年，自圜丘遗址考古发掘以来，沉睡的历史渐渐苏醒，越来越多的人开始关注这座意义非凡的土台。西安天坛，这座中国历史上年代最久远、级别最高的皇帝祭天遗址，正在以崭新的面貌向世人诉说着隋唐祭天的历史。

探访唐长安城的大内宫城——太极宫

太极宫的整个宫城范围和基址如今已被叠压在西安市核心区内，全为现代建筑所覆盖。留存在地面的遗迹不是很多，主要有5处（图3-15）。最著名的是西安莲湖路南边的西五台云居寺，这座寺庙修建在唐太极宫南面宫墙遗址之上（图3-15中2处）。西安城墙西墙北段玉祥门以北部分里边包砌着太极宫西宫墙南段（图3-15中3处）。

2014年在进行长安城调查时，笔者又专门抽时间对太极宫（图3-16）再次进行专项的调查。因为太极宫的考古工作较少，这几年仅存的几处遗

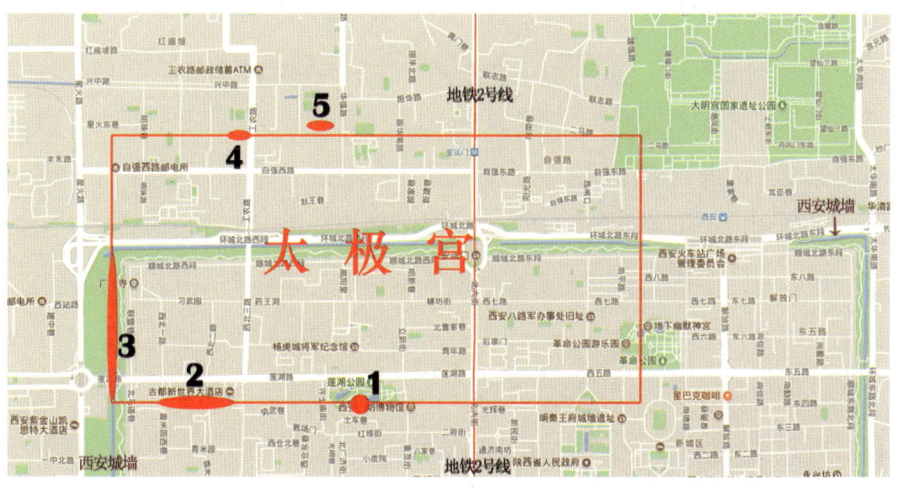

图3-15　太极宫位置及留存遗迹分布图

存点也岌岌可危。

那天寻访的第一站就是自强西路中段铁路职业技术学院西校区内的宫墙北侧墙址。铁路职业技术学院很容易找到，学院位于自强西路北侧，门脸不大，大门西侧有个标有学校名称的方形铜标牌，由此进入，径直到学校靠后边的北操场中，就能看到围着铁栅栏的夯土墙址。夯土墙址表面虽然风蚀严重，但夯土层次依然清晰。此段墙址过去一直被误认为是长安城外郭城北墙。在专项调查之前，已联合西安市规划局、西安市名城研究会对此段墙址做过调查并进行了RTK（Real-time kinematic）测量，确认此段城墙位于隋唐长安城外郭城北墙以北近30米处。此段城址现存东西长53米，南北宽10米左右，高约3米。其西段27.4米已被辟为花圃种植花木，地表尚存几十厘米高的墙基。西安市人民政府曾于1980年在这里立有"唐城墙遗址"保护石碑，现已不存在。是外郭城北墙以北夹城墙还是外郭城北墙北侧某建筑城址？尚有待进一步研究。

从铁路职业技术学院出来沿着自强西路一直往西走600余米，就是自强西路和工农路的丁字路口，沿工农路向北直行约500米，路西就到了目的地——自强西路51号，西安昆仑电线电缆有限公司。电缆公司大门上不知从哪年开始就已经挂着"昆仑大众浴池"的喷绘商业标牌，大门南侧墙上"自强西路239号"的门牌一直还在。进入院子，感觉又进入了哪个胡同似的，狭长幽深，"胡同"的西端尽头，就被一幢类似库房的房屋和砖墙挡住了，砖墙的那一边就是残存的太极宫的北墙。要想接触到宫墙，就得先越过面前没有门的砖墙。从哪进去呢？砖墙近地面处有一方形的小洞（类似狗洞）可以进入，但小方洞平时还用一块木板遮盖着。考古工作者一般没有过多讲究，只要能看到遗址就可以，管它什么方式进入呢！进入后，却又是另一番世界，清晰的夯土层次，宽大厚重的墙体，不由让人产生一种敬畏感。这段城墙如今残存东西长约35米，可见部分长约23米，南北宽17米，高约6米。20世纪50年代末的考古勘探确认，太极宫宫墙基宽一般在18米左右（只有东城墙部分的宽度是14米多），调查基本与此一

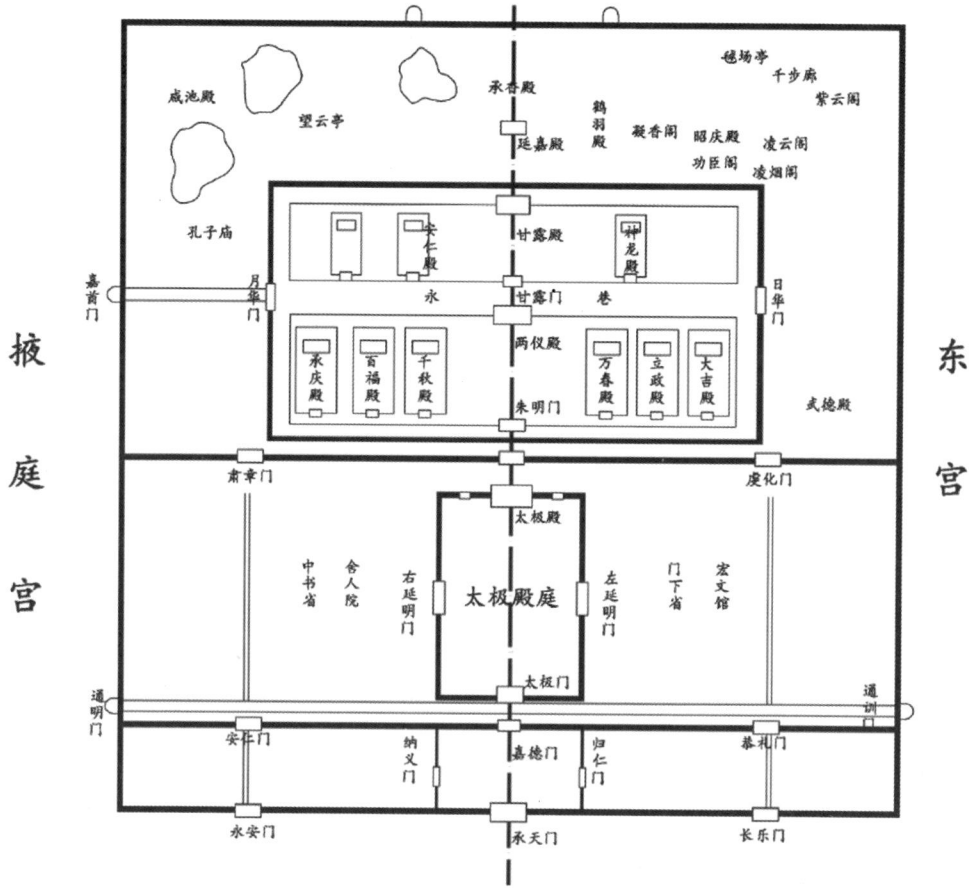

图3-16 太极宫布局总图

致。但如今遗址墙体北面已被光学仪器厂开挖一处洞穴作为油库。接近地面部分被浮土和垃圾掩盖，周边没有什么保护碑，完全是靠四面围堵的砖墙保护着。笔者每调查一次，都会为此担忧，如果哪一天周边悄无声息拆墙取土，或者因不知此段城墙的重要性进行建设，可能这段城墙也就如安化门一样，将消失于无形。

调查完上述两段宫墙，沿着自强西路一路再向西，就"无问西东"了，因为没得看了，太极宫也就这丁点的家底了。沿自强西路西行到尽头就是星火路，再转南就是环城西路，沿着环城西路一直向南到玉祥门是有得看的，那就是西安城墙！这段西安城墙，外壳是明清的，里边包裹的可是实实在在太极宫的东宫墙。因为无法看到隋唐宫墙，所以，也只能路过时瞄一眼西安城墙，由此感受千年的历史沧桑。

从玉祥门向东不远，莲湖路南侧就是古都新世界酒店，酒店后边就是西五台云居寺。不要小看这个寺院，这座寺院恰在太极宫宫城南墙之上，东西长约500米。进入云居寺大门就能看到一块陈旧的保护碑上清楚地写着"唐长安城宫城南墙遗址（1983年）"，如今已更换成了新的保护碑，碑文"隋大兴唐长安城遗址·西五台（1996年）"。但是，这里地表上是看不到遗址本体的。

从云居寺出来，沿莲湖路再向东就到了莲湖公园，可能是职业习惯，只要进入莲湖公园，承天门的历史就不由自主地在脑海浮现。承天门作为宫城正南门，门上有高大的楼观，门外左右有东西朝堂，门前有广三百步的宫廷广场，南面直对朱雀门、明德门。

承天门不仅仅是作为一座门址存在，同时又是封建皇帝举行"外朝"大典之处。如元旦、冬至，设宴陈乐都在此处。朝廷遇有赦宥，或除旧布新，或接待万国朝贡使者、四夷宾客，皇帝也要御承天门听政，如唐太宗册李治为皇太子、睿宗即皇帝位、玄宗受吐蕃宰相尚钦藏献盟书等，都在此举行大朝会。逢年过节，皇帝也往往选择在承天门设宴陈乐，邀请群臣同乐。先天二年（713年）九月乙卯（9月19日），唐玄宗邀请王公百官到承天门宴饮，席间还向楼下抛撒金钱，让百官争拾，以为游戏。唐代张祜《退宫人》诗中写道："开元皇帝掌中怜，流落人间二十年。长说承天门上宴，百僚楼下拾金钱。"

承天门还是长安城的"报时中心"。唐时长安实行夜禁制度，凡宫城、皇城、郭城及各坊市之门，暮而关，晨而开，定时启闭。每于日暮，承天门上暮鼓动，承而振之，擂八百声，各门关闭，街上禁断人行；五更之后，承天门上晓鼓响，各街擂鼓三千声，各宫门城门及坊市门，才准开启。承天门毁于历史上著名的"承天门之变"。唐乾宁二年（895年），握有重兵的藩镇王行实和李继鹏等割据势力争夺劫持皇帝，点燃承天门，昭宗李晔从承天门城楼跑出，经启夏门仓皇逃出长安，承天门城楼被焚毁。

承天门到底在莲湖公园哪个位置？

20世纪50年代后期的考古资料显示，承天门的门址在今天莲湖公园莲湖池（现称莲花池）南岸偏西处，然而门的基址大部分已被挖土破坏。经考古探测，其东西残存部分长41.7米，已发现三门道：中间门道宽8.5米，西侧门道宽6.2米，东侧门道宽6.4米，门道的进深为19米。门址底下铺有石条和石板，建筑极其坚固。由于门址东侧已被破坏，向东是否还有门道，已不得而知。考古资料应该是可靠的，但因年代久远，之后也没有再进行过复查，所以具体地点仍不能确定。另外还有一点，当年勘探时的莲湖公园莲湖池和现在的莲花池范围是否一致？如果有扩大，那么承天门位置的描述就得另外考虑了。

这次调查过程中，沿着莲花池转圈时，有了一些新发现。在池的东面，发现了一些堆放在一起的础石（图3-17），最大的一块方形青石质础石，1.4米见方，厚度45厘米左右，中间还有一圆形穿孔（图3-18），可能与承天门有关系。

另外，在公园东边的崎岖小路边还发现镶嵌在路边的唐代础石残块（图3-19），如果再从承天阁的左边那个小门进去，在一堆垃圾之中还发现了较多的方形石条，或与承天门有着密切关系。难道承天门在莲花池东侧？

为了摸清承天门的具体位置，2014年的调查还专门开过专家会。会上根据卫星测量并对照长安城中轴线的北端位置，惊奇地发现，如果中轴线的北端确是承天门，那么对应位置应该就在莲花池的南岸偏中的台地处。显然，这线索依据比较充分，也比较清晰可靠。希望能有机会通过考古工作证实这一点。毕竟，承天门对于长安城来说，太重要了！

图3-17 莲池东侧发现的础石残块

图3-18 体形较大的方形础石

图3-19 础石残块

昔日腥风血雨的玄武门今何在？

唐长安城有两座玄武门，其中一座位于太极宫北面，另一座位于大明宫北面（图3-20）。唐代长安城共发生过四次玄武门政变，被后人热议的著名的"玄武门之变"，也就是唐武德九年六月四日（626年7月2日）秦王李世民设伏诛杀太子李建成、齐王李元吉的事件则发生在太极宫北面之玄武门（图3-21）。其余三次政变均发生在大明宫北面的玄武门。

一、腥风血雨与悲情共存的"玄武门之变"

太极宫北面之玄武门，雄踞龙首原南坡，地势高亢，俯视宫城，是宫城北面的门户。玄武门以其重要的政治、军事地位称雄于当时。1300多年前的拂晓时分，秦王李世民在此发动了"玄武门之变"，设伏诛杀政治对手太子李建成、齐王李元吉等。之后，李世民又将兄弟二人的儿子们也全部杀掉，并且在族谱中除名，真正做到斩草除根，正可谓"自古君王最无情"。

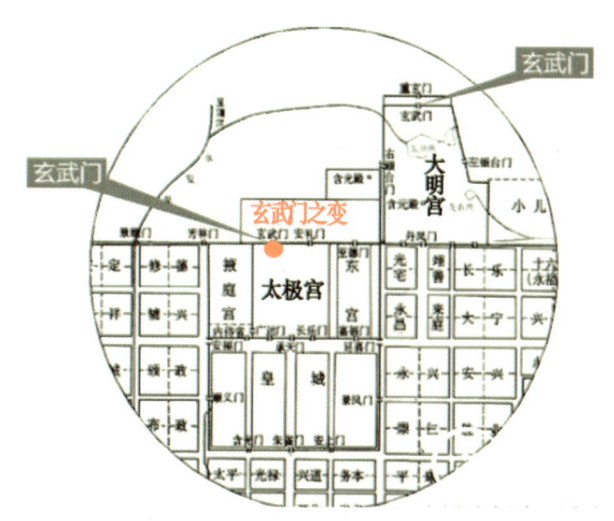

图3-20　唐长安城玄武门位置示意图

从此，李世民取得了政治上的主动权，其父李渊无奈之下只得禅位于李世民，而李渊本人也从帝王变成了位高无权、内心可怜的太上皇。这里说李渊内心可怜，是因为作为帝王的李渊，经历了人生之大不幸：老来丧子亡孙，目睹骨肉相残。李渊的内心是寂寞的，成就了帝王大业，却引来家族残杀，落得白发人送黑发人；生了一堆儿子，却最终只落得一个儿子，这个儿子手上还沾满了亲人的鲜血！李渊的内心是悲痛欲绝的，他度日如年的心情史书上虽没有记载，却在历史事件中表现得明明白白。李世民取得帝位之后，为了让李渊安享晚年（当然也有政治原因，但其中不乏未泯灭

图3-21　玄武门复原效果图

的人性与孝心），于是就决定给李渊修建另外一座皇宫——大明宫，可就在大明宫修建的第二年，皇宫还未建成，李渊便驾崩归西了……想必也是郁郁而终吧。又可谓"最是人间寂寞事，来世莫生帝王家"。

李世民在位23年，社会安宁，国家兴盛，开创了贞观之治，大唐帝国也由此走向繁荣昌盛。可以说，李世民是一个成功的创业者，一代明君，一个伟大的帝王。他果敢成熟，经过多年的人脉和实力积累，最终成功开启唐王朝繁荣昌盛的大门，但成功的背后却需要付出另一些东西，比如亲情……

二、太极宫玄武门到底在哪？

如今太极宫几乎荡然无存，其遗址范围已是现代西安城市核心区，所有的遗址均被城市建筑叠压。已知留存的遗迹仅有5处。关于太极宫玄武门的具体位置，一度有人认为是西安铁路职业技术学院北操场中的夯土城墙所在位置，但至今缺乏足够的证据。

那么，昔日腥风血雨的玄武门到底在哪？

20世纪50年代末期，考古工作者曾对太极宫进行了考古勘探，还专门针对玄武门进行了考古勘探。工作报告称："（玄武门）位于宫城北墙的中部略偏西，不与承天门相对。此门址由于近代建筑所压，故只探得部分门道的残迹。因此，玄武门的形制以及究竟是几个门道，已不得而知，但可以肯定这是玄武门遗址。"[①]对照当年绘制的长安城实测图（图3-22），不难发现，当时确定的玄武门位置，应该就是如今西安铁路职业技术学院北操场中的夯土城址位置。于是，此后太极宫相关研究多认为玄武门在太极宫北墙中心偏西位置。

玄武门在此的说法，笔者以前也是接受的。但2014年对长安城最新的

[①] 中国科学院考古研究所西安唐城发掘队：《唐代长安城考古纪略》，载《考古》1963年第11期。

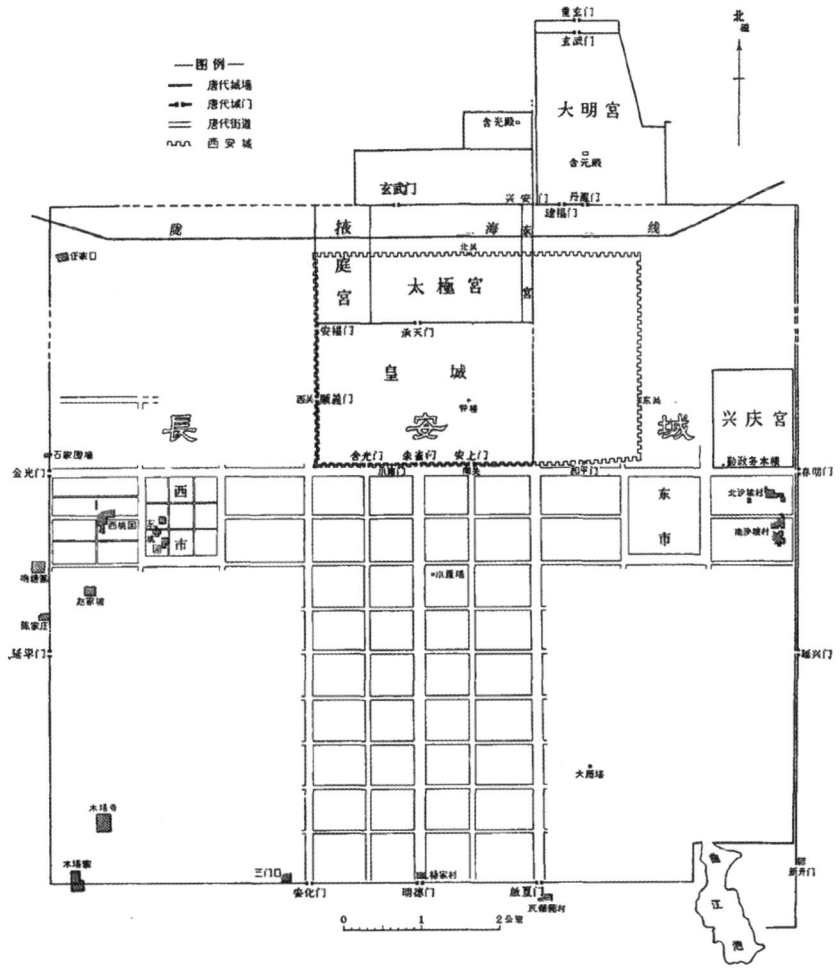

图3-22　长安城实测图（图出自中国科学院考古研究所西安唐城发掘队：《唐代长安城考古纪略》，载《考古》1963年第11期）

考古调查，改变了这一认知。2014年的考查确认此段城墙位于隋唐长安城外郭城北墙以北近30米处，不是长安外郭城北墙，也就是说，不是太极宫的北宫墙（太极宫北宫墙与长安城外郭城北墙重合），如此一来，玄武门也就不可能在此！20世纪50年代末期对外郭城勘测时，可能没有充分注意大范围长距离测量的误差。

太极宫玄武门的位置，有以下可能：

1. 玄武门有可能位于太极宫北墙中心

大明宫作为太极宫之后新建的宫城，当时规划设计时应该是充分参照了前者，现有的资料也说明二者建筑布局基本类似，或者说，在大明宫到处可以找到太极宫建筑布局的翻版。如中轴线对称、前朝后寝、宫门宫殿等。也就是说，大明宫的玄武门设置很有可能是参照了太极宫的。而大明宫的玄武门位于宫城北墙居中位置（图3-23），由此推测，太极宫的玄武门也可能位于宫城北墙居中位置，与承天门南北正对（图3-24中5处）。

2.玄武门也有可能位于太极宫北墙中心偏西

玄武门也有可能位于太极宫北墙中心偏西位置（图3-24中4处），这

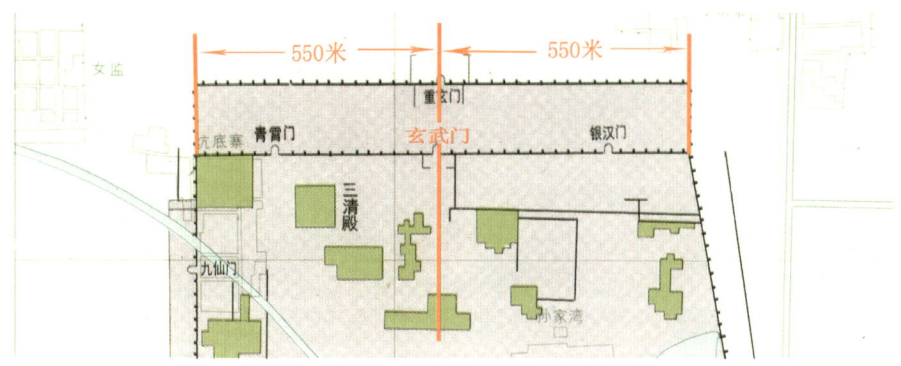

图3-23 大明宫北部门址位置图

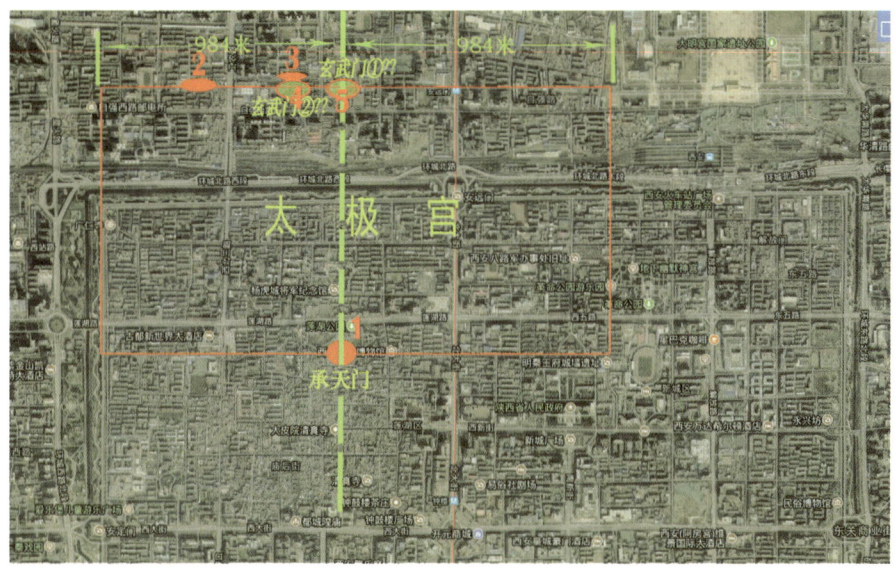

图3-24 太极宫玄武门位置推测图

一说法也有较可信的证据。

首先,大明宫玄武门位置是在北墙居中,但同时也位于大明宫整体南北中轴线稍微偏西处。这一点对照大明宫丹凤门、含元殿、宣政殿、紫宸殿南北的中轴线与大明宫北墙上的玄武门就能清楚地看到(图3-25)。其次,20世纪50年代末期勘探的西安铁路职业技术学院位置的夯土城墙确实有门址(图3-26中3处),这一点毋庸置疑。虽然当时认为该处门址是玄武门略为不妥,但该处门址与玄武门应该是有密切关系。回看大明宫玄武门,在玄武门南20米处有一门址称内重门(图3-26中2处),与玄武门一起构成瓮城,起到防卫作用。所以说,玄武门是宫城北墙上的重要门址,有军事防卫功能!大明宫的这种做法,很有可能是借鉴了太极宫的特点,由此可推测,太极宫玄武门处也应该是一处瓮城。那么,西安铁路职业技术学院北操场中的夯土门址,可能就是玄武门北侧瓮城门址所在。只不过门址位于玄武门以北而已。说到此,有人可能要问:为什么不认为操场中的门址是太极宫玄武门?原因很简单,玄武门一定是位于太极宫北墙之上的,而操场上的门址是在太极宫北墙外30米处。

天下粮仓之唐太仓遗址

2012年,西安梨园路中段北侧大白杨村附近修建未央住保大厦时,发现了唐代粮仓遗址。该遗址位于唐长安城外西北部禁苑之内(图3-27),遗址北部紧邻唐代梨园遗址。同年8月,中国社会科学院考古研究所汉长安城工作队对此进行了抢救发掘,清理出4座粮仓,周边还另勘探出6座粮仓,这些粮仓南北成排、东西成列,布局整齐(图3-28)。出土了唐代手印砖、布纹瓦等。粮仓的形状、建筑方法也与已经发掘的洛阳隋代回洛仓、含嘉仓和浚县隋唐黎阳仓相近。这是西安地区首次发现唐代粮仓遗址,对研究唐代太仓的位置、粮食储存技术、粮食供应保障、漕渠运输系统、禁苑功能及都城布

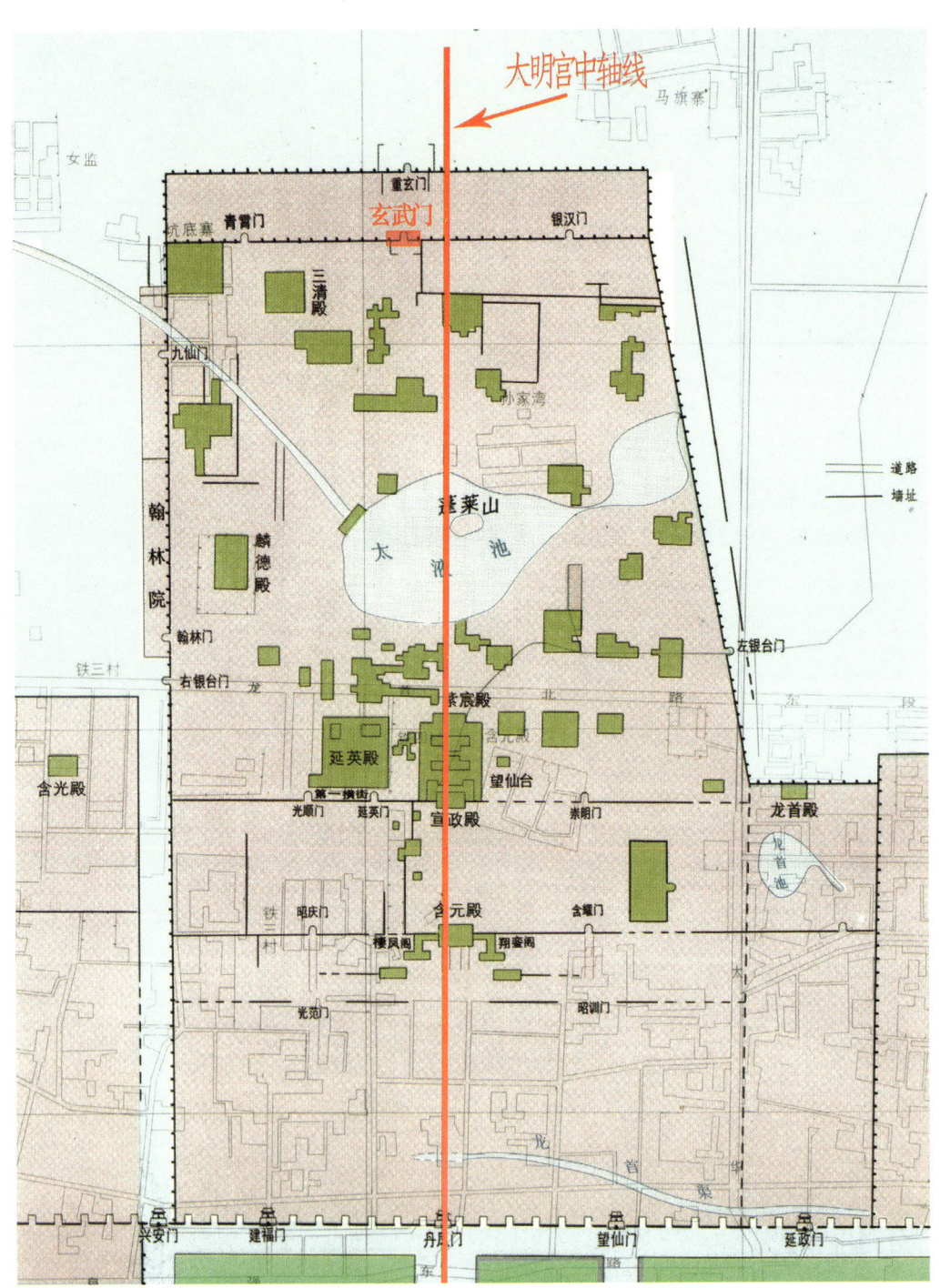

图3-25 大明宫中轴线与城门对照图

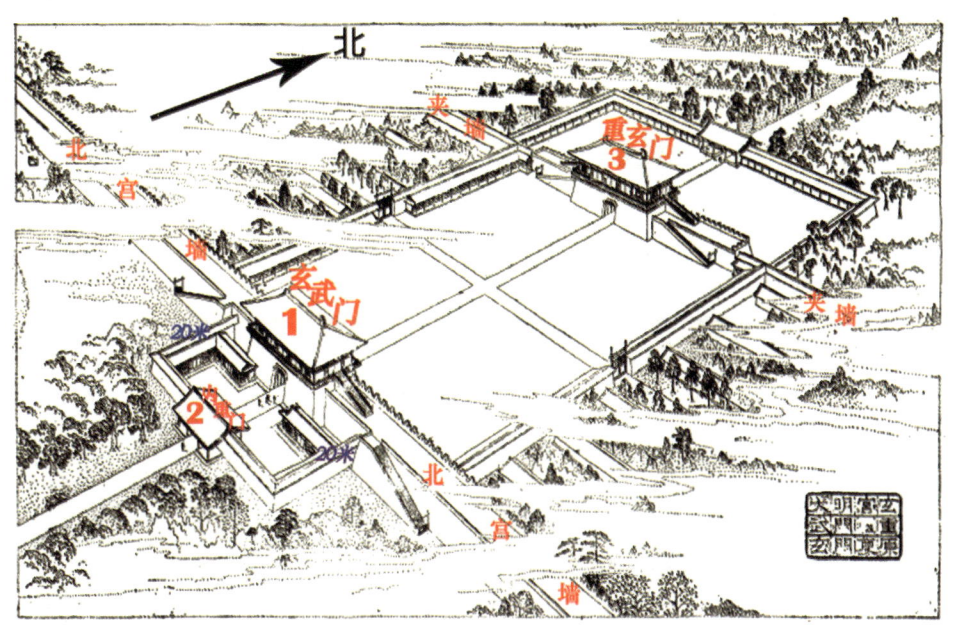

图3-26 大明宫玄武门和重玄门复原鸟瞰（图出自傅熹年：《唐长安大明宫玄武门及重玄门复原研究》，载《考古学报》1997年第2期）

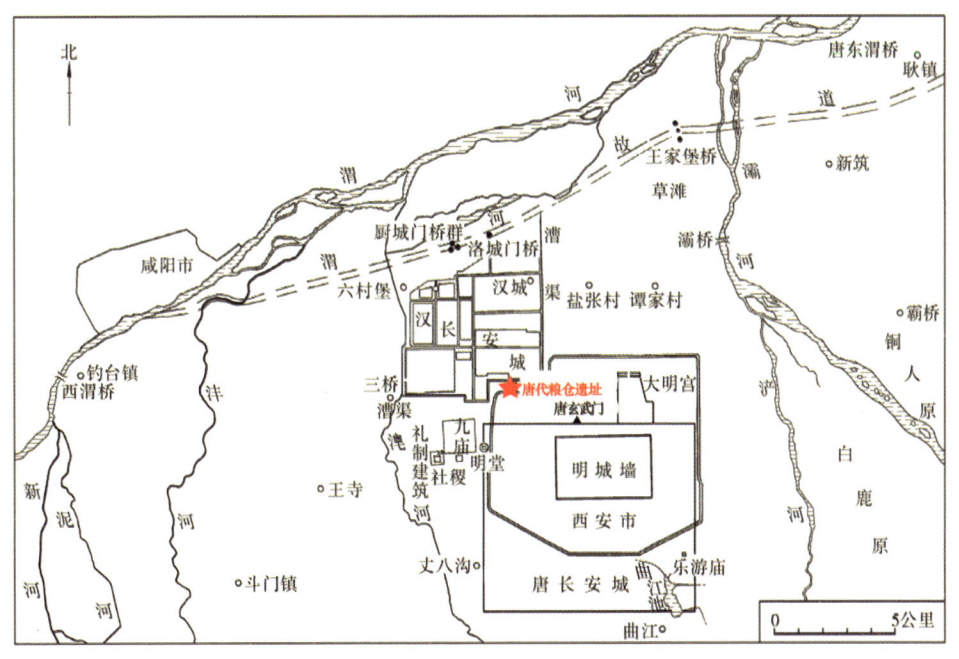

图3-27 唐代粮仓遗址在长安城中的位置（图出自徐龙国：《唐长安城太仓位置及相关问题》，载《考古》2016年第6期）

图3-28　考古发掘出的唐代粮仓遗址图鸟瞰

局等有重要价值。①

据说在大白杨唐代粮仓遗址发掘之前，周围在修建大白杨小学、未央宫街道办事处办公楼及北二环时都曾发现有粮仓遗迹，这些遗迹相距不远并且都可以和大白杨唐代粮仓遗址连成一片。从这里我们其实就可以推测，频频发现粮仓遗迹的范围内曾有一处大规模的唐代粮仓，即隋唐长安城太仓。大白杨发现的唐代粮仓遗迹应该就是隋唐长安城太仓的一部分。

太仓是我国古代京城储粮的大仓，主要职能是供皇室消费、赏赐、百官俸禄、军需及政府赈济。虽然太仓的主要功能是为统治中枢服务，但是也有一些积极的作用，比如，每遇灾荒，就会从太仓拿出粮食来补充常平仓，抑制粮价疯涨，还会低价出售一些粮食来赈济灾民。

关于唐长安城太仓的位置，一直都有争议。有人认为太仓应该在宫城

---

①徐龙国：《唐长安城太仓位置及相关问题》，载《考古》2016年第6期。

太极宫内，宋代吕大防石刻《长安城图》就把太仓刻在宫城之内，位于玄武门以西、芳林门以东、掖庭宫以北；还有人认为太仓就在禁苑西部，也就是如今发现的大白杨唐代粮仓遗址所处位置。

根据目前的考古材料，梨园路大白杨唐代粮仓分布集中，面积较大，仓窖周围应存在仓城围墙，但因现代建筑占压，无法探得仓城四至、粮仓数量和布局。但根据考古发现、历史文献及前人研究成果，可确认大白杨粮仓遗址即唐代太仓所在地。唐代太仓占据了龙首原高地，处在唐代禁苑内，又靠近漕渠，不但有利于粮食储存，而且交通便利，也有安全保障。唐长安城内及其附近共有两座太仓，另一座位于东渭桥，有时也称北太仓，而太极宫内的所谓太仓其实应为太仓官署所在。

唐代粮仓遗址在发掘结束后，进行了保护回填，粮仓遗址已经看不到了。如今，这里已经是高楼大厦，不过在考古发掘的粮仓遗址设立有一块保护碑。如果想要去看看的话，是很容易的。

长安城西南隅地标——木塔寺

说起隋唐长安城宫殿以外的地标建筑，大家第一印象就是城南大雁塔（高65米）、小雁塔（高43米），无论近看远观，都令人惊叹其巍峨。但很少有人知道，千年以前的隋唐长安城西南隅，还有两座高达百米的木塔——庄严寺塔和总持寺塔（图3-29）。这两座塔比现存的大雁塔要高35米、比小雁塔高55米左右，分属于西南隅大庄严寺和大总持寺。不难想象，屹立的双塔，作为隋唐长安城西南隅标志性建筑，成为当时人们登高远眺的游乐胜地。因两座木塔多年存于两座寺院内，后来的人们给两座寺院起了一个"木塔寺"的俗名。

这两座寺院均位于隋唐长安城西南隅的永阳坊。一座是隋文帝为亡妻献后所立，一座是隋炀帝为其父文帝所立。初名分别为禅定寺、大禅定寺，且规模较大，各占永阳坊东、西半坊之地，东西相连。因城西有昆明

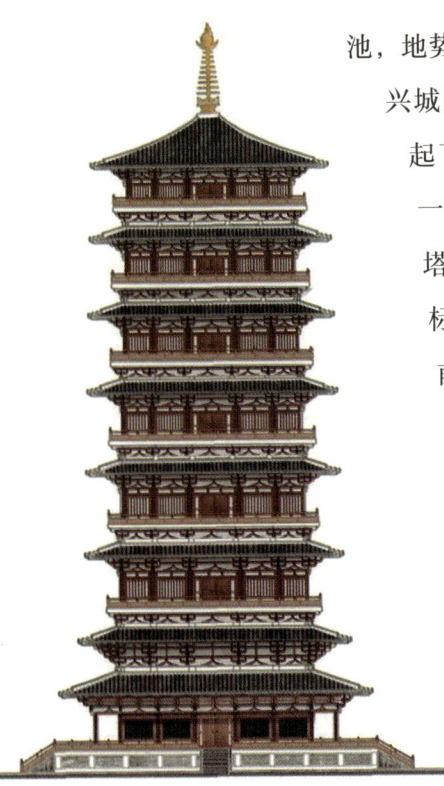

图3-29 木塔复原图（绘图/王贵祥）

池，地势低洼，为调整长安城的风水，在大兴城的规划师宇文恺建议下，在寺院建起了高三百三十尺（约100米），周长一百二十步（约200米）的两座大型木塔。自此，都城西南隅就有了城市地标——两座禅定寺木塔，遥遥指引着前来朝拜长安的万国众人。

唐代隋后，分别用隋文帝和独孤文皇后的法号，将两座寺院改名为总持寺和庄严寺，并且进一步扩建，将永阳坊北邻和平坊划归两寺，故可说这两寺也是各占一坊之地的大寺院。在隋唐长安城中尽占一坊之地的寺院除此两寺外，仅有位于朱雀大街东靖善坊的大兴善寺了，但靖善坊的面积要小于永阳、和平二坊，故可说此两寺是长安城中占地最大的寺院。两寺不仅规模宏大，在长安城内的诸多佛寺中，也处于十分突出的地位，史有"天下迦兰之盛，莫与为此"的记载。同时朝廷常在寺内举行各种法事斋会，皇帝也常常到寺礼拜游览。

唐末兵火连天，两寺也未能幸免。至宋、元时寺院得以重建而稍具规模，但也仅余庄严一寺，总持寺再也无人提及。后来，庄严寺又在元、明、清战乱中多次毁废。但寺内的木塔毁于何时，记载不一，有说元末，有说明末，甚至还有说清末的。从元代李好问所绘《长安志图》中只绘有大、小雁塔而无两座木塔来看，木塔应毁于至正二年（1342年）左右。

新中国成立后，为保护文物古迹，在两座寺院遗址区域建立了木塔寺苗圃。2004至2005年，中国社会科学院考古研究所和西安历史名城研究会联合对长安城西南隅进行了考古勘察、钻探及小范围发掘工作，发现了长安城的西、南外郭城墙、顺城道路、塔基、殿址等（图3-30）。2009年9月，西安高新区管委会在原木塔寺遗址的基础上建设了木塔寺公园。公园位于今雁塔区木塔寨村北，北临科技六路，南靠科技八路，西接唐延路，东依太白南路西安文理学院。公园内风景如画，古今结合，新增建了一些有佛教色彩的雕塑，还标示复原了部分考古发现的遗址，如庄严寺塔基等，并且保留了清代及以后复建时"木塔寺"尚存的山门、东西偏殿和法堂等建筑（图3-31）。不过需要补充说明的是，历史上这里从来没有名为"木塔寺"的寺院，虽然我们称这里为木塔寺，但这只是一种约定的俗称。如今在公园内清代所建的山门上，不知何时添加了"木塔寺"三字，这无论是对此山门建筑还是整个寺院遗址来讲，显然都不妥。如果再回看以前朴素无华的山门原址，反觉更真实与和谐（图3-32）。

不管您以前是否到过西安，如果再来西安，建议也能去木塔寺公园寻幽探古一番，感受不一样的千年长安佛寺历史文化，以及长安历代兴替的沧桑故事。

1400多年前，长安城南两座木塔见证了大兴城的肇始和唐长安城的昌盛；1400多年后，西安城南仅存的木塔基址和新建的遗址公园，依旧守护着新时代的古都。有形的千年木塔虽然无存，但历史上木塔深厚的历史积淀，却让我们时刻谨记历史，牢记使命，为祖国的繁荣昌盛而努力奋斗，努力开启大唐盛世的记忆，让伟大的中华民族永远屹立于世界民族之林，早日实现强国富民的中国梦！

明德门外北望长安城

一座长安城，多少繁华梦。唐长安城作为中国历史上最强盛王朝的都城，气势磅礴、规模宏大、经济发达，人口超百万。不知你有没有想过，千余年前，初至长安城时，站在唐长安城明德门外或者城南远处较高的黄

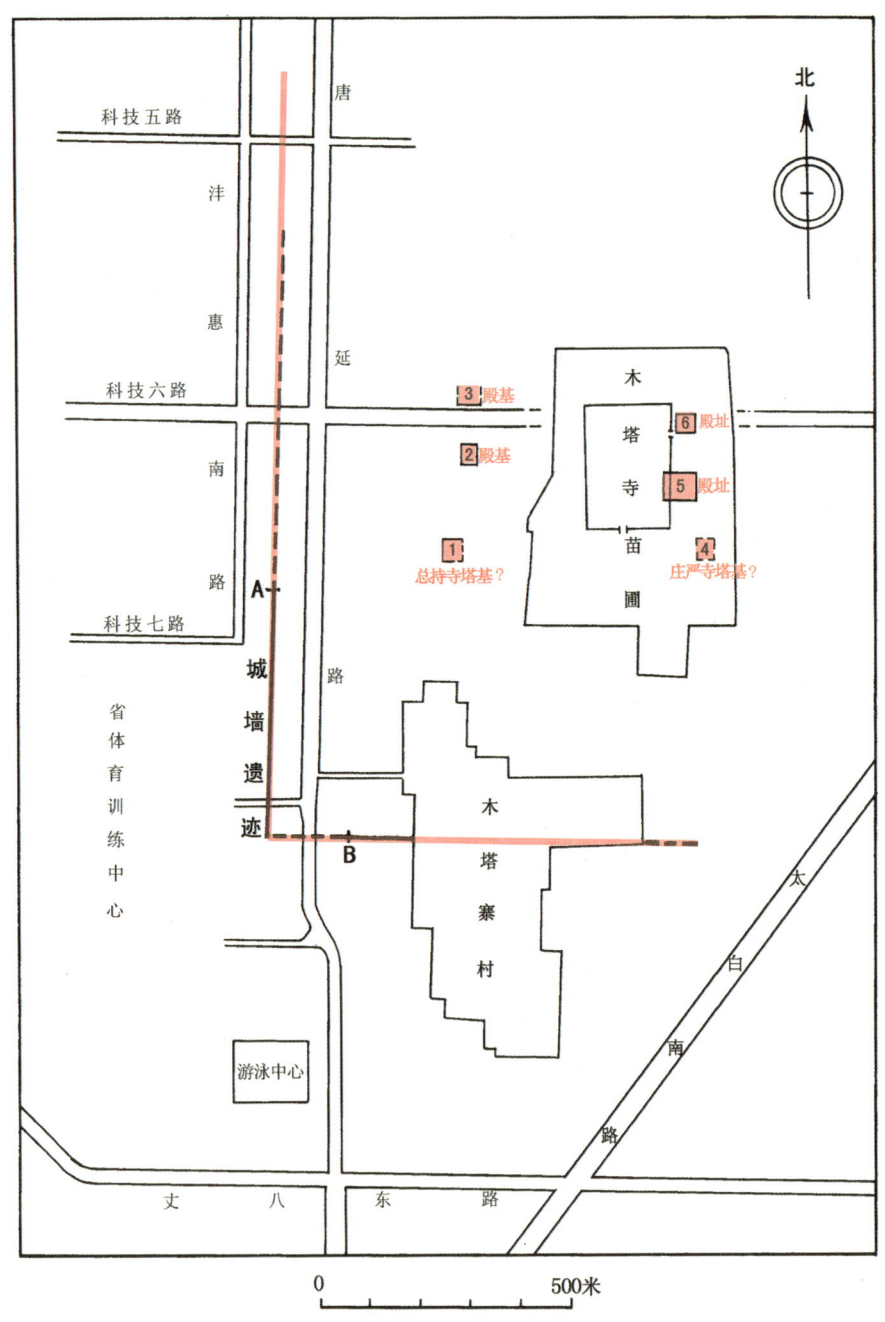

图3-30 长安城西南隅2004年考古平面图

图3-31　木塔寺2004年考古勘察时的山门　图3-32　木塔寺公园内留存的清代山门

土塬上北望这座伟大的城市时,彼时辉煌的长安是怎样的一番光景?千余年前没有影像记录,那时的真实面貌我们无法看到,但多年以来,考古工作者通过不懈努力,发掘出了唐长安城的城墙、城门、护城河、宫殿、道路、池苑、楼台及祭天的圜丘等大量实物资料,一些著名的古建筑学家如傅熹年、杨鸿勋、张锦秋等也有大量唐代城门、宫殿及其他建筑复原成果。另外,一些古代文献中关于唐长安城历史面貌、建筑的描述也不少,如韦述的《两京新记》、宋敏求的《长安志》。一些著名学者如向达、宿白、荣新江等多年以来也积累了大量的长安城研究成果,论著不计其数。从这些古今资料中,我们依稀可辨长安城的昔日辉煌,隐约可见千年前唐长安城的历史真容。重启对大唐长安城的记忆,我们把时间定格在唐代,从明德门外北望盛世帝都那令人向往的辉煌。

我们先来设想,如果站在长安城明德门外北望,可以看到什么?有哪些明显的建筑高点?笔者根据一些考古资料与历史文献对长安城南部建筑高点简要进行了梳理(图3-33)。

第一,应该是外郭城的南城墙。它是长安城南最直接的屏障,也是一道最恢宏壮阔的风景线。据《唐两京城坊考·外郭城》载:"(长安)外郭城前直子午谷,……其崇(高)一丈八尺(约合5.3米)。"2005年,考古工作者曾对唐长安城外郭城西墙南段、东郭城南墙进行了发掘，发掘出宽5.3~5.5米的墙基，按照建筑学原理，文献记载的外郭城墙高度应该是可信的。

第二，南城墙中部三座高大的城门楼观。外郭城有三座东西并列的城门，正中是明德门，西侧是安化门，东侧是启夏门。全城的道路中心在明德门，正对皇城之朱雀门。1970年至1973年，中科院考古研究所对明德门门址进行了发掘，发掘出五个门道、马道、房址等。从发掘出的遗址看，明德门的城门建制，是唐代典型的木构"过梁式"门楼建筑，也就是说，城门门道之上还建有高大的楼观。唐代的城门模样在敦煌壁画中有描绘。根据傅熹年和杨鸿勋先生的复原，城观建筑通长48.5米左右，高约21米（图3-34）。明德门作为长安城的正南门，是南来进入长安的主要通道，当年这里人流穿梭，很是繁华。安化门和启夏门遗址如今已被破坏，基本消失。安化门和启夏门是两个对称的城门，城门建制也一样，均在城门上建有高大的楼观。虽然没有建筑复原的成果，但作为唐长安城的城门，其规模和建制应该和长安皇城南面含光门基本一样，可以参考含光门的复原形制（图3-35）。据此可知，安化门和启夏门高度在20米左右。

第三，西南隅至高点，当属西南城角永阳坊中的总持寺塔和庄严寺塔。这两座木塔毗邻城墙，"崇（高）三百三十尺（约100米），周回一百二十步（约200米）"。也就是说，两座塔的建筑高度均高达100米左右，这是何等的巍峨！比当时城墙要高出90米、比城墙上高大的城门楼观也要高70米左右。真是不比不知道，一比吓一跳。可以说这两座百米木塔就好似长安城的指示塔和南部地标，看到高大的双塔时，你大可确定，你到达伟大的长安城了。

第四，城南次高点为东南隅弥勒阁。唐长安城佛寺内建阁之风很盛行，而且出现专为设立弥勒大像而建造的高阁。长安曲池坊建福寺，本是隋天宝寺，寺内弥勒阁，高45米。长安曲江南北佛寺中，多建有弥勒阁。

第五，明德门外东南二里的圜丘。圜丘，就是我们前文所说的天坛。

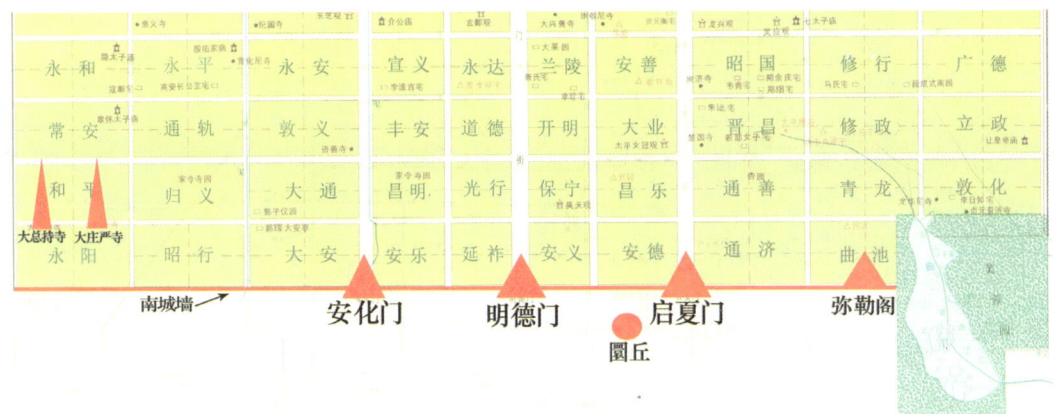

图3-33　长安城南部建筑高点平面分布图

图3-34　明德门遗址复原效果图（杨鸿勋）

图3-35　含光门复原模型（现藏于含光门博物馆）

图3-36 明德门外北望长安城景象示意图

长安城正南门明德门外东南二里，就是隋唐长安城圜丘所在。圜丘虽然不是很高，但在空旷的明德门外，这座专门为皇帝祭天修筑的圆台，在当时也是异常醒目的。

最后，我们把上述建筑放在一起，就可初步复原唐代时北望长安的景象。迎面是贯通的一面南城墙，最西是两座高大的木塔（高约100米），最东是气势如虹的曲江弥勒阁（高约45米），中间三座雄伟的城门楼（高皆约20米）。这就形成了由西向东从明德门外北望长安城的一幕大唐盛世画面（图3-36）。考虑到长安城南城墙长度过大，建筑如果放在其中尺度太小，所以图中省略了中间大部分的城墙段。

唐长安城考古笔记

第四章 考古长安

大明宫考古笔记

过去的60余年，考古工作者发掘、保护了唐长安城一些遗址，最为人熟知的莫过于大明宫遗址，甚至在很多业内人士看来，唐长安城考古似乎就只等于大明宫考古。一方面，这是因为大明宫在唐长安城诸多遗址中保存相对较好；另一方面，从专业角度来说，大明宫也是唐长安城考古工作中最系统、最集中、成果最多的一处大遗址。

一块石碑——大明宫考古的开始

据马得志先生回忆，大明宫的考古是从一个记载唐代打马球的石碑的发现开始的。

1956年冬，西安市北郊建设取土时，发现了一块"含光殿及毬场"石碑（图4-1）。石碑出土在殿址南部的殿基之下，上刻"含光殿及毬场等大唐大和辛亥岁乙未月建"（图4-2）。1957年春天，考古队随即开始发掘这一殿址。由此，大明宫遗址的考古工作也正式拉开了序幕。

1957年至1959年主要是对大明宫的宫墙、宫门、宫内布局的勘探与发掘。1960年前后又在大明宫后宫太液池以北和宣政殿西侧进行勘探，发现了一些宫殿遗址。1980年又对后宫的一些宫殿遗址进行了发掘。1995年始，为配合联合国教科文组织对含元殿的保护，考古队对大明宫最宏伟的含元殿进行了大规模发掘。2001年至2005年，中日合作对大明宫后宫皇家池苑太液池进行了大规模勘探发掘。2005年，配合含元殿御道保护工程，对大明宫正南门丹凤门进行考古发掘。规模空前的门址范围，宏伟的五门道，令人震撼。2008年起，大明宫国家遗址公园项目启动，大明宫迎来了历史上规模最大的考古工作，原先被现代城市占压的区域也有机会得到勘

图4-1　1956年含光殿遗址发现的石碑　　图4-2　含光殿遗址发现的石碑拓片

探和发掘。2012年至2017年，按照考古计划，重点对含元殿与宣政殿之间的官署遗址进行考古勘探和发掘。

为了便于读者了解大明宫考古工作的整体情况，我将这些年的考古工作分六个板块向大家做介绍。这六个板块主要是范围与格局的探寻、宫门考古、宫殿考古、道路与水系、中央"智库"翰林院、皇家池苑太液池、大明宫园林植物树木和花草的考古探寻等。

范围与格局的探寻

大明宫范围与格局的探寻，伴随着大明宫考古工作的始终。几乎每一处遗存都与其范围与格局有关联。但事情总有头绪和归属。大明宫范围与格局的探寻，概括来说就是对大明宫遗址范围、形制、规划布局、遗址分布等进行的考古工作。这些考古工作首要的任务就是对大明宫四周宫墙（"四至"和范围）、内部隔墙（区划格局）所进行的考古勘探和发掘。

新中国成立前后，世人对于大明宫的格局范围还不是太清楚。经过1957年至1959年多次的考古勘探，大明宫的范围与格局才基本清楚。

大明宫的范围，据考古实测，周长7628米，面积3.2平方公里。四周的城墙：西墙长2256米；北墙长1135米；南墙为郭城北墙东部的一段，长1674米；东墙的北部偏西12度多，由东墙东北角起向南（偏东）1260米，转向正东,再304米,又折向正南长1050米,与宫城南墙相接。①整个大明宫遗址平面呈南宽北窄的楔形。

依据考古勘探与局部的发掘结果并结合历史文献记载,确认大明宫——这座唐代最大的宫城,符合中国传统封建礼制中"前朝后寝"的建筑布局。"前朝"是以南部的含元殿、宣政殿、紫宸殿(大明宫最大的三座宫殿)为中心形成朝政、官署布局的"朝政区";"后寝"是以北部太液池为中心形成池苑、宫殿、楼阁、亭台、水榭等布局的"生活区"。大明宫独特的建筑不仅是唐代宫城建筑之巅峰,也是唐代皇家园林建设的典范,其格局很大程度上影响了唐以后中亚、南亚地区的宫殿与池苑的建设。

一、深壁固垒——宫墙与隔墙

大明宫的范围与格局,主要体现在宫墙、宫门的分布与设置上。

(一)深壁固垒、高大威严的大明宫东、西、南、北宫墙

大明宫作为皇宫,有高大威严的宫墙与外界相隔,大明宫的宫墙有多高呢?据宋敏求《长安志》载:"宫城东西四里,南北二里二百七十步,周一十三里一百八十步,崇三丈五尺(约合10.3米)。"考古工作也印证了这一点。考古工作得知,大明宫的宫墙为夯土版筑,只有各城门两侧及转角处内外表面砌有砖面。城基的宽度,据考古实测,除南宫墙墙基宽约9米以外(大明宫的南宫墙沿用唐长安城郭城北墙并有所加宽),其他三面墙基均宽13.5米,深1.1米。宫墙筑在城基中间,两边比城基各窄进1.5米左右,底部宽10.5米。根据宫墙考古成果,建筑学家曾对大明宫的宫墙进行过复原,其高度在10~12米,宽度则达到9~13米,构筑十分坚固,说大明宫宫墙深壁固垒、高大威严丝毫不夸张。

大明宫宫墙夯土的坚固程度有甚于城墙砌砖。考古勘探人员采用人工

---

①马得志:《唐大明宫发掘简报》,载《考古》1959年第6期。

探铲勘探时，如勘探到砖块，可能三五铲就能钻穿，但遇到宫墙夯土时，三五铲却基本没有什么进度，反而手掌和手臂因钻探的反冲力震的发疼。许多勘探人员也不愿意勘探宫墙夯土，因为费时、费力不说，还不出活！

大明宫宫墙的考古工作主要是在1957年至1960年进行的，2008年至2010年在大明宫遗址公园建设的考古工作中，又对各段宫墙进行了考古勘探和发掘。

西宫墙全长为2256米，南部有将近500米的一段，在今西安市区内，大部分已断缺无存。为了进一步了解宫城墙址的结构、地层关系及保存的情况，1957年秋季至1958年底，考古人员先后发掘了西城墙九处。在发掘中除了寻找城门遗址外，主要发掘了一部分宫城墙和宫城角（图4-3）。宫城角只发掘了两处：一处在西城墙中部，即宣政殿西侧向西去的宫墙（第三道宫墙）与西城墙相接的一转角（以下称西南角）；另一处是宫城的西北角。发掘西南角时，城角保存最高处还高出当时地面2.6米。从夯层衔接的情况看，东西向的宫墙是与西城墙同时建筑的。外转角的西、南两面向外各宽出2米多，加宽的部分由转角向北、向东，各长15米多。内转角没有加宽，但砌有砖壁，因多破坏只存砖基部分，在高2米多的地方，于土墙凹进处还有附着的砖多块，外转角未经发掘，表面是否有砌砖不详。宫城的西北角，仅发掘了外转角北边的一部分，因为内转角和外转角的西边，都处于现在的交通路口，故未作发掘。发掘之处亦有向外突出的部分，但多遭破坏，仅墙基尚存，突出的情况与前述转角同，宽2米多，惟砖壁已破坏无存。西边经钻探，亦有突

图4-3 1958年发掘的大明宫西宫墙（图出自中国科学院考古研究所：《唐长安大明宫》，科学出版社，1959年）

出的部分，长、宽皆与前同。另外，2008年，在大明宫遗址公园建设的考古工作中，又对西城墙进行了钻探与发掘（图4-4、4-5），考古数据、结果与上述一致。

北宫墙实测长为1135米，是大明宫宫墙保存最好的一段。墙基很完整，没有断缺，还可看出墙址隆起地面，在东北角处还保存有50余米长的一段，高出现在的地面2~5米，成一东西向的土丘，当地农民根据它的形状，叫它"骆驼岭"（图4-6、4-7）。2009年，考古队在大明宫遗址公园项目中，对东北角进行了考古发掘。经历了千年，东北角处的唐代夯土依然质地坚硬，层次清晰可辨（图4-8）。另外，此次考古还发现了宫墙外侧的砌砖等遗迹。

东宫墙由东北角（骆驼岭）向南，埋在地下的墙基还有1260米，这一段的中部被水沟冲断50余米，南部还被一条公路切断60多米，但最下面的一层墙基还是衔接着的。再向南至南城墙1000余米的一段，因地势低洼，多被扰乱。

南宫墙即长安城北垣包括在大明宫范围内的一段，长1674米。2008年前，墙基位置处于现在的市街内，墙基的上部破坏较多，但墙基的下部大体还都衔接。2008年到2009年大明宫国家考古遗址公园建设时，大明宫遗址上的地面建筑（市政道路、工厂、学校、市场、村庄、医院等）悉数被拆迁，随后考古工作者对大明宫南宫墙进行了系统的考古勘探与发掘（图4-9），其中勘探工作总面积达到了40 000余平方米。考古工作表明，南宫墙遗址埋藏在现地表或近现代堆积下0.3~1.0米，夯土现保存厚度1.2米。由宫墙与墙基两部分组成，断面呈"凸"字形状。宫墙与墙基均为夯土结构，质密、硬实。与大明宫其他三面宫墙（即东宫墙、西宫墙、北宫墙）略有不同的是，南宫墙墙基宽窄不一，宽度在9.8~13.5米。其中丹凤门遗址附近的墙基最宽，一般在13.5米。丹凤门遗址向东、向西的两侧延伸部分墙基宽度一般在9.8~11.5米。这可能是建筑的时代不同而造成的。

图4-4 2008年大明宫西宫墙考古工作照　　图4-5 2008年发掘出的大明宫西宫墙残迹

图4-6 大明宫东北城角的保护碑　　图4-7 大明宫遗址公园中的北宫墙与东北城角（2013年骆驼岭）

图4-8 大明宫东北城角的夯土基址

图4-9　大明宫南宫墙2008年考古勘探工作照

为了让大众能直观感受唐代大明宫宫墙的基本面貌，大明宫国家遗址公园在规划建设时，对大明宫东、西、南、北宫墙均进行了不同程度的保护和复原展示。步入其中，多多少少还能感受到唐代宫墙的高大与千年历史的沧桑。

（二）宫内空间的区分——隔墙

大明宫除了四周的宫墙外，内部空间还有隔墙。隔墙相比宫墙来说，等级较低，尺寸较小。隔墙主要是用来区分宫内"前朝后寝"式建筑格局。

南部朝政区的隔墙：1957年至1959年进行大明宫考古勘探与试掘工作时，在南部朝政区发现了三道隔墙，由南向北分别位于含元殿遗址以北120米、含元殿遗址东西两侧及含元殿以北处。三道隔墙东西走向，南北平行。

第一道隔墙：由南向北的第一道墙，在含元殿南边120米（至含元殿前沿）处，向南距丹凤门490米。墙东西残存将近1000米。

第二道隔墙,即含元殿遗址东西两侧的一道墙,在丹凤门以北635米。此墙保存较好,仅在含元殿两端相接处,残缺了80米左右。含元殿以西的一段,长480余米,西端与西城墙相接。含元殿以东的一段,长870米,东端与东面的城墙相接。

第三道隔墙,在含元殿以北300米处,其情况与第二道隔墙大体相同。在墙的中部与南面含元殿遗址相对处,也有一规模较大的殿址,从文献的记载和它的位置来看,此殿址可能就是"宣政殿"遗址。这道隔墙的东部多被破坏,仅在宣政殿以东300余米处和接近东城墙处,还残存有60余米和117米的两段。宣政殿以西的一段,保存得很好,只是靠近殿址的西侧残缺了30余米,向西直与西城墙相接,长620米。

此墙西端距内拐角5米多处的一段曾经过修补,所用的土质很杂,里边含有很多当时的瓦片和瓷片等,夯层也特别厚,有的夯层达0.2米多,而且夯得较松,没有原来的夯土层坚实。

上述三道隔墙的建筑结构和厚度等,除个别修补的地方以外,都与宫墙相同,可能是同时建筑的。

在三道隔墙之间,还钻探出不少的小墙基,宽都是2~3米,应该是各殿之间的隔墙和围墙等。以上的一些小墙址和房址等,虽残缺不全,但为研究大明宫院、门、道等形制和位置提供了重要的线索。

二、潜行复道——夹城墙

大明宫在宫城北部之外,东、西、北三面都发现有平行于宫城墙却又比宫城墙窄的城墙,即所谓的"夹城墙"。夹城墙亦为夯土版筑土墙。北面夹城最宽,距宫城墙160米。东西两面夹城距宫城墙约为55米。[①]

大明宫的东夹城通过唐长安城东郭城外的夹城与兴庆宫相连并向南

---

① 中国科学院考古研究所:《唐长安大明宫》,科学出版社,1959年。

直通曲江池，是专为皇家而设的"潜行"通道，便于皇帝等从大明宫、兴庆宫至曲江池潜行游玩。大明宫的西夹城北段为翰林院等唐代"智库"所在，右银台门以南的西夹城与太极宫及郭城相连，是进入大明宫后宫的潜行通道。除翰林学士由此通行进入右银台门内北侧的翰林院外，其他人后宫的特殊人员亦由此通行。

1957—1958年进行年考古工作时，三面的夹城在地面上已无标志可寻。时以北夹城保存的最好，除东北角残缺一部分外，其余都相接。墙址残存高度，一般是高出当时地面0.5～1.5米，北部多已残缺不全。东夹城的北端亦缺，南部与宫城相同，也是因被水冲刷和修公路等断缺了两段。南端近东内苑的北墙也残缺了一部分。

当时只将西、北两夹城发掘了数处，东夹城未作发掘。夹城亦为夯土筑成，只是相对窄些。一般宽（厚）度3.5米左右，底部墙基宽4米许。在北夹城重玄门东边发掘的一个拐角处，墙基外面残存几块砖，看情形至少在这一部分的墙基上护有几层砖，大概是为防止水浸坍塌而砌的。其他各处未发现有砖。从夹城西北角的发掘来看，没有发现角楼一类的建筑痕迹。西夹城未发现任何门址。北夹城，据有关大明宫图，在玄武门以北都画有4至5个门，但除了重玄门外，在工作中并未发现其他门址。东夹城除探得有残断的缺口外，亦无门址的痕迹。

大明宫的夹城建筑于何时？据《唐会要》载："（宪宗）元和二年（807年）六月，诏左神策军新筑夹城，置玄化门、晨晖楼。"《旧唐书》与《册府元龟》等亦有类似记载，可称无误。据此推测，大明宫的夹城可能是宪宗元和二年建的。

在唐代诗人题咏三大内的诗篇中，有不少关于夹城的诗，如王建《宫词》中云："禁寺红楼内里通，笙歌引驾夹城中。裹头宫监当前立，手巴牙鞘竹弹弓。"杜牧《长安杂题长句六首》中有："六飞南幸芙蓉苑，十里飘香入夹城。"郑嵎《津阳门诗》描写玄宗秋游华清宫时的盛大场面，其中有："五王扈驾夹城路，传声校猎渭水湄。羽林六军各出射，笼山络野张置维。"

如此可见，大明宫等三大内的夹城，是唐代宫廷建筑别具一格的创造，也是家喻户晓的。夹城作为宫廷建筑布局的重要组成部分，也着实为唐代宫廷建筑增添了一道靓丽的风景线。

宫 门 考 古

大明宫每道宫墙之上，均设置有宫门以供出入。这些宫门的规模和级别各有不同。所谓"一入宫门深似海"，古人将进入宫门比作进入政界、深入宫廷的标志。同时，宫门在一定程度上也象征着朝廷的门户。大明宫的宫门见证了唐代许多历史事件，也承载了许多历史信息。因此，宫门考古也是大明宫考古最为重要的工作之一。

大明宫内外宫门众多，但是重要的并不多，主要有丹凤门、建福门、望仙门、兴安门、左右银台门、九仙门、东西上阁门、光顺门、玄武门与重玄门等。这些宫门之所以重要，主要体现在政治性、安全性与功能性等方面。考古工作者对这些门址中的丹凤门、玄武门、重玄门、内重门、银汉门、右银台门、翰林门、左银台门、兴安门、含耀门等进行了考古发掘，对其他门址如建福门、青宵门、昭庆门等也进行过考古勘探。

一、天下第一门——丹凤门

丹凤门是大明宫南宫墙的正门，唐代许多皇帝即位，都要在南郊祭天之后登上这座门楼，宣布大赦和改元的敕令。也有许多重要的活动在这里举行，许多诏书从这里发出。

（一）丹凤门遗址的发掘

丹凤门遗址的位置早在1957—1959年的大规模考古勘探中就已确定，当时遗址上面占压有现代房屋建筑（图4-10）。1961年大明宫遗址被国务院列入第一批全国重点文物保护名单，丹凤门遗址遂得到了较有效的保

图4-10　丹凤门遗址旧貌　　　　　图4-11　丹凤门遗址考古发掘现场

护,几十年来其所存的土丘大致仍保持原样,没有被毁坏。2005年6月和7月,西安市政府为实施大明宫含元殿御道保护工程,投巨资倾力迁移和妥善安置了含元殿御道范围内的所有住户、医院、工厂等,并拆除了全部的建筑物,从而为丹凤门遗址的全面发掘创造了极为有利的外部条件。2005年9月,考古队正式开始对遗址进行大规模发掘和清理(图4-11)。总计发掘面积近8000平方米。

发掘清理结果表明,丹凤门址系黄土夯筑而成,共有五个门道。由东西墩台、五个门道、四道隔墙及东西两侧的城墙和马道这几部分组成(图4-12)。其中,门址西部的三个门道、隔墙、墩台及城墙和马道保存状况较好,而中门道以东的各部分则破坏严重,仅剩最底下的夯土基础。门址墩台和马道边缘发现部分包砖的遗存。

1.丹凤门门道是有史以来考古发现的最宽门道

丹凤门是中国封建社会建筑制度中最高的门址(图4-13)。五个门道,除东边两个门道和中门道的东半部分已经破坏无存以外,其余均保存较好。每个门道宽度均达8.5米,南北进深为33米(地表上现存仅有24米)。据目前考古资料显示,我国古代门址门道宽度多为1~5米,北京

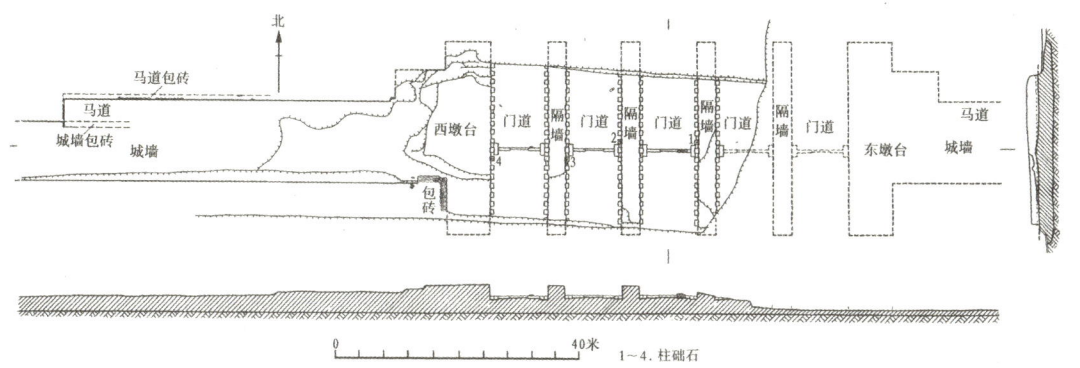

图4-12 唐大明宫丹凤门遗址的考古发掘平、剖面图

图4-13 大明宫国家遗址公园中的丹凤门遗址博物馆

明清紫禁城天安门的门道宽度也才5米许，而丹凤门单个门道宽度竟然达到了9.4米，这在古代遗址中实属罕见！也是有史以来考古发现的最宽的门道（图4-14）。

门道中心偏南2米处均设一道东西向的木门限。木门限均已烧毁，仅剩部分木炭痕迹。门限槽东西长2.8米、南北宽0.24米、深0.15米。木门限的东西两端有门砧石，但多被毁。

另外，在门道的东西两侧隔墙处有南北向排叉柱础坑，各排保存数目为16—19处。排叉柱的础石大多已遗失，仅在西部三个门道内存留有4块，均在原位。在门址的东南角还保存有部分砌砖残迹。

2.丹凤门是有史以来考古发现的规模最大的门址

丹凤门墩台基座东西长74.5米，南北宽33米，在门址墩台两侧还对称设有马道（上门楼的通道），马道均东西长54米、南北宽3.5米（图4-15）。由此可知，丹凤门门址东西达到近200米！根据目前掌握的材料，丹凤门不仅有五个门道，规格最高，而且其门道之宽、马道之长为中国考古所罕见，门址的规模之大令世人叹服！当属"天下第一门"！

3.丹凤门考古解决了诸多学术难题

考古发掘以前，学术界对丹凤门形制的探寻与研究争论不休，特别是三门道与五门道之争，是一个长期探讨的焦点问题。丹凤门的形制史料未有明确的记载，对其形制的描绘最有代表性的是宋代吕大防刻唐长安城图中的大明宫部分，图中将丹凤门描绘为五个门道。在20世纪50年代末，考古勘探结果表明丹凤门为三个门道。由此，对于丹凤门究竟是三个门道还是五个门道，众说不一。

考古工作有一个不争的事实：考古勘探代替不了考古发掘，勘探与发掘是两个不同的工作环节。勘探工作受其工作性质的局限，其结果与发掘结果有可能相符，也有可能不尽相同，丹凤门遗址的考古发掘也印证了这一点。

考古发掘人员经过一个多月艰辛细致的探寻、对比、分析、解剖，终

图4-14 考古发掘出的丹凤门遗址门道复原图

于将丹凤门为五个门道这一客观历史面貌揭示出来,解开了丹凤门形制的历史之谜!同时,也找到了丹凤门三个门道与五个门道疑问的"症结"所在。原来,门址东部两个门道几乎被破坏殆尽,仅中门道与西部两个门道保存较好(也就是原先勘探出的三个门道)。

图4-15 丹凤门遗址内西侧的马道遗迹

丹凤门遗址发掘以前,人们对丹凤门的认识相对模糊,通过考古发掘,丹凤门的结构、形制、规模及相关历史信息逐渐为世人所了解,出土的各类遗物也使人们对丹凤门的认识更加深入。如出土的长方形砖,还有鸱尾、铁泡钉、铭文瓦(图4-16)、筒瓦、板瓦、莲花纹瓦当、琉璃瓦(图4-17)、带"官"字款的白瓷碗(图4-18)等,为更详细地认识丹凤门提供了珍贵的实物资料。

丹凤门遗址发掘结束后,举行了专场的考古发掘汇报会,引起国内外各界的广泛关注。在发掘过程中,国家文化部、国家文物局、陕西省各级政府部门的领导多次来考古现场调研发掘情况。另外,一些国外要员、文物机构也慕名亲临发掘现场(图4-19)。

时隔千年,中国封建王朝鼎盛时期的宏伟国门——唐大明宫丹凤门,

图4-17　丹凤门遗址出土的琉璃瓦

图4-16　丹凤门遗址出土的"天宝四月官瓦"铭文瓦　　图4-18　丹凤门遗址出土的"官"字款白瓷碗底

又向世人展现出它的恢弘气势。

如今在丹凤门遗址原址上建起了博物馆,且已对游人开放,丹凤门遗址博物馆也成为大明宫国家遗址公园中重要的文化景点之一。博物馆的建筑外形为仿唐城门建筑,由古建大师张锦秋先生亲自设计,基本按照唐代城门构造,并结合丹凤门考古发掘资料进行了复原设计。如今,千年宫门不再沉寂,正在以其丰富的历史信息,给中外游人展现和诉说着大唐帝国的过往及发生在大明宫内外的点点滴滴。

4.丹凤门的发掘也受到了质疑

尽管丹凤门的考古发掘成绩卓著,但还是受到了个别学者的质疑。有学者提出:"丹凤门的田野考古,着重于技术性的遗址发掘,没有带着学术问题查找丹凤门两侧是否存在双阙墩台遗迹及门外的门仆值房遗迹。丹凤门外肯定是有门仆值房的,相信会有遗迹留存。"

笔者作为丹凤门主要发掘者之一,有必要在此重申:丹凤门的发掘工作是团队协作的,发掘工作也是科学的,有序的。发掘工作前、中、后,发掘团队均仔细研读了相关历史文献资料,制定了翔实的考古发掘计划,并有明确的学术目的与目标。考古工作是靠汗水一铲一铲干出来的,不是

图4-19 法国前总统吉斯卡尔·德斯坦先生及夫人在丹凤门遗址发掘现场

靠想象,也不是靠揣摩,是用事实说话,是用发掘出的考古遗存说话。但考古工作又不是万能的,不可能解决所有问题。就拿唐长安城内所有的城门遗址来说,到目前为止,考古工作未发现与城门相配套的阙台,这也一直是两京地区考古工作及学术研究的疑难问题之一。在丹凤门发掘的过程中,团队一直努力探寻门址两侧的门阙遗存,希望能解决相关学术问题,可无论怎么努力,最终也都没有发现相关的门阙遗存。丹凤门考古发掘前,门址内外的唐代地表及其他建筑遗迹几乎破坏无存,考古工作也确认了这一点。有关丹凤门的门阙探寻,仍需进行相关考古与研究。科研工作,需要实事求是,也需要谨言慎行。

(二)丹凤门由来与功能

关于丹凤门名称,学界基本有比较明晰的考证。唐朝将大明宫正门命名为丹凤门,出自于《春秋演礼图》,所谓"凤为火精,在天为朱雀"。又据《春秋元命苞》:"火离为凤。"汉代以前称朱雀为凤鸟。因此,丹凤即朱雀,与玄武相对。中国古代把周天恒星划分为二十八宿,又把二十八宿分为四宫,即东苍龙、西白虎、南朱雀、北玄武。朱雀属火,色赤，"因此，很多叫作朱雀的地名都指南面"①。

丹凤门作为大明宫的最重要的宫门，其功能主要表现在通行、政治性功能与典礼活动方面。

1.专供皇帝通行

丹凤门是专供皇帝出入的通道，平时紧闭不开，百官及其他人员出入大明宫，通常走建福门，有时也走望仙门。关于这个问题史籍中有大量的记载，如："元和元年十二月，礼仪使高郢奏《六典》：'凡驾行幸，有夜警晨严之制。……其行事毕后，南郊回，请准礼依时刻三严，太庙宿其后不严。及南郊回，于明德门里鼓吹，引驾至丹凤门。"②为什么引驾至丹凤门呢？因为皇帝是要从此门入宫的。可见皇帝从丹凤门出入，乃是唐朝礼制的规定。

2.颁布大赦的场所

在皇宫正门颁布大赦是历代王朝的一贯做法，据杜佑《通典》记载，至迟在北齐时已在阊阖门（北齐宫城正南门）举行这种典礼了。唐初时，皇帝居太极宫，颁布大赦一般在太极宫的正南门承天门进行。自高宗以后，大唐天子基本都居大明宫，所以大赦也多在丹凤门举行。③

表3　大明宫丹凤门举行大赦典礼表④

时间	大赦原因	资料出处
肃宗至德二年（757年）十二月	收复京师	《旧唐书》卷一
肃宗乾元元年（758年）二月	原因不详	《玉海》卷六七

续表

①李英：《大明宫外宫墙诸宫门名称考》，载《丝绸之路》2010年第24期。
②《唐会要》卷一八《缘庙裁制下》。
③（宋）司马光：《资治通鉴》卷二四九。
④杜文玉：《大明宫研究》，中国社会科学出版社，2015年。

时间	大赦原因	资料出处
肃宗乾元元年（758年）	四月郊庙祭把	《册府元龟》卷八〇
肃宗乾元三年（760年）四月	改元上元	《册府元龟》卷八八
肃宗上元二年（761年）建卯月	改当年十一月为岁首	《太平御览》卷一一二
代宗宝应元年（762年）五月	皇帝即位	《太平御览》卷一一二
代宗大历十四年（779年）六月	皇帝即位	《册府元龟》卷八九
德宗建中元年（780年）正月	改元建中，郊庙祭祀	《旧唐书》卷一二
德宗兴元元年（784年）正月	改元兴元	《资治通鉴》卷二二九
德宗兴元元年（784年）	七月平定叛乱	《册府元龟》卷八九
德宗贞贞元四年（788年）正月	京师地震	《唐会要》卷四二
德宗贞元四年（788年）五月	期日受朝贺	《册府元龟》卷一〇七
德宗贞元六年（790年）十一月	南郊大典	《唐会要》卷九下
德宗贞元九年（793年）十一月	南郊大典	《册府元龟》卷八九
顺宗永贞元年（805年）二月	皇帝即位	《顺宗实录》卷二
宪宗元和元年（806年）正月	新帝即位，次年元日朝贺	《册府元龟》卷八九
宪宗元和二年（807年）正月	郊庙祭祀	《唐会要》卷一〇上
宪宗元和三年（808年）正月	皇帝受尊号	《旧唐书》卷一四
宪宗元和十三年（818年）正月	元日受朝贺	《册府元龟》卷一〇七
宪宗元和十五年（820年）二月	皇帝即位	《旧唐书》卷一六

续表

时间	大赦原因	资料出处
穆宗长庆元年（821年）正月	南郊大典，改元	《旧唐书》卷一六
穆宗长庆元年（821年）七月	皇帝受尊号	《旧唐书》卷一六
敬宗长庆四年（824年）三月	皇帝即位	《册府元龟》卷一○八
敬宗宝历元年（825年）正月	南郊大典，改元	《唐会要》卷九下
敬宗宝历元年（825年）四月	皇帝受尊号	《旧唐书》卷一七上
文宗太和元年（827年）二月	改元太和	《太平御览》卷一一五
文宗太和三年（829年）十一月	南郊大典	《旧唐书》卷一七上
武宗会昌元年（841年）正月	南郊大典，改元会昌	《唐会要》卷九下
武宗会昌二年（842年）四月	皇帝受尊号	《樊川集》卷一一
宣宗大中元年（847年）正月	郊庙祭祀，改元	《旧唐书》卷一八下
懿宗咸通元年（860年）十一月	郊庙祭祀，改元	《唐会要》卷九下
懿宗咸通四年（863年）正月	南郊大典	《唐会要》卷九下
僖宗乾符元年（874年）十一月	宗庙祭祀，改元	《旧唐书》卷一九下

不过唐朝诸帝举行大赦典礼并非专在承天门或丹凤门，唐高宗与武则天就多次在明堂举行过，唐中宗在太极殿，唐玄宗在兴庆宫勤政楼，唐代宗与德宗在含元殿，唐文宗和僖宗在宣政殿，唐昭宗在武德殿和长乐门，均举行过此类活动。①尤其唐昭宗多次在太极宫武德殿举行大赦典礼，仅在文德元年（888年）二月，因即位改元，在承天门举行过一次大赦。

---

①以上均见《册府元龟》卷一五《帝王部·年号》。

3.宣布改元的场所

在唐后期,丹凤门还是皇帝举行改元大典的重要场所。不过唐朝改元并没有固定的场所,唐前期多在承天门、太极殿举行,在明堂与兴庆宫勤政楼也举办过此类活动。唐后期除了丹凤门外,含元殿、宣政殿也是举办改元大典的场所,甚至在太极宫武德殿、长乐门都举行过改元大典。① 但是在丹凤门举行改元大典的次数明显多于其他场所,尤其是自唐肃宗以来,此类活动都在丹凤门举行。之所以多在这里举行,是因为改元典礼本来就属于外朝活动的内容,而丹凤门就是举行外朝活动的场所,所以在这里举行改元典礼顺理成章。

4.在丹凤门举行的其他活动

除上述功能以外,大唐天子还在丹凤门进行过观戏、阅兵、颁制和宴会等。丹凤门楼前便是丹凤门大街,街宽176米,除了太极宫前横街外,它算是长安城中最宽的大街。也正因为如此,所以有唐一代也在这里举行一些盛大的活动,观戏便是其中一种。当然,偶尔也在丹凤门举行阅兵典礼,如"宝应元年九月壬寅,大阅丹凤门街"②。唐朝皇帝颁布重要的制敕,通常都对颁布的场所有所选择。丹凤门便是皇帝颁布重要制敕的场所之一,如天宝八年(749年),哥舒翰从吐蕃手中攻下石堡城后,"献功于朝。帝御丹凤楼会群臣,下制褒奖"③。唐代举办宫廷宴会的场所很多,诸殿阁及门楼都可成为这样的场所,其中也包括丹凤门楼在内。

二、朝政之门——建福门与望仙门

建福门为大明宫南垣侧门,位于丹凤门以西430米左右,是百官上朝出入大明宫的主要宫门之一。

---

① 据《册府元龟》卷一五《帝王部·年号》载,唐昭宗先后四次在武德殿,一次在太极宫长乐门宣布改元。

②(宋)王应麟:《玉海》卷一四四《含元殿大阅》。

③《册府元龟》卷四三四《将帅部·献捷》。

（一）建福门

1.建福门的考古发掘

20世纪50年代，建福门已处于城市街道之下，门址附近还建有房屋，考古工作无法开展，门基的范围也未知。2008年大明宫遗址公园项目启动，建福门区域的现代建筑被拆除，门址的考古勘探和发掘工作也得以开展。

经过艰苦的考古工作，建福门这座门址逐渐显露真容。遗址埋藏在地表下0.5~1.2米，唯残留有夯土城门基址。基址东西长约36米，南北宽约18米，共三门道。门道建筑形制相同，宽度皆5米左右。门道两壁立排柱，形成木构架"过梁式"门道。当年的木柱已毁，础石也大都破坏无存，唯在中门道南端及西门道东侧残留5个础石。础石为方形，边长0.6米左右，中有榫眼。门道内仍残存有少量路面。在门址内东侧城墙处，考古发现有上城楼的马道（即慢道，后同），东西长20米左右、南北宽3.5米左右。

2.建福门的功能

建福门主要是百官上朝、退朝出入的宫门。大明宫虽然有很多的宫门，但是供百官上朝、退朝出入的其实也只有建福门和丹凤门东侧望仙门两座门址，而建福门则是最主要的。关于这一点史书有不少记载。如"甘露之变"失败后，宦官出动神策军大杀朝官，次日，"百官入朝，日出，始开建福门，惟听以从者一人自随，禁兵露刃夹道"。[①]这一切都说明建福门是以宰相为首的百官入朝之门。也正因如此，长安城内官民有事，也都多聚于建福门。如德宗时，严郢为京兆尹，因与宰相杨炎不和，杨炎指使御史劾其不轨，严郢被扣押在金吾仗院。严郢素得百姓拥戴，"京师百姓日数千百人，将诣阙救郢于建福门。德宗微知之，乃削郢兼御史中丞。百姓知郢得不坐，皆迎拜，喧呼声闻数里"[②]。

3.建福门外的百官待漏院

文献记载，建福门外两旁为百官待漏院，是文武百官上早朝前休息的

---

① （宋）司马光：《资治通鉴》卷二四五。
② 《册府元龟》卷六八三《牧守部·遗爱二》。

地方。

宪宗元和二年（807年）以前，建福、望仙等门黄昏时关闭，五更时开启，与长安城内诸坊门是一样的。至德年间，有吐蕃囚徒从关押的金吾仗中逃亡，所以肃宗下令早晨开门的时间推迟，宰相及百官均在附近的太仆寺停车坊休息待漏。元和二年六月，宪宗诏令各部门根据班品在建福门外修建"待漏院"，于是上早朝的官员可以在进宫之前，少受些风霜之苦了。2008年考古工作时，在建福门外（南）靠近门址两侧考古发现了大片夯土遗迹。夯土基址平面方形，边长16米左右。这可能就是文献中记载的建福门外百官待漏院遗迹。如今大明宫国家遗址公园内的建福门遗址已经进行了基址本体砌砖保护和部分复原展示，在门外还建有展示唐代官员入朝场景的群雕。

（二）望仙门

望仙门位于丹凤门东侧430米左右，与建福门东西相对称，也是官员们出入大明宫的主要通道之一。

2008年，望仙门周边大部分现代建筑被拆迁后，考古人员对其进行了考古勘探与发掘。望仙门遗址保存较差，保留的夯土城门基址东部残缺不全，考古试掘工作只揭露出望仙门遗址东墩台以西部分，遗址的东墩台与东门道现仍被现代建筑占压。门址基址东西长33～35米、南北残宽18米左右，共三门道，各门道宽5米左右，门道内的础石都已破坏无存。在城门内西侧城墙处，考古发现有上城楼的马道，东西残长19米、南北宽3.2米。

望仙门和建福门一样，门上亦建有楼观。德宗贞元十二年（796年）八月，增修望仙门。敬宗时，为了看戏，又在门侧造看楼10间，文宗即位后又毁之。望仙门内之东，还建有雅乐乐具原。望仙门亦是百官早朝必经之处。《唐国史补》卷中载："旧，百官早朝，必立马于望仙、建福门外，宰相于光宅车坊，以避风雨。"然而从史籍的记载情况看，百官入宫自建福门者居多，经望仙门者极少，且宰相等既然避风雨于光宅坊的太仆寺车坊，若又从望仙门入宫，岂不是舍近求远？故最有可能的是唐代建立大明宫之初，望仙、建福二门皆许百官出入，后来规定百官自建福门出入，其他人员则就自然从望仙门出入。那么，哪些人员从望仙门出入呢？从史籍记载的情况看，应是军职人员、伎乐、僧道和其他人员。①

因为唐代前期，左神策军驻地距望仙门不远，故军职人员经常出入此门。另外，左右金吾卫有仗院设于大明宫望仙、建福门内，故其人员也应以此门为出入之所。还有日本僧人圆仁，其到长安后，欲见功德使、左神策军中尉仇士良，"僧等随巡官入使御，从寺北行，过四坊，入望仙门，次入玄化门……"云云。②

如今大明宫国家遗址公园内的望仙门遗址已经进行了基址本体砌砖保护和部分复原展示，与建福门类似，望仙门外也建有百官入朝群雕。不同的是，建福门外是武官入朝群雕，望仙门外是文官入朝群雕。可能这是规划部门向大众展示文武官员从丹凤门左右入朝的含义。但这只是一种说法而已，无据可证。研究表明，大明宫建成初，官员入朝走望仙门、建福门均可，唐代中晚期，上朝的官员实际上多走建福门。

三、见证隋唐长安城门制度变化的兴安门

（一）兴安门遗址的考古发掘

兴安门位于大明宫西南角，是大明宫南宫墙上的五座门址（从西向东依次为：兴安门、建福门、丹凤门、望仙门、延政门）之一，东距建福门220余米（图4-20）。

兴安门最初发现于20世纪50年代末期，当时只是进行了考古勘探，基本确定了兴安门遗址的位置。2009年4月至7月，为配合大明宫国家遗址公园的建设，考古工作者对兴安门遗址进行了发掘（图4-21、4-22）。

---

① 杜文玉：《大明宫研究》，中国社会科学出版社，2015年。
② [日]圆仁：《入唐求法巡礼行记》卷三。

考古发掘时兴安门门址上部建筑已毁，唯残留有门址的墩台夯土基址。发掘出的门址至少可分为早、晚两期，两期门址的形制明显不同。

兴安门晚期门址：叠压于早期门址之上。门址平面方形，坐北朝南。有两个门道。门址范围东西28米、南北18.9米（图4-23）。外壁包砖，但大多已破坏无存，唯在门址南侧留有砌砖残迹（图4-24）。两个门道形制相同，宽度均为5.85米，门道中部设石质门槛，在两门道的南端还残留有础石。登门楼的马道位于城门内东侧（墙北）处，宽3.8米左右。

兴安门早期门址：叠压于晚期门址之下。门址平面方形，坐南朝北（即与晚期门址的朝向相反）。门址范围东西约39米、南北约19米，三个门道，门道宽度均为5.4～5.9米。马道位于门内（城墙南）的墩台西侧近城墙处。早期的兴安门遗址由于叠压在晚期门址之下，因此未进行全面揭露发掘。

研究分析表明，早期"一门三道"的兴安门，应属于"城门"。按照当时礼制与建城规划，与其他郭城城门建制相仿，为三个门道，其最初功能为北垣上出京城入禁苑的一座"城门"。晚期"一门二道"的兴安门则应属于"宫门"。贞观八年（634年），大明宫开始营建，至龙朔三年（663年）建成并使用，兴安门此时东依大明宫、西依西内苑，被"限定"在大明宫西城墙与西内苑东墙之间，成为大明宫城门之一。

兴安门在门道变化的同时还有门向的变化，同一座城门在不同时期既有等级又有门向的变化，这对于隋唐长安城以及大明宫的研究来说非常重要。兴安门作为大明宫当中唯一一座历经隋唐两代的门址，它不仅见证了隋唐长安城城门制度的变化，[1]而且这座城门所承载的历史信息对于研究都城发展、演变等，均不可替代。

---

[1] 中国社会科学院考古研究所西安唐城工作队：《西安市唐长安城大明宫兴安门》，载《考古》2014年第11期。

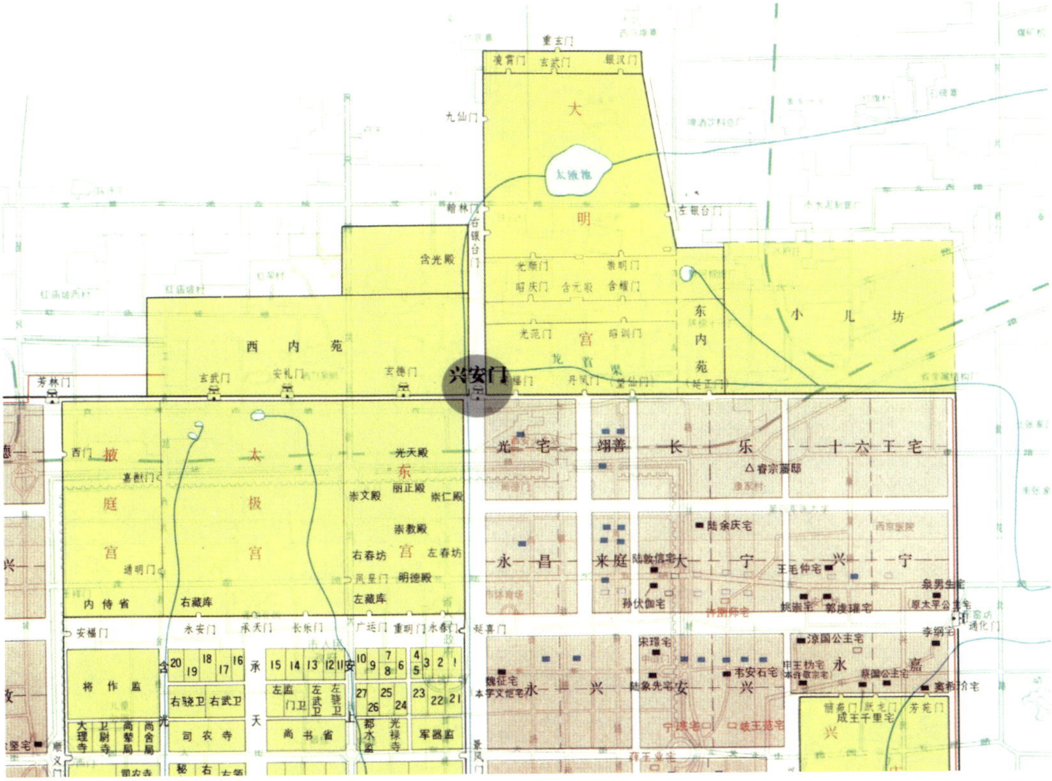

图4-20　唐长安大明宫兴安门位置示意图

图4-21　兴安门遗址考古工作场景

图4-22　兴安门遗址考古工作照

图4-23　兴安门晚期门址

图4-24　晚期兴安门隔墙南部

（二）兴安门的功能

兴安门最初建于隋开皇三年（583年），时为隋大兴城外郭城北墙东段的一处门址，为郭城入苑之北门，与启夏门南北相对，是隋与唐初时出入京城与城北禁苑的主要门址之一。唐太宗贞观八年（643年）大明宫开始修建，至高宗龙朔三年（663年）大明宫建成使用时，兴安门被纳入大明宫的门址之一，是通往大明宫翰林院、大明宫后宫的重要门址。

兴安门作为大明宫的宫门，除了进出大明宫之外，唐代皇帝还多在兴安门举行献俘活动。如宪宗元和元年（806年）十月，平西蜀献俘刘辟；二年（807年）十月，平浙西献俘刘辟；十二年（817年）十一月，平淮西献俘吴元济；武宗会昌四年（844年）八月十八日，平泽潞献刘稹之首，皇帝都是登临兴安门受俘。时大陈甲士旌旗，文武百官序立门外左右，群臣、宗亲、蕃使等皆在楼前立班称贺，仪式极为隆重。

当年，太平公主从这里风光出嫁。公元681年，太平公主乘着奢华宽大的婚车，从唐长安城大明宫西南角的兴安门迈出了那座承载着自己少女时代无数美好回忆的宫殿。按照唐朝风俗，婚礼都在晚上举行，太平公主那场举国瞩目的婚礼也不例外。以这座宫门为起点，婚车从兴安门出大明宫至长安城东南的万年县馆，一路上点燃的火炬形成了一条火龙将长安城照得灯火通明，甚至将道路两旁的槐树都烤得焦黑……这是唐代自建立以来，第一次举办如此隆重而奢侈的超豪华婚礼。据《新唐书·公主传》记载："假万年县为婚馆，门隘不能容翟车，有司毁垣以入，自兴安门设燎相属，道槐为枯。"这恐怕也是兴安门自隋唐建成以来经历的最为风光的一次盛典了。唐末，兴安门毁于战火。

如今大明宫国家遗址公园内的兴安门遗址已经进行了基址本体砌砖保护和部分复原展示，在门东侧城墙内还建有中国书法艺术博物馆。

四、大明宫东、西大门——左、右银台门

左银台门和右银台门分别位于大明宫东、西宫墙的中部，两门相对而

望。是出入大明宫东、西宫墙的主要门址,可谓大明宫东、西大门。

(一)左、右银台门的考古发掘

左银台门最初发现于1959年,当时通过考古钻探确认了门址的位置,2001年夏季西安唐城工作队在配合太华路西部建材城基建时对该门址进行了发掘。门址保存较差,发掘时惟保存有夯土门基。门址南北长20.2米,东西宽13.2米,外砌包砖,包砖宽度不详。该门址只有一个门道,门道宽6米,进深13.2米。门道内两侧的柱石及门槛等皆破坏无存,但在门道中部两侧各发现有一边长1.1米的方形础坑,应是城门位置所在。据文献记载,门址上部建有门楼,并于唐宣宗大中二年(848年)进行过修缮。[①]

右银台门于1959年进行了考古发掘,门址的结构亦是一个门道,门基座18米,宽12.5米,两侧砖壁已破坏,仅有一些砖基痕迹,所有石作皆已不存(图4-25)。门道宽5.9米,进深与门基座的宽度相同。门道两侧有础石、痕迹,中间原有门槛一道,现仅存沟痕。门道中间原有铺石的车轨道,因铺石被揭掉,形成两条平行的沟槽,其宽度为1.3米多,与其他门址内的车辙宽度相同。此门也被火烧过,门道为坚硬的红烧土,并有一些灰烬的痕迹。

(二)左、右银台门的功能

左银台门位于大明宫东面,其近有夹城,可直通兴庆宫与曲江风景区。唐玄宗开元时修夹城,北通大明宫,南达曲江。因此,该门址是皇帝前往兴庆宫、曲江之门。因为"自左银台门西入,历温室、浴堂殿、绫绮殿而后至紫宸殿"[②],出入十分方便。此后穆宗、文宗前往兴庆宫向太后上寿,都是出左银台门通过夹城前往的,前往曲江亦是如此。另据文献记载,在左银台门东侧附近驻守有左羽林军、左龙武军和左神策军等北衙

[①]《旧唐书》卷十八下《宣宗本纪》:"(大中)二年春正月壬戌……神策军修左银台门楼、屋宇及南面城墙。"

[②](宋)司马光:《资治通鉴》卷二二一。

三军（图4-26），肩负保卫大明宫安全的重要职能。此外，左银台门平时还供杂役人员出入。唐敬宗时期，大明宫曾经发生过一次叛乱。一个叫苏玄明的算命先生给在大明宫染坊的役夫张韶算了一卦，说他可以"升殿而坐"，到清思殿上吃酒。张韶对此深信不疑，遂纠集百余恶少闲汉，共谋大事。他们将人和兵器都藏匿在装柴草的车子里，于长庆四年（824年）四月十七日黎明时分，从左银台门进入宫中，企图在夜晚作乱。因遭遇卫兵盘问，张韶恐怕事情败露，只能提前举事，取出兵器，向清思殿杀去。当时唐敬宗正在清思殿击球娱乐，听到喊杀声后惊恐不已，打算逃往九仙门。后在侍卫劝阻之下，奔到东南的左神策军军营避难。左神策中尉马存亮闻讯，当即把敬宗背入军营之中，并派大将康艺全率神策军入宫讨贼。直至当天深夜，叛乱才被平息。[①]由此可以看出，左银台门对于大明宫的安全防卫有非常重要的作用。如今坐落于大明宫国家遗址公园东北部的左银台门遗址已经进行了保护和复原展示（图4-27），依然还能感受到唐代宫门的威严。

右银台门相对于左银台门而言，要繁忙得多，是百官、使者、宦官和宫中其他人员经常出入之门，也是大臣上表、进奉贡物、奉诏入对、臣民诉冤等的必经之地。百官上朝要从建福门入宫，平时晋见皇帝则往往自右银台门出入。文献中这方面记载良多，如代宗大历十年（775年）二月，"昭义军节度留后薛嵩以失守，至自相州见于银台门之内殿"[②]。这里指自右银台门入宫见皇帝于内殿。李白诗云："承恩初入银台门，著书独在金銮殿。"[③]这里所指的也是右银台门，因为李白做过翰林待诏，而翰林院就置于右银台门内。右银台门也是贡品的出入之门。史载宪宗虽下诏禁各地进献，然贡品到京时亦不拒绝，此举遭到翰林学士钱徽的谏止，

[①]《旧唐书》卷一七上《敬宗纪》。
[②]《册府元龟》卷四一《帝王部·宽恕》。
[③]《全唐诗》卷一七〇《赠从弟南平太守之遥二首》。

 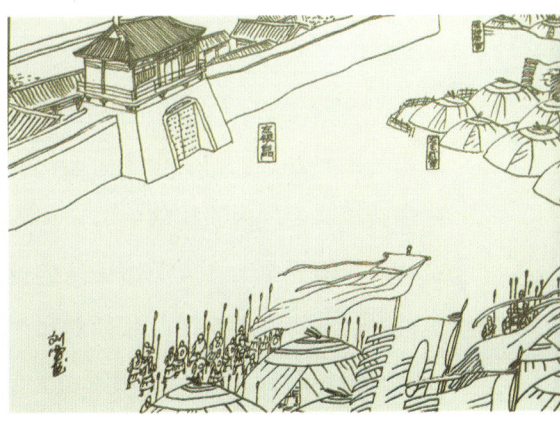

图4-25 1959年考古发掘出的右银台门遗址　　图4-26 左银台门东侧北衙三军驻军示意图

图4-27 大明宫国家遗址公园中的左银台门遗址

是"帝密戒后有献毋入右银台门,以避学士"[①]。可见平时贡物都是通过右银台门送入宫中的。此外,给皇帝的上表和文状往往都是通过右银台门传送的。右银台门还是各国、各族使者晋见皇帝的场所。据《册府元龟》记载:大历八年(773年)四月,"渤海遣使来朝并献方物,回纥遣使阿德俱裴罗来朝,引见于右银台门"。同年六月,"回纥遣使罗仙阙等来朝,引见于右银台门"等。由于右银台门具有如此之多的功能,因此在这里设置有门司,置官负责接待臣下、使者并受理各种表章和诉状。同时这里还

---

① 《新唐书》卷一七七《钱徽传》。

置有禁军仗舍，以负责此门的安全事务。另外在右银台门外还设有"客省"官邸，专门负责接待四方奏计及上书言事者。自代宗永泰年间开始，从各地来到京城向朝廷察报情况而未及时返回的官员，以及一些少数民族进京办事而品阶较低者，都住宿在客省内，常常有数百人。史载这批人每年需要耗费廪料一万二千斛，实在是一笔不小的支出。为此，德宗上台执政后于大历十四年（779年）七月下令清理了住在客省的此类人员。

五、大明宫的其他门址

1.九仙门

在右银台门之北约750米处。门址大小与右银台门相同，门向西通往西夹城，门道内还发现了当年的石门槛和础石等。此门外是右三军的驻地，因此当皇帝需要面见禁军时，往往出九仙门见之。元和十五年（820年），刚刚上台的穆宗在把皇太后移至兴庆宫起居后，便经常到右军去，多次登上九仙门楼，观看军营中的角抵和杂戏。[1]德宗的长子李诵，父亲死时自己正患重病，终日卧床，中风不语，所以德宗发丧后朝野内外人心不安。为了控制局面，他勉强挣扎着来到九仙门城楼上，穿着一身孝服接见了文武百官，使宫廷政局不致祸起萧墙。这一年的三月，他还下令将300名宫女放出三大内，回归家园，又在九仙门放出掖庭宫、教坊女乐600人，召其亲族领回家中。又由于九仙门距内宫最近，故凡与内宫事务有关的人员，多经此门出入。

2.玄武门与内重门

玄武门是大明宫北垣正门，位于北垣中部略偏西处，发掘于1959年。门址东西长34.2米，南北宽16.4米。墩台为黄土版筑，外砌包砖，包砖厚0.7米。包砖外侧有砖铺砌的散水，散水宽1.5米。门道位于墩台中部，系单门道结构（图4-28、4-29），东西宽5米左右。在门道中部有制作光滑平整

---

[1]《旧唐书》卷十六《穆宗本纪》。

的门限一道，门限东西残长1.86米，南北宽0.24～0.28米，高出门道地面0.3米，门限上凿有便于车辆通行的辙沟二道，二辙沟间距（车轨距）1.36米。门道两侧为高起的"梯形"夯土门楼基座，门楼已毁，仅剩基座。周围砌有砖壁。2009年在大明宫遗址公园项目中，考古队又发掘出玄武门东、西两侧的马道遗迹。玄武门发掘出土的文物多为砖瓦等建筑材料，其中1959年发掘出的鎏金环首器是大明宫最具特色的出土文物之一。

内重门：在玄武门以南20米，还有与玄武门相对的一个3间平房穿堂式门址（图4-30），称内重门。内重门东西广15.6米，南北进深11.5米，门两侧筑有宽仅2米的夯土墙，夯土墙各向两侧延伸并北折与大明宫北垣相接，对玄武门形成环抱式。内重门的建筑设置，各文献均无记载，从考古发掘情况来看，它是与玄武门同时修建的，唯形式简单，是研究唐代门卫制度的重要资料。

3.重玄门

位于玄武门正北156米的夹城处，门址保存相对较好。1959年考古工作者对门址进行了发掘（图4-31），发掘时门址两侧的夯土门楼基座尚高出现在地面4米多（图4-32）。门址东西长33.6米，南北宽16.4米，周围亦砌有砖壁。门基座的内外两侧均有散水，散水外接砖壁，宽度0.8米。门址结构也是一门道，宽5.2米。门道两边各有0.5米见方的础石11个，南北平行。门道中间有做工考究的青石门槛三道。在重玄门东西两侧的夹城内，有沿夹城修建的一排厢房，门外还发现有建筑遗址，可能就是文献中所载的饲养禁马的"飞龙厩""骥德殿"等。"飞龙厩"是飞龙兵（骑兵）安置马的地方。宝应元年（762年），宦官李辅国、程元振发动兵变，以兵护太子匿于飞龙厩，捕杀肃宗张皇后与越王李系，可见门址附近是有军队的，其主要责任就是保卫玄武门的安全。

如今的大明宫玄武门、内重门和重玄门位于大明宫遗址公园的北部。从今大明宫遗址宫城东北角的骆驼岭向西沿着北宫城墙行走，远处一座高

图4-28　1959年发掘的玄武门遗址

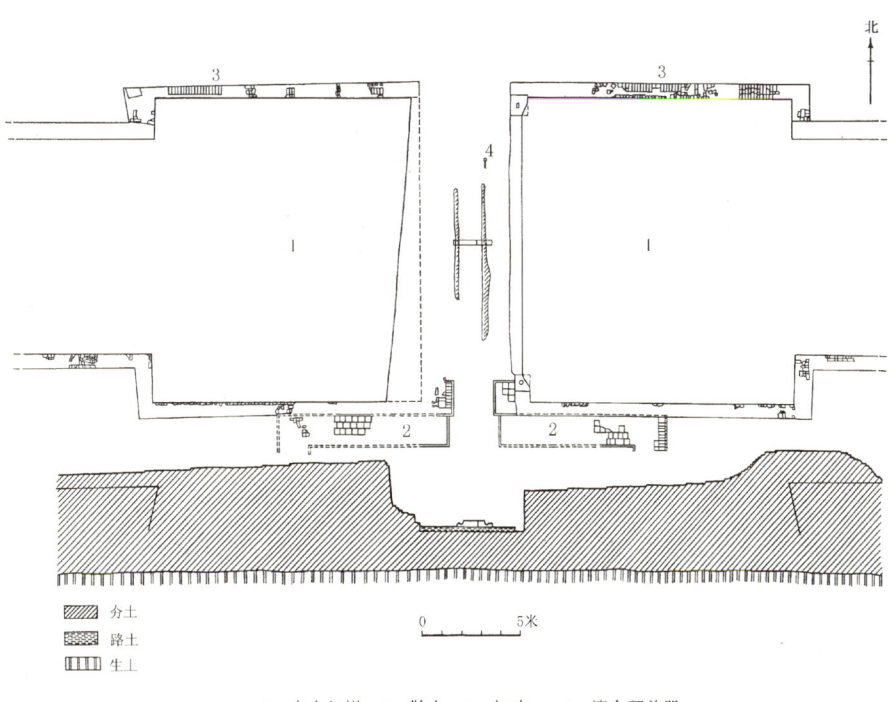

1、夯土门墩　2、散水　3、包砖　、4、鎏金环首器

图4-29　玄武门遗址考古平面图

图4-30 内重门遗址

图4-31 1959年重玄门遗址发掘场景

图4-32 考古发掘出的重玄门遗址

图4-33 大明宫国家遗址公园中的重玄门遗址

大的由青砖包裹的建筑，就是玄武门遗址。而在其北面有一座由黄色材料半包裹的建筑，就是重玄门（图4-33）。两门之间东西有廊，似一瓮城。傅熹年先生曾据考古发掘的材料对玄武门和重玄门进行了复原，[①]从复原图上我们依旧还能领略到唐代宫城门的风采！

4.银汉门

位于玄武门以东385米处。门址狭窄、无门基、无础石，仅有一个门

---

①傅熹年：《唐长安大明宫玄武门及重玄门复原研究》，载《考古学报》1977年第2期。

道，门道也是直接将宫城墙开一豁口所成，宽度2.2米。门道两侧各砌有0.35米厚的砖壁。门道中间南北长1.2米的一段铺方石块，向外均是铺砖三层，砖道中间隆起（图4-34）。在铺石的两侧，均砌有石壁一层，石壁南北长1.45米，两石壁相距0.9米，较两侧砖壁各收进0.3米。门道北口内，亦有同样形式的砖壁，其距离较宽，为1.2米。南口已被破坏，是否与北口相同，已无从得知。此门址的城门在何处，尚无定论，但从门道中间的石壁和北口拐进的砖壁来看，很像是城门所在，但未发现门枕石。如果此处是城门所在，那么至少有两重门，南口也可能还有一重门。

5.青霄门

又名凌霄门。位于玄武门以西355米处，距大明宫西北城角195米。2008年前，此门址位于坑底寨村内偏北的道路旁边（图4-35）。据探测的情况，此门的大小、形制与玄武门东侧的银汉门基本一致。《旧唐书·代宗本纪》卷十一载："宝应元年四月……中官李辅国、程元振……乃勒兵于凌霄门，俟太子至，即卫从太子入飞龙厩以俟其变。"

6.含耀门

唐大明宫含元殿以东出入宫廷的主要宫门之一，位于含元殿东侧第二道宫墙的中部偏东，北对第三道宫墙的崇明门，南对第一道宫墙的昭训门，西距含元殿遗址222米，于1987年进行了考古发掘（图4-36）。门址坐南朝北，东西长26.4米、南北宽12.5米。有东、西两个门道，东门道宽5.15米，西门道宽4.95米。两个门道之间有隔墙一道，隔墙南北长12.5米，厚3.9米。门道内两侧的础石及门槛等发掘前早已破坏无存，但础石的坑位尚存。在含耀门南，由门墩两端向外各6.7米，东、西各有一道向南去的夯土墙址，墙的北端与门址两端的宫墙衔接。墙宽4.5米，两墙东西相距约40米，形成一条南北胡同式的街道，将左右的建筑予以隔绝，形成封闭式格局，从而更突出了大明宫的中轴线的形制。①

---

① 中国科学院考古研究所西安唐城工作队：《陕西唐大明宫含耀门遗址发掘记》，载《考古》1988年第11期。

图4-34 考古发掘出的银汉门遗址

图4-35 青霄门遗址(2004年)

图4-36 考古发掘出的含耀门遗址

当年发掘者在《陕西唐大明宫含耀门遗址发掘记》简报中提出"含元殿东第二道宫墙上的门址是含耀门"之后,学界一直没有异议。笔者以前也没有注意到这个问题。2005年随着含元殿御道考古工作的开展,相继在含元殿南部新发现了水渠、桥梁、道路等遗迹。①笔者作为考古发掘现场负责人,在梳理与含元殿有关的文献与考古现象时,方才注意到,长期以来认为的含耀门并非在含元殿东侧,而是在宣政殿东侧。

据唐代韦述所撰《两京新记》记载:"紫宸殿在宣政殿北,即内衙正殿。紫宸殿前紫宸门,门设外屏,东崇明门(即紫宸门东),南出含耀门(即宣政门或宣政殿殿东)、昭训门(即含元殿东);西光顺门,南出昭庆门、光范门……"不难看出,含耀门与宣政殿或宣政门东西一线,而不是与含元殿东西一线。这一点在宋吕大防大明宫石刻图以及宋程大昌《雍录》"阁本大明宫图"中也是如此(图4-37)。

《两京新记》、宋吕大防石刻图及《雍录》是研究唐长安大明宫最为翔实可靠的文献资料。我们从中均可证实:含耀门当与宣政门东西一线,而非与含元殿东西一线,与含元殿东西一线的门址应是昭训门。

7.昭庆门

唐大明宫含元殿以西出入宫廷的主要宫门之一,位于含元殿西侧第二道宫墙的中部偏西,与含耀门东西相对称,其北对第三道宫墙的光顺门,南对第一道宫墙的光范门,西距含元殿遗址200余米。门址于1959年进行了钻探和试掘,东西长26.4米,南北宽12.5米。与含耀门相对应,昭庆门也有两个门道,但唯西门道可通行车辆。

---

①龚国强、何岁利、李春林:《西安市唐大明宫含元殿遗址以南的考古新发现》,载《考古》2007年第9期。

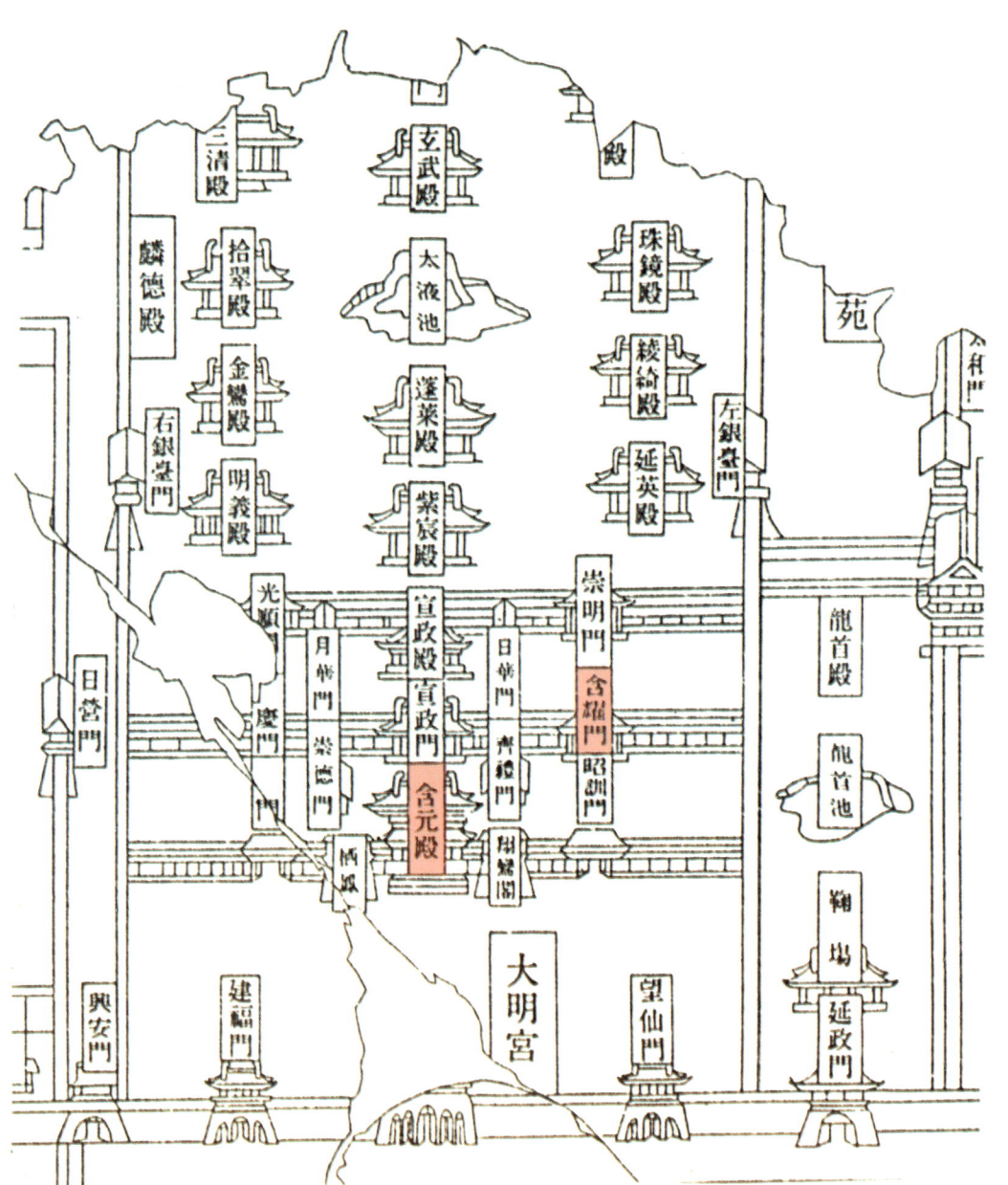

图4-37 宋吕大防大明宫石刻图中的含元殿与含耀门

宫 殿 考 古

宫殿是宫城王权的象征，集中体现了古代宗法观念、礼制秩序及文化传统，同时，一定程度上也反映了当时社会的主导思想、历史文化与意识形态。

说起大明宫的宫殿，首先要说的就是含元殿、宣政殿、紫宸殿，这三座宫殿是大明宫南部朝政区标志性正殿，也是朝政区的重心与轴心。朝政区所有建筑布局均以三大殿为轴心东西对称分布。而三大殿也是大明宫外朝、中朝与内朝所在。大唐皇帝听政和会见百僚，主要在这三座宫殿中进行。而盛大的庆典，则更多设在含元殿。除此之外，大明宫还有延英殿、含凉殿、太和殿、清思殿、三清殿等多座宫殿。

一、万国朝拜之地——外朝含元殿

从丹凤门进入大明宫，一座气象森严、巍峨壮丽的宫殿矗立眼前，这就是大唐帝国外朝含元殿。含元殿建于长安城北龙首原之上，殿址基台高出平地15米多，由此可以俯视整个长安城。

含元殿是大明宫中轴线上的第一座大殿，是举行元旦、冬至、即位、改元、大赦等重大仪式、庆祝节日的场所。每逢元旦，含元殿前站满了朝贺的文武官员。唐代诗人张祜在《元日仗》一诗中描写了当时的盛况："文武千官岁仗兵，万方同轨奏升平。上皇一御含元殿，丹凤门开白日明。"含元殿以其高台重叠、宫阙对置、殿阁宏伟而成为当时最为恢宏的殿址之一，有"身到含元殿，不需问长安"的美名。含元殿也是大唐王朝接受万国朝拜之地，每逢元日，友好部邦均派遣特使前来祝贺，时"千官望长至，万国拜含元"[①]，其王朝盛事，可见一斑。

---

① （唐）崔立之：《南至隔仗望含元殿香炉》。

(一)含元殿遗址的考古发掘

1.1959—1960年含元殿遗址考古发掘工作

这次考古发掘从1959年冬开始,至1960年夏结束,发掘了含元殿殿址、殿前左右两侧的翔鸾阁、栖凤阁及龙尾道局部。

含元殿遗址:考古发掘时宫殿上部的建筑早已无存,仅残留有宫殿基址。基址是建在高出周围地面13米多的一个长方形的夯土台基之上,东西长75.9米,南北宽42.3米。殿东西广11间,进深4间,每间广约5米(图4-38)。基址上宫殿的东西两山墙多已残毁无存,仅东北角尚保存少许残迹。北墙只残存有高0.2米左右的墙基。墙均是夯筑的土墙,厚1.3米。在殿之四周还各有较小的直径70厘米的圆形柱坑两排,当是殿周围附属建筑的柱坑痕迹(图4-39)。在台基两端稍偏北的地方,各有一延伸的廊道,与殿东西两侧的翔鸾、栖凤二阁相接,殿的北面亦有向北去的平行的廊道两条,两廊东西对称,相距27米许,这或是通往宣政殿的廊道。

翔鸾阁与栖凤阁:含元殿东南、西南两端30余米处各有一阁且东、西相对,东为翔鸾阁、西为栖凤阁。考古发掘时仅存长方形的夯土台基。台基高出南面平地15米多。保存较好的翔鸾阁,其台基东西长24.5米,南北宽13米。入阁的台阶道在阁的北面,由台阶道向北建有廊,其北端与含元殿外出之廊相接。在相接的里边(西侧)有一向北去的门,可能是通乾门遗址。栖凤阁保存较差,形制与翔鸾阁相同。

龙尾道:位于含元殿的南面,是南北向的三条平行的斜坡台阶道,长约70余米。

1959—1960年的发掘取得很大成果,并在学术界引起很大反响。古建筑学家们对唐含元殿进行了复原研究(图4-40),其中傅熹年和杨鸿勋的复原在社会上很有影响。[①]

[①] 两位先生的研究成果分别见:傅熹年《唐大明宫含元殿原状的探讨》,载《文物》1973年7期;杨鸿勋《唐大明宫含元殿复原研究》,《庆祝苏秉琦考古五十五周年论文集》,文物出版社,1989年。

图4-40　杨鸿勋先生绘制的含元殿遗址复原图

图4-38　1959年发掘出的含元殿址

图4-39　含元殿北侧的墙基与础坑

2.1982年东朝堂遗址的发掘

朝堂在含元殿前东、西两侧平地上，分别称为"东朝堂"和"西朝堂"。其中，东朝堂位于翔鸾阁南面平地上；西朝堂位于栖凤阁南面平地上。两座朝堂的位置东西对称，北距两阁均30余米。东朝堂的考古发掘是在1982年秋季进行的。因西朝堂遗址大部被现代建筑占压，只发掘了东朝堂遗址。发掘的结果表明，东朝堂曾经过改建和扩大，遗址有早晚两期重叠使用现象，对此，文献上未见记载。

据考古发掘可知，早期朝堂建筑比较简单，只是一座大型庑殿和一道东西向的墙垣。朝堂坐北向南，基坛残存0.3~0.6米，平面形状呈长方形，东西长73米，南北宽12米多。基坛周围砌砖壁，外铺砖散水一周。据基坛的面积推测，朝堂面阔约15间，进深约2间。在南侧有踏步三处，间距均为24.15米。

在朝堂东端的中间，有一道宽2米的版筑土墙直向东去，发掘长达87

米，尚未到尽头。再向东10余米即抵含耀门南街，估计此墙的东端很可能与含耀门街西之南北向墙相接，所谓的"侧门"可能就在此处。由朝堂东出侧门，稍南即是昭训门，再南即出望仙门。百官由望仙门入朝，这一东西向的墙即起着隔开北面宫廷的作用。

晚期的朝堂基址，是在早期的基址上重建的，但向东移了16米多，并向北展宽4米。又在西端北侧向北新建了一排廊庑，南北长43米多（北端被现代路沟破坏了一部分），东西宽10.4米。台基两侧未发现踏步，只有散水的遗迹。

改建后的朝堂比早期的朝堂缩短了5米左右，长为68米多，南北却展宽16米，朝堂面阔可能是13间，进深约3间。南侧沿用了早期的两个踏步，为左、右阶。

东端向东去的版筑夯墙这时被废毁，改建为廊。廊址的台基宽7.5米，东西长73米。廊址两侧铺有散水，看来这时百官入朝可由廊内直达朝堂。①

3.1995—1996年含元殿遗址的发掘

1994年，中国政府、日本政府、联合国教科文组织确立了合作保护含元殿遗址项目，1995—1996年，中国社会科学院考古研究所在安家瑶的主持下又对含元殿遗址进行了第二次发掘（图4-41、4-42）。

此次考古发掘从1995年春开始至1996年秋季结束，历时近两年。发掘面积达27 000平方米。这次发掘较为全面，对含元殿的柱网布置、大台形制、龙尾道位置、建殿时的砖瓦窑址、殿前广场、含元殿与朝堂的相对位置等问题有了新的认识，也为该遗址保护工程方案的设计和实施提供了可靠的资料。②

①含元殿建筑群遗迹

含元殿作为一建筑群体，包括殿堂、两阁、飞廊、大台、殿前广场

---

①马得志：《唐长安城发掘新收获》，载《考古》1987年第4期。
②中国社会科学院考古研究所西安唐城工作队：《唐大明宫含元殿遗址1995—1996年发掘报告》，载《考古学报》1997年第3期。

和龙尾道。考古发掘除殿前广场揭露了一部分外,其余部分全面揭露(图4-43、4-44)。

此外,根据勘察需要,对1982年已发掘的东朝堂北伸廊道部分也进行了重新揭露。

殿堂:殿堂坐北朝南,是这一建筑群体的中心建筑,位于遗址中部偏北的高台上。考古发掘出了残留的殿阶基、柱网、踏道等遗迹。

殿阶基:含元殿的殿阶基不仅四壁早已坍塌无存,殿阶基内的夯土也严重流失,残存的殿阶基夯土露出唐代地面部分被破坏成似覆斗形,现存夯土总厚度5.2米。殿阶基底部石砌包壁,大多已损毁,加上包壁,殿阶基复原后东西长76.8米、南北宽43米。殿阶基四壁下铺有散水,保存较好。另外,殿阶基内的夯土基础发掘出两排20个础坑,其下夯土里还发现埋有石块。清代文人王森文将这类石块称为"承础石"。这些石块都深埋在夯土之中,由四块方形石平铺而成(图4-45)。殿阶基夯土里承础石的发现,为我们了解含元殿的柱网布置提供了进一步的资料。

柱网布置:殿基础石绝大部分已无存。唯殿基西南角有散落的一巨型础石。我们根据夯土内四排承础石的位置和东墙、北墙的残迹,可以确定含元殿殿堂面阔11间,中间9个开间大小相同,都是东西长5.35米左右。含元殿殿堂的东、西、北三面为版筑夯墙。夯墙内未发现础痕,夯墙下的夯土里也未发现承础石。殿堂四周有一圈副阶回廊。

踏道:由于遗址破坏严重,登殿的踏道保存得很差,尤其是殿阶基的南侧和东侧,几乎没有遗留下踏道的痕迹。西侧南端似设有一踏道,北侧的两条踏道的形制尚比较清楚,正对殿堂的第三间和第五间。踏道东西宽4.2米,南北长10.3米。

翔鸾阁:位于含元殿址东南30米,为一高台建筑,仅存残留部分夯土台基和一小部分阁下墩台。阁基用纯净黄土层层平夯而成。夯土阁基的南部和东部均已破坏,仅残存母阙和母阙东侧的一个子阙。子阙与母阙相连,是一次夯筑成的。母阙夯土基部平面呈长方形,东西长18.4米、南

图4-41 1995—1996年含元殿遗址发掘场景

图4-42 含元殿发掘现场诸多专家研讨发现的考古遗迹（左三安家瑶、左四为马得志）

图4-43 1995—1996年含元殿遗址发掘鸟瞰

图4-45 殿基础石下夯土中的"承础石"

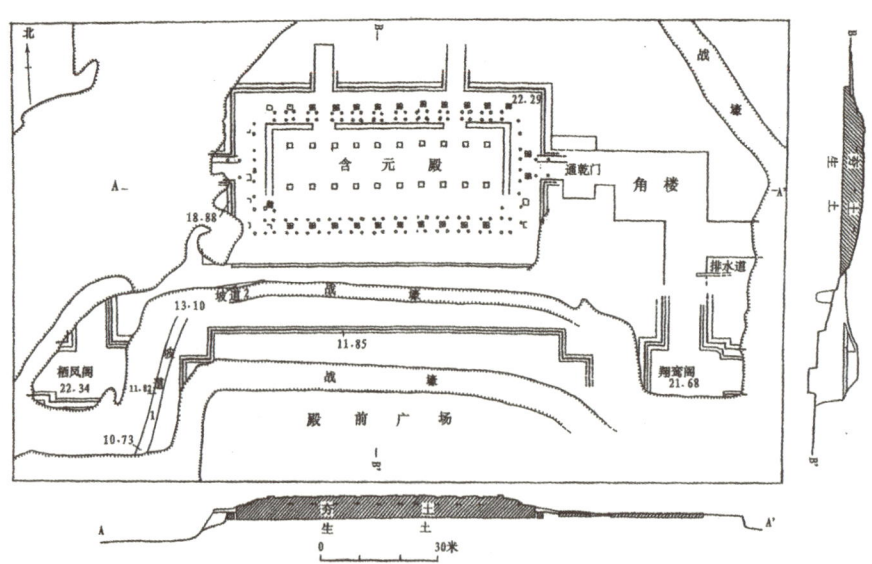

图4-44 1995—1996年含元殿遗址考古发掘平、剖面图

北残宽12.65米。阁基四周原包砌着砖石，现仅残存少量的夯土与包壁之间的填充砖石碎块。

栖凤阁：位于殿堂西南30米，与翔鸾阁东西对称。栖凤阁的形制与翔鸾阁完全相同，只是方向相反。现存阁基夯土高3.43米，比保存的翔鸾阁夯基稍高。栖凤阁与翔鸾阁虽然只残留有基址，但通过唐代壁画所描绘的阙楼形象（图4-46），我们仍可直观感受到栖凤阁与翔鸾阁的模样。

图4-46　唐代壁画中的阙楼

三层大台：文献有含元殿建在三层大台之上的记载，但具体形制及三层大台的标高不甚清楚。1995—1996年的考古发掘揭露了殿堂以南120米内的范围，搞清了自下而上的第一层大台底部标高及部分形制，以及第二层大台台面标高和第三层大台即殿阶基等问题。

第一层大台呈倒"凹"字形，位于殿址以南16余米处，东西向，大台的东部和西部向南伸出。大台台壁用砖包砌，其中一段保存较好。砖壁下为散水，宽0.71米。第一层大台的台面已破坏殆尽，高度不详。

第二层大台包括承载着殿阶基的台子和两个阁下墩台，其形状应该也是倒"凹"字形，但因四周边缘均已破坏到生土，确切形制已不可知。

第三层大台即殿堂的殿阶基。殿阶基石砌四壁，内包夯土。殿阶基的台面高出第二层大台台面3.46米，高出第一层大台南壁下散水10.5米。

殿前广场：殿前广场即文献中的"含元殿庭"。第一层大台之南的广阔平坦的空地就是殿前广场。唐代元正、冬至的大朝会及阅兵、大酺等大规模活动都离不开殿前广场这个大舞台。

殿前广场的北部呈"凸"字形,北端最窄处东西长86.86米。《唐六典》卷七关于含元殿的原注曰:"南去丹凤门四百余步,东西五百步",这很可能就是殿前广场的范围。1995—1996年发掘了第一层大台以南东西宽60米、南北长90米的范围,属于殿前广场的一部分。殿前广场的地面是用不纯净的土填垫起来的,靠近大台南北宽30米的范围内还经过夯打,夯层厚薄不匀,越往南,夯筑的质量越差。广场自北至南,顺地势呈缓坡而下,坡度约为2度。在殿前广场上发现两处遗迹。一为夯土墩台遗存,东西长3.6米、南北宽1.5米、残高0.6米。这一墩台位于广场西南,墩台北壁距第一层大台南壁82.3米,墩台东壁距含元殿中轴线22.5米。另一处遗存是条砖包砌的夯土墩台,呈正方形,边长1.7米、残高0.24米。位于重修墩台以北14米处。这两处墩台遗存很可能是为大陈设时放置礼仪性用品而设置的。

龙尾道:殿堂与殿前广场之间发现坡道遗存两处,其中坡道1很可能与龙尾道有关。坡道1位于第一层大台西部的南伸部分,西临栖凤阁阁下墩台的东侧,坡道的土相当干净,有可能是砖道下的路土。东侧龙尾道应与西侧龙尾道对称,紧靠翔鸾阁墩台的西侧。遗憾的是,当年国民党挖战壕时将东侧龙尾道破坏殆尽。

东朝堂的位置:1982年秋,曾经对东朝堂进行过考古发掘,由于当时没有发掘含元殿遗址,东朝堂与含元殿的相对位置一直不是太清楚。1995—1996年的发掘又重新揭露了晚期东朝堂的台基北壁及北伸廊庑,解决了朝堂和含元殿遗迹的相对位置问题。晚期东朝堂台基西壁位于含元殿建筑群中轴线以东115米。北壁位于第一层大台中部南壁以南44米。

②修建含元殿时的砖瓦窑址

砖瓦窑址位于含元殿东北部,共发现21座,以坑道为中心分为三组(图4-47)。窑的形制基本相同,分为窑门、窑室和烟室三部分,这些

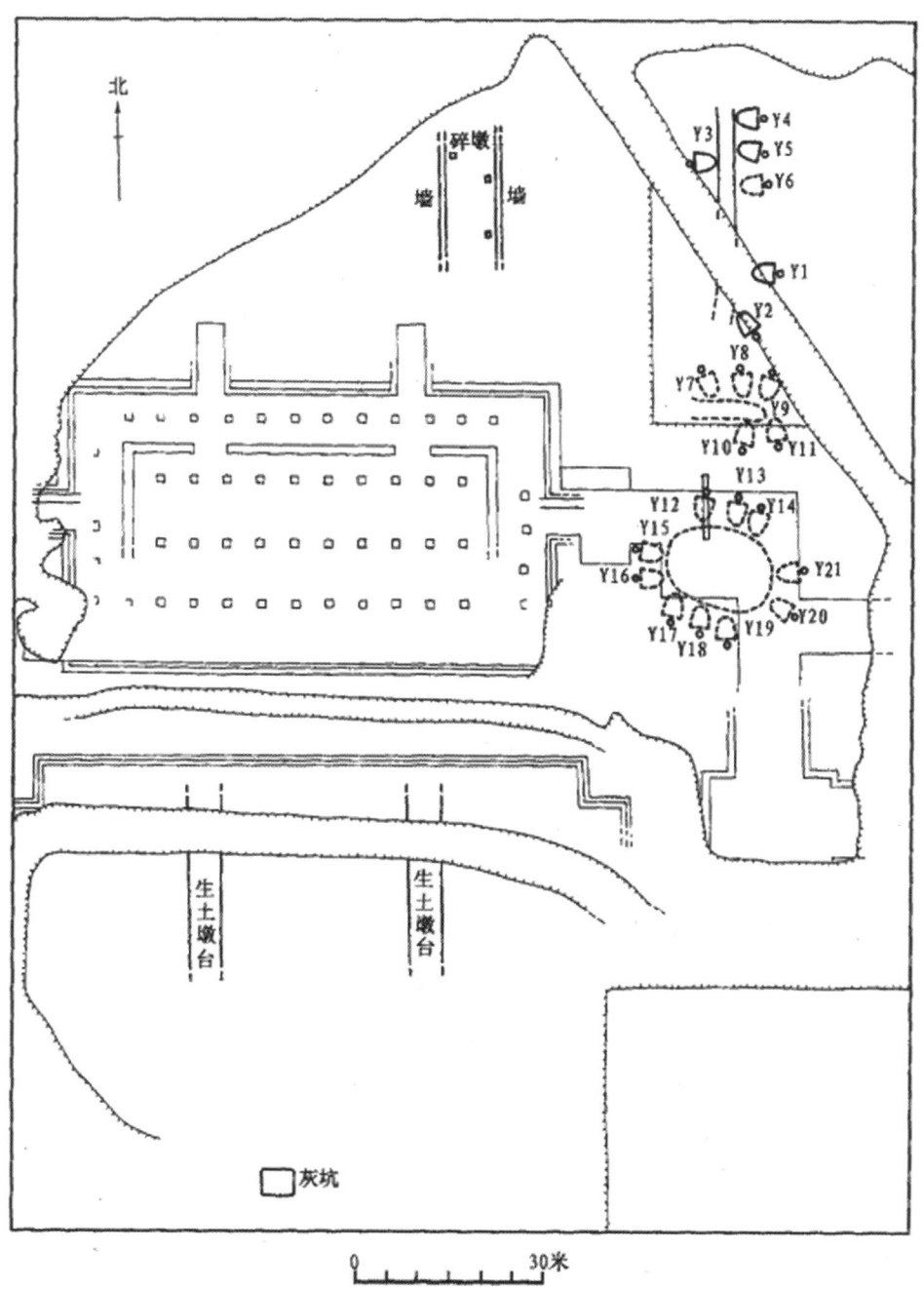

图4-47　含元殿址东侧的砖瓦窑址分布图

窑址出土的砖瓦与含元殿殿址出土砖瓦的尺寸、质量完全相同,特别是印有同一官匠姓名的砖,分别出土于窑址和殿址,证明了初建含元殿时所需的大量砖瓦是在殿址附近的砖瓦窑址上烧造的。烧造了足够数量的砖瓦后,封堵窑门,回填坑道,又在其上建造了东飞廊的附属建筑。初建含元殿时,所用工期不足一年,采用就地取土烧砖的方法,也是缩短工期、统筹安排的一个重要步骤。

③出土遗物

含元殿遗址出土遗物十分丰富,种类较多,可分为砖瓦、石制品、陶瓷器、铁器、铜器和其他共六大类。

以上三次的考古发掘工作,对含元殿遗址的研究和保护起了关键作用。考古发掘确认了唐大明宫含元殿遗址和东朝堂遗址,使这一遗址能够作为文化遗产永远留给后代。考古发掘获得了遗址包含的大量信息,使我们对含元殿遗址的真实性和完整性有了科学认识,特别是对含元殿的柱网布局、龙尾道的位置、大台的形制、建殿时的砖瓦窑址、殿前广场等问题都有了新的认识。考古发掘为下一步保护工程方案的设计和实施提供了可靠的资料。

4. 含元殿保护工程及相关考古工作

1994年,含元殿遗址保护工程确定为中国、日本和联合国教科文组织的国际合作项目(图4-48)。三方专家汇聚一堂,对此项工程的重要问题进行充分讨论。在三方专家会议上,各位专家坦诚地阐述自己的看法,不乏争论和讨论。但有一点是肯定的,含元殿遗址保护方案的提出和确定,使含元殿这一珍贵人类文化遗产得到了有效的保护。

1996年8月,杨鸿勋提交含元殿遗址保护工程初步设计,11月提交初步设计的修订稿。之后,中国社会科学院考古研究所唐城工作队根据国家文物局及中国专家的意见,对杨鸿勋的初步设计又做了修改,并最终得到国家文物局的批准。

经过多方、多次磋商,2000年前后,含元殿遗址保护工程启动。根

图4-48 中国、日本和联合国教科文组织国际合作含元殿遗址保护工程签字仪式

图4-49 含元殿遗址保护全景

据规划,主要是对含元殿殿址、翔鸾阁和栖凤阁夯土台基进行砌砖保护。2005年9月,含元殿遗址保护工程竣工(图4-49)。经过国内外各界人士的共同努力,含元殿遗址又以崭新的面目矗立于龙首原之上,保护工程成功地将含元殿夯土基址用砖石包砌,最大限度避免风雨侵蚀。

2003年前后,中国社会科学院考古研究所又配合含元殿遗址保护工程进行了相关考古工作,取得了一些新的考古资料。如栖凤阁补充发掘,发现了包砌阁台的砖基,又在含元殿窑址区域新发现了2座砖瓦窑址。2003年5月,在含元殿遗址拟建大明宫含元殿陈列馆的位置,即现在的大明宫遗址博物馆所在地,新发现并发掘清理了2座汉代墓葬(图4-50、4-51),并出土一些精美别致的文物,收获了大明宫沿革不可或缺的考古新资料。如今这里已经建起现代化的大明宫遗址博物馆,陈列展览大明宫历史发展及发

图4-50　大明宫遗址博物馆拟建范围汉墓清理工作照（2003年）

图4-51　大明宫遗址博物馆拟建范围发掘出的汉代墓葬（2003年）

图4-52　殿前广场2004年考古工作照

图4-53　殿前广场考古发掘出的地下排水渠道

掘出土的一些精美文物。

2004年1月，在配合含元殿殿前广场保护工程中（图4-52），还在殿前广场东南清理出一处地下排水渠道遗迹（图4-53）。该排水渠道由砖砌排水渠与陶水管衔接而成，渠道北高南低，水流方向为从北到南。另外，发掘出陶水管道的南部即为东西向的唐代龙首渠，所以该排水渠道应该是含元殿方向排入龙首渠的地下排水渠道遗迹。

（二）含元殿与外朝朝会

大明宫最重要的建筑无疑是含元殿、宣政殿和紫宸殿，这三大殿不仅构成了大明宫的建筑主体，同时也是大唐帝国的政治中枢，许多重大的决策都是在这些建筑中讨论决定的。三大殿还是唐王朝举行三朝（即外朝、中朝、内朝）朝会的场所。含元殿就是外朝朝会的重要场所，在一定意义上可以视为大唐帝国的象征。

朝会一般在每年的元日、冬至进行，规模盛大。另外，参加朝会的人数也很多，但含元殿殿内并不允许很多人进入，"每正至朝贺，宰相以下登殿者不过三十人"①。更多的人还是在殿前广场参加典礼活动。

1.元日朝贺

每年元日，基本都要举行盛大的朝会活动。元日朝会的内容和程序，《唐六典》中有详细记载："皇帝衮冕临轩……二王后及百官、朝集使、皇亲、诸亲并朝服陪位。皇太子献寿，次上公献寿，次中书令奏诸州表，黄门侍郎奏祥瑞，户部尚书奏诸州贡献，礼部尚书奏诸蕃贡献，太史令奏云物，侍中奏礼毕。然后，中书令又与供奉官献寿。时，殿上皆呼万岁。"②

此外，为了宣扬大唐声威，在元日大朝会上往往还会举行百戏表演，《全唐文》收录郑锡的《正月一日含元殿观百兽率舞赋》中就记载了百戏表演的情况："陈八佾象钩天之仪，舞百兽备充庭之实。彼毛群与羽族，感盛德而呈质。度曲既三，熏风自南。……辞曰：铄元会兮正王度，奏《云门》兮歌《大濩》。百兽舞兮四夷惧，于胥乐兮皇风布。"③

元日大朝会的内容还有百官谒皇太子、贺皇后及赏赐将士等。另外，在元日朝会上还会举行一些活动，如改元、上尊号、大赦、授外夷官等。

2.冬至朝贺

每年冬至在含元殿举行的大朝会亦是外朝听政的形式之一，其规模和仪式之隆重大体与元日朝会相当。在元日朝会时皇帝服衮冕，而冬至却服通天冠；元日朝会时有诸州贺表，献祥瑞、贡献，而冬至无之。这就构成了其与元日朝会的小小差异，至于百官向皇太子献寿之事，则与元日朝会完全相同。

---

① （唐）颜真卿：《正议大夫行国子司业上柱国金乡县开国男颜府君神道碑铭》。
② 《唐六典》卷四《尚书礼部》。
③ 《全唐文》卷四五〇。

冬至又称"日南至",古人认为太阳在这一天走到了天上的最南方,所以称之为日南至。因为这个时候白昼的时间在全年最短,但也从这一天开始白天又慢慢变长,故又称"长至",唐人还将冬至称为"日长至"。开元十六年(728年)十一月乙巳,"日南至,御含元殿,受朝贺如常仪"①。可见冬至在含元殿举行大朝会是一项常规性的活动。有关唐代冬至大朝会的诗歌作品甚多,如崔立之的《南至隔仗望含元殿香炉》云:"千官望长至,万国拜含元。隔仗炉光出,浮霜烟气翻。飘飘萦内殿,漠漠澹前轩。圣日开如捧,卿云近欲浑。轮囷洒宫阙,萧索散乾坤。愿倚天风便,披香奉至尊。"②这首诗描写的就是在含元殿举行冬至大朝会时的情景。

由于在冬至这一天同时还要举行南郊祭祀大典,皇帝不可能分身同时参加这两种典礼,于是便规定在南郊进行的圜丘祭祀由相关官员主持,皇帝则在含元殿坐朝听政。如果皇帝要在冬至亲自前往圜丘主持祭祀,则必须改变冬至受朝贺的规定。

需要说明的是,在唐代并非每一个元日、冬至皆举行大朝会,从现有史料的记载看,如果遇到重大丧事、重大战事、极端雨雪天气、重大灾荒时,往往会停止举行朝会。这些情况文献记载很多,比如唐宪宗元和"七年正月辛酉朔,帝不受朝贺,以皇太子薨,废朝故也"③。唐文宗太和七年(833年)春正月乙丑朔,"御含元殿受朝贺。比年以用兵、雨雪,不行元会之仪"。④说明在此之前的数年因为用兵和天气的缘故,未举行过元日朝会,至此才又重新举行,故被史官郑重地写入史册。

需要指出的是,有唐一代也有不在含元殿举行元日、冬至外朝听政的情况存在,如"(开元)十六年正月戊戌朔,始听政于兴庆宫,朝贺如常仪"。众所周知,唐玄宗平时常居于兴庆宫,但在此之前举行外朝听政

---

① 《册府元龟》卷一〇七《帝王部·朝会一》。
② 《全唐诗》卷三四七。
③ 《册府元龟》卷一〇七《帝王部·朝会一》。
④ 《旧唐书》卷一七下《文宗纪下》。

时，仍然在大明宫含元殿举行，至此才在兴庆宫举行。其实也就是说，朝会在哪里举行，起决定作用的不是某个场所，而是取决于朝会的主角，也就是大唐皇帝的意愿。

3.尊号与受册

利用含元殿举行外朝听政典礼的时机给皇帝上尊号和进行册封，是有唐一代的常见做法，其实在其他月份群臣给皇帝上尊号时，受册典礼往往也在含元殿举行。这是因为含元殿建筑宏伟，是举行重大典礼的重要场所。如唐玄宗天宝八载（749年）六月丁卯，"群臣奉上尊号曰开元天地大宝圣文神武应道皇帝，御含元殿受册"①。给皇太后上尊号也有在含元殿进行的情况，如"建中元年，乃具册前上皇太后尊号，帝供张含元殿，具衮冕，出自左序，立东方，群臣在位，帝再拜奉册，欷歔感咽，左右皆泣"②。德宗亲生母沈氏在安史之乱中失踪，故德宗即位后首先尊其母为皇太后。在唐代每一位皇帝都有尊号，皇太后、皇后有尊号者亦不少，举行受册之礼或朝贺的场所并不仅限于含元殿，在大明宫的其他殿内也举行过类似活动，但含元殿是举行此类典礼的重要场所。

4.宴乐与祥瑞

在大明宫举办宴乐并未有固定的场所，一般来说，麟德殿举办此类活动要相对多一些，尤其是参加人数众多、规模较大的宴乐活动，多是在那里举行。在含元殿举行的宴乐活动虽然没有麟德殿那么多，但却是现实存在的，一般礼仪性更强。

5.献俘与阅军

献俘之礼属于古代军礼中的一部分，军队凯旋后，将抓获的战俘献于皇帝，以彰显国威。唐朝献俘之礼多在太庙、太社举行。只有取得重大胜利的情况下，才举行面向皇帝的献俘之礼，然后再献于社庙，通常多在昭陵、安福门、兴安门或者其他殿庭举行，其中也包括含元殿。如

---

① 《册府元龟》卷一六《帝王部·尊号一》。
② 《新唐书》卷七七《后妃传下·睿真沈太后传》。

唐高宗"总章元年十二月，以高丽平，献俘于含元殿"①。含元殿并非是检阅军队的最佳场所，但是在特殊的历史条件下也会举行阅兵典礼。如唐肃宗至德三年（758年）正月"庚寅，大阅诸军于含元殿庭，上御栖鸾阁观之"②。此次在含元殿阅军是在唐军收复长安不久，由于大明宫含元殿象征大唐帝国和皇权，所以为了鼓舞士气，振奋人心，特地选择在这里举行大阅诸军之典礼。含元殿之所以能够阅军，还有一个客观的条件，即殿前广场面积广大，充当仗卫的将士人数众多，仪仗兵器繁杂，这里可以容纳得下。所以说在这里举行阅军典礼是完全具备条件的。

需要指出的是，含元殿毕竟不是举行献俘和阅军典礼的专门场所，从其建筑功能的设计来看，是专门为举办外朝听政活动而兴建的。因此，尽管在上面论述了含元殿的其他功能，但这些功能都是非主流的、次要的功能。③

二、日常理政之所——中朝宣政殿

宣政殿是大明宫中轴线上的第二座主殿（图4-54），在含元殿之北，紫宸殿之南。

（一）宣政殿遗址考古与保护

考古实测确认，宣政殿遗址距含元殿300余米，殿址东西长近70米，南北宽40余米，殿址两侧亦有东西向的宫墙。含元殿与宣政殿之间地层扰乱得很严重，不过，仍可以看到一些片断的夯土，只是不详其形制。从夯土情况观察，宣政门的位置大概距离宣政殿约130米。

宣政殿以西的地层保存较好，还有一段南北向的夯土墙，宽2米左右。这道墙向南与含元殿西侧的宫墙相接，沿此墙的东边有小型的夯土基

---

① 《册府元龟》卷四三四《将帅部·献捷一》。
② 《旧唐书》卷一〇《肃宗纪》。
③ 杜文玉：《大明宫研究》，中国社会科学出版社，2015年。

址多处,月华门及兴礼门(或称齐礼门),即在此墙之间。

2009年笔者在大明宫国家遗址公园考古时,对宣政殿、紫宸殿再次进行了考古钻探,结果表明:宣政殿遗址在紫宸殿南,夯土基址东西65米、南北38米。在基址的西侧,还保存着南北宽约12米的内宫墙遗址,东西长达300余米(图4-55)。

图4-54 宣政殿效果图

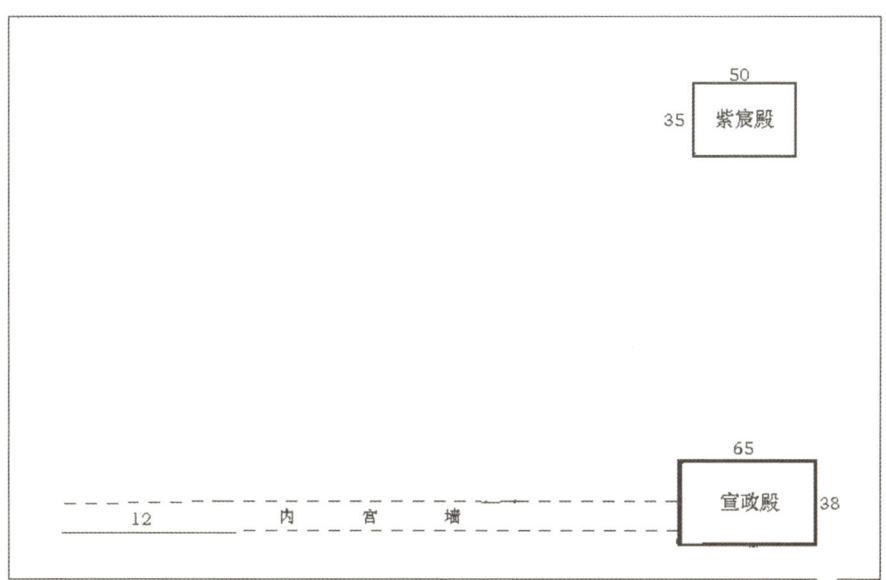

图4-55 2009年宣政殿、紫宸殿遗址考古平面示意图

2011年大明宫国家遗址公园建成后，文物部门对宣政殿基址进行了保护和复原展示。宣政殿的复原展示，在遗址本体保护的基础上，设计者将数株树木植根于台基之上。这些树木排列有序，好似古代宫殿的柱网布置。

在宣政殿的东南（含耀门东侧100米，再向北10余米处）有一个很大的庭院，南北长205米，东西宽95米，由2米宽的院墙围成一个长方形，东面中间有一座大门。围墙内的地面上下散布着大量的碎砖烂瓦，从断崖上还可以看到一些暴露的础石。这些遗迹表明，这里是一处很重要的宫院遗址。据文献载，日华门以东有门下省、史馆、宏文馆、少阳院及昭德寺等建筑。此院属谁，尚难以确切判断。与此院相对应，在宣政殿的西南也有类似的宫院，这些建筑物遗址还有待于进一步的考古研究。

（二）宣政殿与中朝朝会

宣政殿是大明宫中三大正殿的核心，是唐朝举行中朝朝会的场所。唐代皇帝常朝听政和召集百官议事等政治性决策活动就是在中朝宣政殿进行的，朝廷各重要部门也都分布在宣政殿前及周边。宣政殿是大明宫三大殿的核心正殿，含元殿虽然也是正殿，但却不常使用。

每日常朝，文武百官从日华门、月华门入内，立在殿前向皇帝拜舞欢呼。在这座宫殿内，讨论过当时发生的许多重大政治事件，发布过许多影响历史进程的诏令。

宣政殿临朝听政，是唐王朝最主要的朝会。朝会并非每天都进行，而是由皇帝、宰相根据当时的形势决定的，因此不断发生变化。唐太宗时多为三日一临朝。高宗李治执政伊始（649年），尚有励精图治之心，每日朝会，但他并未能坚持下去，仅仅过了两年，他就下诏自永徽二年（651年）九月起，每五日受朝一次。这种五日一朝的制度逐渐成为常式。女皇武则天曾一度改为十日一朝。玄宗以后，在兴庆宫大概也没有坚持五日一朝，有一些重大庆典，仍在大明宫举行，唐代皇帝大多为三五日一朝。

宣政殿内的临朝听政，文献记载较多。如宝应二年（763年）七月，代宗御宣政殿宣制，改元为广德，大赦天下，过去常赦未及之人，这次一律赦免。就连安禄山、史思明在各地的亲族也一概不再问责。

贞元七年（791年）四月二十八日，德宗宣敕：自今以后，每年五月一日御宣政殿，与文武百僚相见。京官九品以上，外官因朝参在京者，并听就列。五月初一，德宗按时于宣政殿见百官，史称"从新制也"，意指以前朝会的制度久已偏废，近年来朝会时而在紫宸殿，时而移丹凤楼，没有什么严格的规矩和章法，自此以后，又恢复宣政殿听政的制度了。不过，据史家考证，这种每年五月一日朝会的礼仪，也没有严格贯彻执行。

宣政殿除了举行日常朝会之外，据文献记载还举行一些其他活动。如皇帝举行受册典礼、接见番邦使臣、殿试举人、读时令等。

其中，殿试举人就是我们熟悉的科举考试中的"殿试"。古代皇帝为了表示对选贤任能的重视，有时会亲自将应试举人召到宣政殿进行考试。乾元二年（759年）五月，上台不久的肃宗就来到宣政殿，考试所谓"文经邦国"等四科举人；大历六年（771年）四月，代宗也在宣政殿亲试举人，一直到天色很黑了，还有没写完试卷的人，代宗予以优待，命令殿中秉烛，让这几个人认真写完才罢。其实在宣政殿举行的殿试，皇帝多为临场监督，以示郑重。

三、"入阁"盛待之礼——内朝紫宸殿

按《大唐六典》等书记载，"宣政之北有紫宸门，门北为紫宸殿"。考古工作也证实了这一点。

（一）紫宸殿遗址考古与保护

20世纪50年代考古工作者就对紫宸殿周边进行了考古勘探，发现了紫宸殿及紫宸门，考古实测紫宸门在宣政殿以北仅35米，门的东西有一道宫墙，门两侧有廊庑。紫宸殿在紫宸门以北约60米处，这座大殿破坏得较为严重，仅东边残存一部分夯土台基，两边尚存零星片断的夯土基层。实测殿基南北宽近50米，周边砖瓦堆积较多。

2009年笔者在大明宫国家遗址公园考古时,又对宣政殿、紫宸殿再次进行了考古钻探,再次确认了紫宸殿,但紫宸门的位置因多年取土方,遗址已经无存。紫宸殿周边也新发现了一些条状夯土,可能与廊院有关,其他的考古结果与既往发现基本一致。

2011年大明宫国家遗址公园建成后,文物部门也对紫宸殿基址进行了保护和复原展示(图4-56)。紫宸殿的复原展示,据说由国外一个团队设计。设计者一改宣政殿展示的朴素向上风格,在遗址本体保护的基础上用断续的青灰色钢条勾勒出紫宸殿的屋脊、飞檐和斗拱,远看如用碳笔粗粗画出的速写轮廓。似乎一切正在被拆散,可以听到时间轰然坍塌的声响。而在废墟之中,数株树木穿透虚幻的屋檐,直指天空。在同一个画面中,我们可以看到向下的萧瑟垂落,又可以看到向上的绵延不息。兴与废、荣与枯、瞬时与永恒、自然与人文凝于一体,表现出设计者对时间和空间的独特理解。廊落的钢结构犹如逝去文明的时间废墟,废墟中拔地而起的苍劲松柏,却是对未来的希冀、召唤和创造。设计者把重点放在感怀时间与历史、逝去与创造,令人感叹和深思。

图4-56 大明宫遗址公园中的紫宸殿展示景观

（二）紫宸殿与入阁之制

《唐六典》卷七《尚书工部》载：紫宸殿，"即内朝正殿也"。大明宫的三个正殿中，紫宸殿实属寝政合一的宫殿。唐人通常称为"便殿"。皇帝在紫宸殿的前殿坐朝问政，后殿退朝休息，能够被宣召入紫宸殿的官员是很荣耀的。宋敏求《春明退朝录》卷中载："明皇意欲避正殿，遂御紫宸殿，唤仗入阁门，遂有入阁之名，在唐时，殊不为盛礼。"

安史之乱以后，唐代皇帝多在大明宫起居，紫宸殿也就成为他们既可听政，又可入寝的殿堂，比在含元殿、宣政殿更加自由随便，在正衙朝会上有些不便于让群臣知晓的军国大事，则在此召见宰相或重臣商议。据载，紫宸殿没有复杂的仪注，便于及时处理朝政事宜。所以在这座宫殿中时而有会见官员的活动，也曾于此考试诸科举人、接待番邦来使等。

据《雍录》载，宣政殿谓正衙，有皇帝仪仗；紫宸殿是便殿，无仪仗，入此殿亦称入阁。每逢皇帝不御前面的宣政殿而临紫宸殿，乃自正衙唤仗，出阁门而入，在宣政殿前候朝百官也就随之而入。僖宗乾符年间战乱之后，皇帝只在朔望日见群臣，正衙常废仗，所以此后百官遂以入阁为重，到后来，即使皇帝出御宣政殿，也渐称为入阁了。另外，唐朝凡军国大事均是由皇帝与宰相商议决策，宰相面见皇帝的形式有三：其一，在宣政殿举行正衙朝会时，百官退出后，宰相留下议事。自贞观以来皆是如此。其二，"紫宸坐朝，众僚既退，宰臣复进奏事"[①]。这也是自唐初以来就形成的制度。其三，延英召对。在延英召对没有形成制度之前，由于正衙朝会的举行相比入阁议政要少，故宰相在紫宸殿面见皇帝议政就显得更重要一些。

入阁之制其实自唐初就已确立，在唐代所谓内朝制度就是指入阁之制。唐后期由于朔望朝不在宣政殿举行，敬宗恢复在紫宸殿举行朔望朝礼

[①]《旧唐书》卷一七上《文宗纪上》。

仪后，把本来属于中朝朝会的内容无形中纳入紫宸殿内朝入阁当中，遂使得入阁之仪反倒超过了正衙礼仪。发展到五代、宋代，虽然仍在前殿正衙举行朔望朝会，但却仍然称之为入阁，可见入阁之制影响之大①。至于在紫宸殿举行的其他礼仪活动，如宴见外国使者、朝集使等，或出于一时权宜之计，或属于特例，并非紫宸殿固有的功能。

四、大明宫的官员是怎样上朝的？

（一）唐代官员怎样上朝？

含元殿、宣政殿、紫宸殿作为大明宫朝政区的三大正殿，都与朝会活动有关。那么，唐代官员怎样上朝？

朝堂为百官候朝之处，两省（中书省、门下省）官员在朝见皇帝之前，分别集合于东、西朝堂，然后由御史引导，按规定的次序入朝。有时太子或宰相也在朝堂会见百官。②

唐代的文学作品中，对京城内百官早朝的情况有大量记述和描绘，其中著名的有诗人张籍的《早朝寄白舍人严郎中》，诗云："鼓声初动未闻鸡，嬴马街中踏冻泥。烛暗有时冲石柱，雪深无处认沙堤。"诗中写道，晨鼓刚刚响过，鸡还未叫，黎明前的长安城仍是一片漆黑时，官员们就骑着瘦马急急忙忙地走街穿巷前往大明宫了。马蹄踏在冻冰的路面上"嘚嘚"作响，在沉静的夜空传得很远。由于街灯昏暗，走得急了有时甚至会不小心碰在路边的石柱上。许多路面的积雪还很深，常常很难辨认出通往宫内朝堂的白色沙堤。

大明宫早朝的画面，让我们也多多少少能体会到唐代官员的艰辛与不易。还有，如果遇到天雨路滑、泥泞难行时，官员又是怎么上朝呢？

代宗广德二年（764年）九月，曾颁布了一道诏令：遇到天雨路滑、

---

①杜文玉：《大明宫研究》，中国社会科学出版社，2015年。
②（宋）司马光：《资治通鉴》卷二三六。

泥泞难行，准许朝官停止朝参。但在军国事务紧迫的时期，为避免耽误大事，则要求必须上朝。遇到泥水很深、道路阻隔时，允许延迟三刻到朝。天晴路通，则依平常形式正常上朝，今后一律照此办理。

安史之乱以后朝政日渐松弛，官员不仅逢大雨、道路难行不入朝，而且借各种名目的节假日不入朝，甚至一些官员无故不入朝也未受处罚。这些更加助长了朝纲不肃的风气。另外，一些皇帝荒淫无度，届时不朝，也是常有的现象。

大和元年（827年）六月，针对一些官员不早朝的散漫现象，文宗亦想重整朝纲，下令曰："文武常参官朝参不到，据料钱多少，每贯罚二十五文。"但此令如一纸空文，根本无力扭转宫廷政治衰微破败的现象。总之，随着晚唐政治的腐朽，朝堂中的不景气现象也日趋严重了。

另外，自唐高宗始，朝堂院内设置登闻鼓。《唐会要》记曰："时有抱屈人，击鼓于朝堂诉事，乃命东西廊朝堂皆置鼓。"

虽然极少有人敢到大内的朝堂上击鼓喊冤，但此鼓亦确非虚设。史料中曾记述过这样的事例：德宗时，陕州观察使卢岳之妾裴氏，因为生了儿子后受到卢妻的嫉恨，主张分居另过。卢妻不给裴氏多少财物，裴氏诉于官府，即由殿中侍御史穆赞审理这一案件，御史中延卢诏负责监办。卢诏主张对裴氏定罪，穆赞则根据实际情况不同意处罚裴氏。卢诏及其后台宰相窦参依仗权势指责穆赞竟敢以区区小事对抗上司，马上将穆赞抓进狱中。这时，另一个侍御史杜伦猜到了宰相的心意，落井下石，诬陷穆赞受了裴氏的贿赂。穆赞被严刑拷打屈辱从招。在这种紧迫的情况下，穆赞的弟弟穆赏冒死闯进大明宫，诣阙敲响了登闻鼓。德宗闻此，遂诏三司使重新复查这个案件，结果证明穆赞确属冤屈，于是立刻放他出狱，并任命为郴州刺史。宰相窦参因此事受到贬斥，降职为刑部郎中。后来，德宗还亲自召见了穆赞，对他很赏识，又提升他为御史中丞。[①]从这件事情可以看

---

① 《旧唐书》卷一五五《穆宁传》。

出,朝堂内设置登闻鼓还是多少起了一些作用的。大和九年(835年)六月,李宗闵的党徒、京兆尹杨虞卿因家人"口出妖言"而被下御史台问罪,这实际上是宦官排斥异己而蓄意制造的事件。杨虞卿的弟弟司封郎中杨汉公和儿子杨知进等8人进入大明宫朝堂,"挝登闻鼓称冤",文宗一时不明真相而敕杨虞卿暂归私第,过后即贬其为虔州司马同正。这件事本微不足道,却成了李宗闵一党下台的导火线,为杨虞卿辩白的李宗闵被贬为处州长史,再贬为潮州司户,一批重要官员也同时被贬到京外荒僻的地方。①

(二)唐代官员上朝的艰辛之旅——大明宫的上朝路线

唐代官员的上朝路线,文献中没有明确记载。笔者通过大明宫多年考古工作及一些相关考古发现(如含元殿前龙首渠、龙首渠南道路、跨龙首渠通往东西朝堂铺砖道路、望仙门内大街等的发现),并结合唐代宫廷诗词和相关文献等,尝试对大明宫南部朝政路线进行复原,以就教于方家并与读者共享。

唐代官员大明宫早朝,需五更前到达大明宫外的建福门与望仙门,等待宫门开启并进入大明宫(见前述)。元和二年(807年)六月,宪宗诏令各部门根据班品在建福门外修建待漏院,于是上早朝的官员可以在进宫之前,少受些风霜之苦了。

宫门开启,众官员分别由建福门、望仙门进入大明宫。进门后有宽阔的大路一直向北,建福门内向北的道路称为"建福门内大街",望仙门内向北的道路称为"望仙门内大街"。其中"望仙门内大街"是西安唐城队于1991年配合基建时发现并发掘(详见后述)。

建福门内大街与望仙门内大街北端即为东西向的唐代龙首渠及渠道南沿的东西向大道。越过东西向大道,在龙首渠上各建有御桥(又称"下马桥"或"金水桥"),其中东、西御桥向南基本与望仙门内大街和建福门

---

① 《旧唐书》卷一七下《文宗本纪》。

内大街相对。东、西御桥向北即是通向含元殿东、西朝堂的步行砖道（详见后述）。

于此，早朝众官员到达并进入了含元殿前东、西朝堂。

到达朝堂后，上朝的路线又该如何？我们在唐代诗词及相关文献中得到了答案。

唐代诗人王建《宫词一百首》中云："蓬莱正殿压金鳌，红日初生碧海涛。闲著五门遥北望，柘黄新帕御床高。殿前传点各依班，召对西来八诏蛮。上得青花龙尾道，侧身偷觑正南山。"白居易《早祭风伯，因怀李十一舍人》中亦云："忽忆早朝日，与君趋紫庭。步登龙尾道，却望终南青。一别身向老，所思心未宁。至今想在耳，玉音尚玲玲。"

另外，《唐会要》中也记载有唐代官员含元殿前"序班"的情况，时"通乾、观象门外序班。武次于文，至宣政门，文由东门而入，武由西门而入。至阁门亦如之。其退朝，并从宣政西门而出"。

由此可知，早朝众官员到达含元殿前朝堂并在此"行立班序"，经含元殿东、西两侧的龙尾道，来到含元殿殿庭（基）东、西飞廊处的通乾、观象门，于此门外再次序班后，文武官员分东、西入通乾、观象门，一直北行至宣政门东、西两侧的日华门与月华门。在日华门和月华门内廊下序班等待。上朝时辰一到，众官员入朝拜见皇帝，朝议国事。

综上所述，笔者结合大明宫南部平面图绘制了官员上朝的示意路线图（图4-57），结合路线图，大家可以感受下唐代官员上朝之艰辛。

（三）唐代皇帝朝会时入"龙榻御座"的方式

据《唐会要》记载，开元时期，每月朔望，皇帝受朝于宣政殿，先列仗卫，文武四品以下依班序立于庭，侍中内外呼应，玄宗乃缓步自西门出，升御座，朝罢，又自御座起身步入东门，然后放仗散朝。后来萧嵩奏议道：宸仪肃穆，帝王的升降俯仰不应在众目睽睽之下。请备羽扇于大殿两厢，皇帝要从后宫走出来时，侍御官员要承旨索扇，待羽扇相合为屏

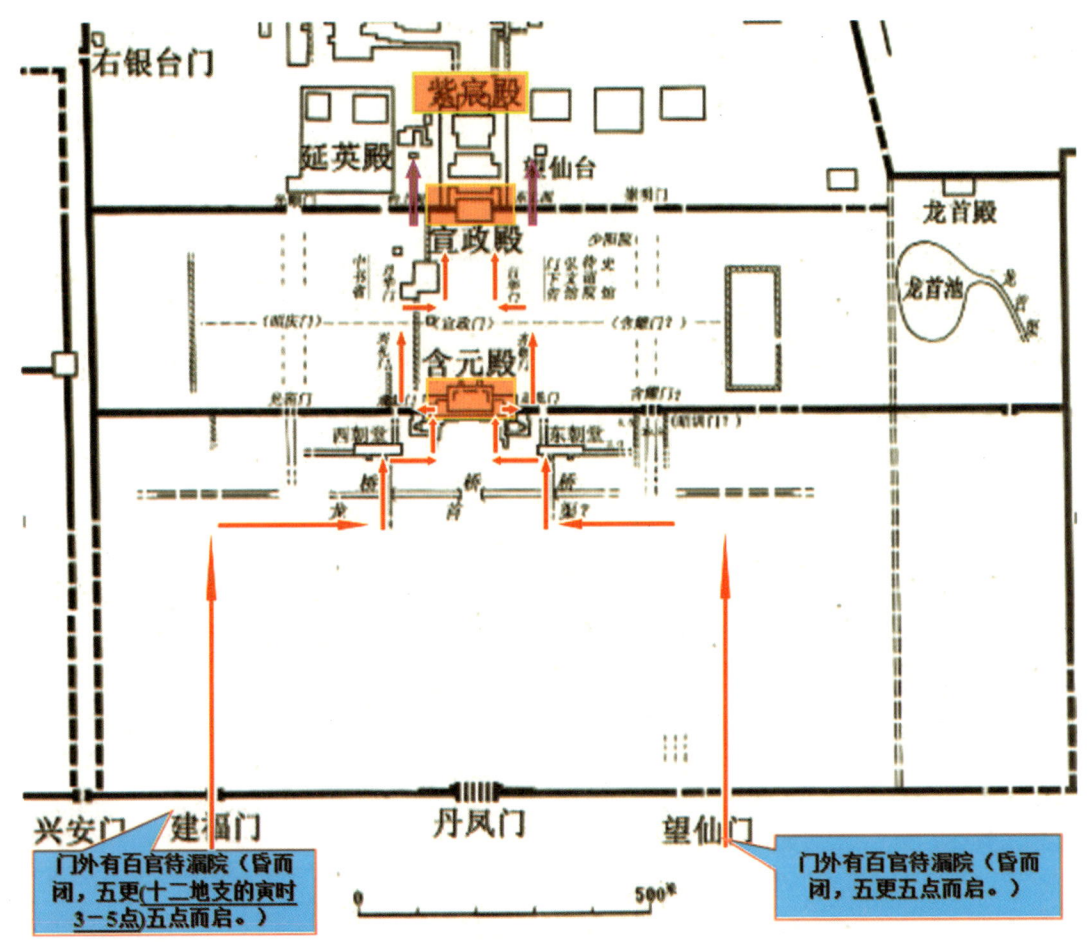

图4-57 大明宫上朝路线示意图

障,皇帝才登上御座,坐定则撤开羽扇。给事中奏过无事,将要退朝时,羽扇又一次相合如初,待皇帝在羽扇后走出殿,才开扇散朝。玄宗准奏,从此以这种仪式为常朝的固定礼节。

五、外事、宴饮和娱乐之所——麟德殿

在大明宫中除了含元、宣政和紫宸三大殿外,还有一些十分重要的宫殿,麟德殿就是其中的一座。

麟德殿在大明宫西北、太液池正西隆起的高地上,因其修建于唐高宗

麟德年间（664—665年），故称麟德殿。此殿坐北朝南，由前殿、中殿、后殿组成（图4-58），故典籍中常称之为"三殿"。殿址总面积约5000平方米，约是明清北京故宫太和殿面积的3倍，唐代接待蕃使、外臣，宫廷举行大型宴会等，大都在此殿。唐时的麟德殿，可以说时常处于歌舞升平的喜庆之中。

（一）麟德殿遗址的考古发掘与保护

1957年底至1959年5月，中国科学院考古研究所西安唐城队陆续用了9个月的时间对这组宫殿群遗址进行了较为全面的发掘（图4-59）。1982—1983年，为了配合殿址的修复保护工程，西安唐城队又对殿址的"一台基"周围的唐代地面、包砖、散水进行了补充性的发掘清理。2004—2006年该队为配合殿址的保护工程，又补充对殿面局部、郁仪楼、结邻楼、东亭和西亭间隔处进行了发掘（图4-60）。

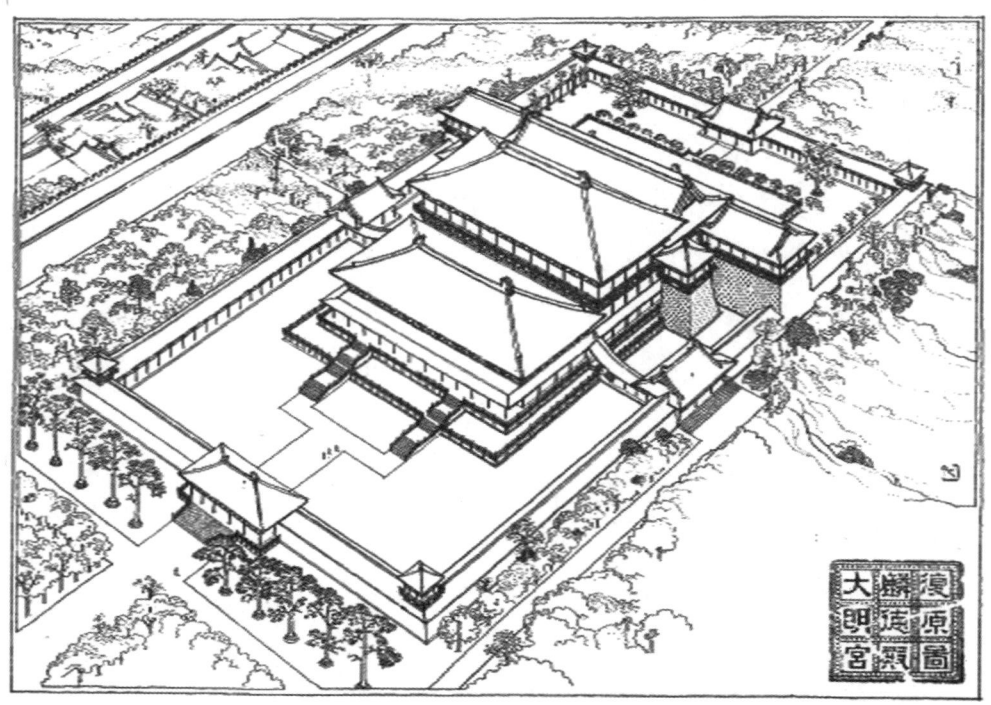

图4-58　大明宫麟德殿复原图（图出自刘致平、傅熹年：《麟德殿复原的初步研究》载《考古》1963年第7期）

图4-59　1959年发掘出的麟德殿遗址　　图4-60　麟德殿遗址2005年考古发掘场景

从考古发掘的情况看，麟德殿前、中、后三殿毗连，环绕殿身有回廊一周，东西又与郁仪楼、结邻楼、东亭、西亭、会庆亭等附属建筑连为一体，形成一组气势雄壮的建筑群。麟德殿是以三殿为中心，其布局左右对称。殿址主要由台基和殿堂两部分组成（图4-61）。

台基：夯土筑成，原台基周围砌有砖壁，现存有部分砖基和印痕。台基平面呈长方形，南北长约130余米，东西宽近80米，是上下两层的重台。这个庞大的台基深入当时地面下3米，台基高近6米。从这个高度和面积可见当时土方工程的浩大。整个台基的上面及房殿的断壁等，均被火烧过，其表土已变成十分坚硬的红烧土，砖石也因火烧而多有变色，地面上还遗有很多灰烬。从这些情况判断，这座雄伟的宫殿显然是被焚烧后废弃的。

殿址上残存有门址、山墙、础石等遗迹，其中础石南北17排，东西10排，共计164个。从门址、隔墙及础石等来看，殿堂是相连并列的，分为前、中、后三殿，与文献记载完全相符。

中殿：东西广9间、进深5间，前后各有3个殿门，南北相对。中间大门稍宽，门前有砖铺的台阶。除了正面南墙是砖砌的外，其余各墙都是夯土的。山墙厚5米多，前后墙各厚2米多，夯土墙的两面均抹有白石灰墙

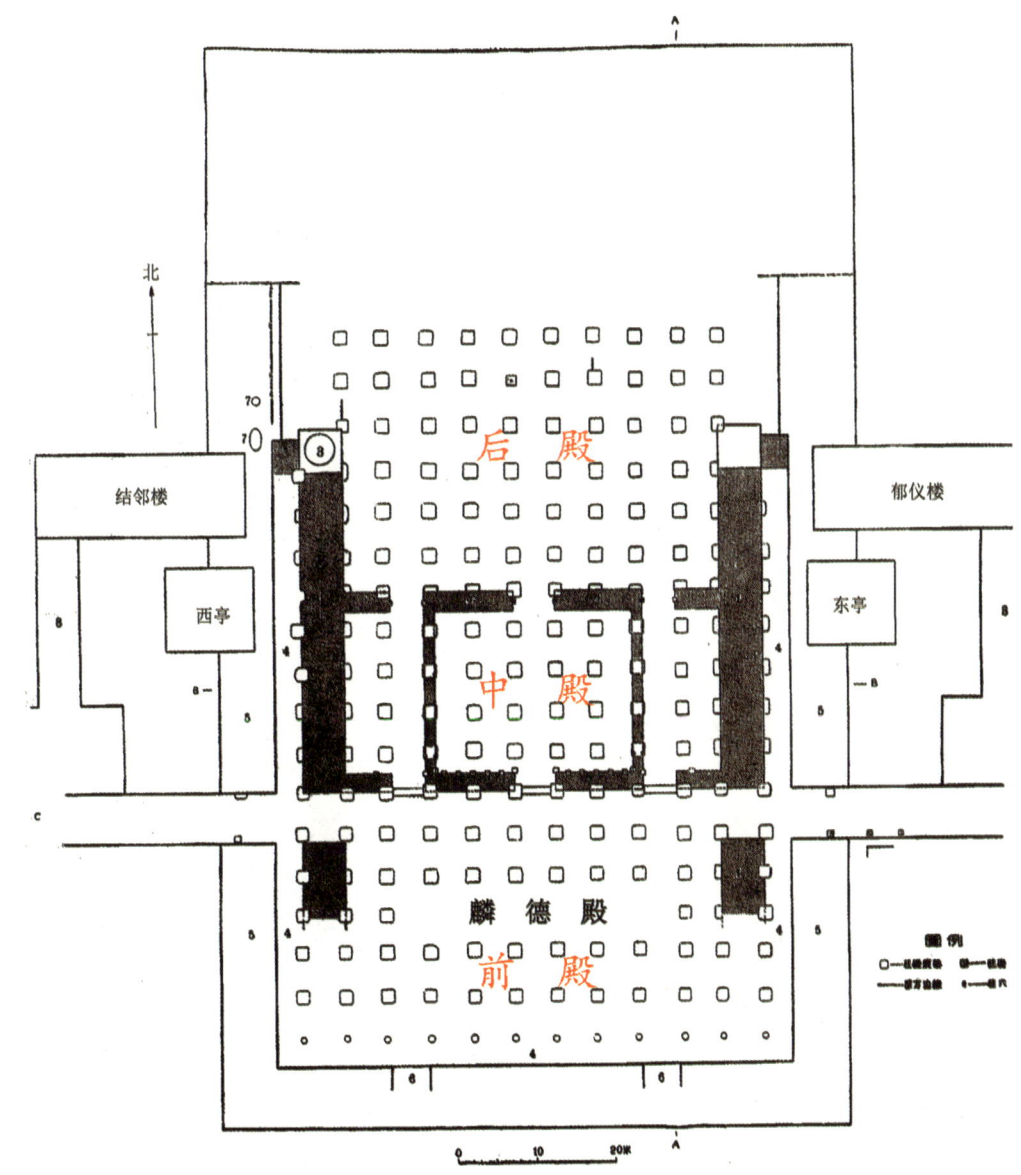

1、山墙 2、中殿前后墙及间隔墙 3、四耳室圆形建筑 4、回廊 5、散水（第一层台基）
6、阶道 7、井 8、东廊及西廊（重廊）

图4-61 麟德殿遗址考古平面图

皮，与屋内地面相接的墙根处还绘有一周紫红色的宽线作为装饰。中殿的地面最西边的一间铺有方砖，其余各屋均铺石块，石面磨制光滑，对缝都很严密。

前殿：与中殿只隔一间通道，两山墙分别与中殿的山墙相对，厚度也都相同，东西亦广11间，地面全铺着磨光石块。后殿与中殿只是一墙之隔，两山墙与中殿的山墙相连，即为同一个山墙的延长。地面铺的是素面方砖，虽然大部分已破坏无存，但铺砖的印纹是十分清楚的。

后殿：与中殿只有一墙之隔，东西两山墙与中殿的山墙相连。由中殿北墙向北有础石7排，共是六间之数，但从两侧山墙来看，与中殿相连的后殿的进深是三间（17.2米），北边的三间是与后殿相连的另一建筑。

据文献记载，后殿的两侧，东西各建有一楼，东为郁仪楼，西为结邻楼。二楼的前面，各建有一亭，称东亭、西亭。楼、亭与后殿之间，以回廊相连。这种三殿相连，楼、亭相接的独特建筑风格，反映了唐代我国建筑技术的新发展，是中国古代建筑艺术的结晶。

从考古发掘看，郁仪楼和结邻楼台基的平面为长方形，夯土的台基南北宽10米左右，东西长26.3米，夯土台的周围包有一层砖壁，然破坏十分严重，仅存砖基而已。

至于东、西两亭，从发掘情况看，在郁仪、结邻二楼的南面3.8米处，有近乎方形的夯土台基各一，东西对称，形状、大小相同，周围也砌有砖壁。台基长宽10~11米，残存高度均高出当时的地面约5米。文献记载说后殿与这些楼、亭之间，均有回廊相连，从发掘的廊址看，其东西宽5.2米。[①]由此可知，东、西二亭的位置在考古发现的郁仪、结邻二楼南边的两处方形台基上。2005年，考古队还对东亭、西亭进行了补充考古勘探与发掘，其结果与上述一致。

1981年，大明宫遗址保管所成立。1985年，麟德殿遗址在考古发掘的

[①]中国科学院考古研究所：《唐大明宫遗址考古发现和研究》，文物出版社，2007年版。

基础上完成了对殿址本体的保护工程。随后不久，在遗址东南建立了大明宫遗址陈列室，陈列麟德殿及大明宫遗址考古发掘出土的标本文物。2004、2005年，麟德殿遗址再次进行了遗址本体的保护工程，对殿址的础石进行了复原，并对殿址东西两侧的楼阁基址进行了砌砖保护。由于良好的地方工作关系，中国社会科学院考古研究所西安唐城队还与大明宫遗址保管所达成协议，在麟德殿遗址的东南建立临时考古驻地，作为大明宫遗址考古工作的临时工作站，并和保管所的干部一起劳动，维护遗址区的环境。如今，包括临时驻地在内的许多建筑都已不存，而麟德殿遗址风采依旧，每天都迎接着各地的游客。

（二）麟德殿的功能

1.外事功能

我们这里所说的"外事"，其主体除了与大唐帝国有外交往来的国家外，也包括周边少数民族政权在内，也就是广义的外事工作。

自大明宫麟德殿建成以来，这里就具有了外事召见的功能，如武则天长安元年（701年）"宴论弥萨于麟德殿"[1]，这个论弥萨为吐蕃使者。同年，武则天还在这里召见过日本使者。[2]

大唐帝国具有实际意义的外事接见活动基本上是安排在麟德殿。大明宫三大殿作为外朝、中朝和内朝听政的场所，虽然也是皇帝召见外夷使者之处，但更多还是体现在礼仪方面。

麟德殿建筑宏伟，面积广大。外夷使者进入如此宏伟的建筑内，其内心的震撼是不言而喻的，加上威严壮观的朝仪，更彰显大唐帝国国威，达到令外夷臣服的目的。另外，按照唐朝接待外夷君长、使者的惯例，除了皇帝召见外，通常都要设宴款待和赏赐物品，而麟德殿正好符合这样的要求，于是选择这里作为外事接见的场所也就不难理解了。

---

[1]（宋）司马光：《资治通鉴》卷二〇七。
[2]《新唐书》卷二二〇《东夷·日本传》。

表4　麟德殿外事活动表

时间	招见对象	相关情况	资料出处
长安二年（702年）？长安三年（703年）？	日本遣唐使	"遣朝臣真人粟田贡方物……武后宴之麟德殿，授司膳卿，还之。"	《新唐书》卷二二〇《东夷·日本传》
长安二年（702年）九月	吐蕃使者	"癸未，宴论弥萨于麟德殿。"	《资治通鉴》卷二〇七
开元元年（713年）十二月	吐蕃使者	"丁酉，以吐蕃遣其大臣来求和，命有司引吐蕃使，宴于三殿。"	《册府元龟》卷一一〇《帝王部·宴享二》
乾元二年（759年）十二月	蕃胡柘羯	"十二月戊申，宴蕃胡柘羯于三殿，各赐物三十段。"	《册府元龟》卷九七六《外臣部·褒异三》
宝应元年（762年）八月	契丹使者	"八月己酉奚及契丹来朝宴于三殿。"	《册府元龟》卷九七六《外臣部·褒异三》
大历六年（771年）十一月	文单国王	"六年十一月乙酉宴文单国王婆弥等二十五人于三殿。"	《册府元龟》卷九七六《外臣部·褒异三》
贞元三年（787年）九月	回纥求婚使者合阙将军	"三年九月，遣回纥使合阙将军归其国。初，合阙将其君命请婚于我，许以咸安公主嫁之，命公主见合阙于麟德殿。"	《唐会要》卷六《杂录》
贞元四年（788年）十月	回纥公主及使者	"四年十月，……乙未，德宗召回纥公主出，使者对于麟德殿，各有颁赐。"	《旧唐书》卷一九五《回纥传》
贞元九年（793年）七月	东女国王、哥邻国王等	"东女国王汤立悉、哥邻国王董卧庭、白狗国王罗陀、忽逋租国王弟邓吉知、南水王国王侄薛尚悉囊、弱水国董辟和、悉董国王汤悉赞、清远国王苏唐磨、咄霸国董邈蓬。"	《唐会要》卷九九《东女国》《旧唐书》卷一九七《西南蛮·东女国》

续表

时间	招见对象	相关情况	资料出处
贞元十年（794年）九月	南诏使者蒙凑罗栋	"九月，南诏又使蒙凑罗栋及清平官尹仇宽来献铎鞘、浪人剑及吐蕃印八。蒙凑罗栋，异牟寻之弟也。既朝见于麟德殿，上所赐赉甚厚。"	《唐会要》卷九九《南诏》
贞元十一年（795年）正月	吐蕃使者论乞髯	"以降吐蕃论乞髯汤没藏悉诺为归德将军，又于麟德殿召对论乞髯等。"	《册府元龟》卷一七〇《帝王部·来远》
元和三年（808年）三月	回鹘使多览将军等	"三月，御麟德殿对回鹘使多览将军等，赐白彩锦、衣服、银器有差。"	《唐会要》卷九十八《回纥》
元和四年（809年）正月	南诏、渤海使者	"四年正月戊戌帝御麟德殿，引见南诏渤海使谒见，赐物有差。"	《册府元龟》卷九七六《外臣部·褒异三》
元和五年（810年）五月	回鹘归国使者伊难珠	"五年五月戊午麟德殿对归国回鹘伊难珠等三人赐锦采器服有差。"	《册府元龟》卷九七六《外臣部·褒异三》
元和五年（810年）十二月	契丹使者	"十二月丁卯麟德殿召对契丹使赐锦采金帛有差。"	同上
元和六年（811年）六月	回鹘、奚使者	"六年六月戊申三殿对回鹘及奚使者，颁赐有差。"	同上
元和七年（812年）正月	南诏、渤海、牂牁使者	"七年正月癸酉帝御麟德殿对南诏渤海牂牁使赐宴有差。甲申赐渤海使官告三十五通衣各一袭。"	同上
元和七年（812年）正月	南诏使者李兴礼	"丁亥御麟德殿对南诏使李兴礼等，各授以官，宴赐有差。"	同上

续表

时间	招见对象	相关情况	资料出处
元和八年（813年）五月	回鹘使者伊难珠	"八年五月戊午，回鹘请和亲使伊难珠还蕃，宴于三殿。赐以银器缯帛。"	同上
元和八年（813年）十二月	契丹使者达干可葛、南诏渤海使	"十二月壬辰帝御麟德殿召见契丹使达干可葛等赐锦采有差。丙午宴南诏渤海使仍赐以锦采"	同上
元和九年（814年）二月	渤海使者高礼进	"九年二月己丑麟德殿召见渤海使高礼进等三十七人，宴赐有差。"	同上
元和十一年（816年）正月	奚首领	"十一年正月奚首领来朝献名马……是月回鹘遣使朝贡。"	《册府元龟》卷九七二《外臣部·朝贡五》
元和十一年（816年）正月	回鹘使者	"御麟德殿引对回鹘使，赐锦彩银器有差。"	《唐会要》卷九十八《回纥》
元和十一年（816年）十二月	(谢)蛮使者	"十二月，又遣使二十五人贺正，召对于三殿，仍赐宴及银器、锦采等。"	唐会要卷九十九《蛮》
元和十三年（818年）二月	回鹘、南诏使者	"辛酉，帝御麟德殿对回鹘及南诏使，赐宴有差。"	《册府元龟》卷一一〇《帝王部·宴享三》
元和十三年（818年）九月	吐蕃使者论句藏	"御麟德殿对吐蕃使论句藏，戊戌命宰臣宴吐蕃使人于中书省。"	《册府元龟》卷九七六《外臣部·褒异三》
元和十四年（819年）正月	回鹘使者、南诏、牂牁使者？	"癸未，帝御麟德殿对归国回鹘使，宴赐有差。"	同上

续表

时间	招见对象	相关情况	资料出处
元和十五年（820年）二月	回鹘合达干等	"癸卯朔，对归国回鹘合达干等于麟德殿兼许和，亲赐锦采银器有差。"	《册府元龟》卷九七六《外臣部·褒异三》
元和十五年（820年）七月	吐蕃吊祭使	"乙丑，对吐蕃吊祭使于麟德殿，宴赐有差。"	《册府元龟》卷九七六《外臣部·褒异三》
元和十五年（820年）九月	吐蕃使者	"戊辰对吐蕃使于麟德殿，宴赐有差。"	同上
元和十五年（820年）十一月	南诏、奚、契丹等使	"十一月辛酉对南诏奚契丹等使于麟德殿赐以银器锦采。"	同上
元和十五年（820年）十二月	新罗、渤海、南诏、牂牁、昆明等使	"十二月壬辰对新罗渤海南诏牂牁昆明等使于麟德殿，宴赐有差。"	同上
长庆元年三月（821年）五月	回鹘宰相、都督、公主	"五月，回鹘宰相、都督、公主、麾尼等至……上御麟德殿，对回鹘使及公主五十人等，赐锦缯、银器有差。"	《唐会要》卷九十八《回纥》
长庆二年（822年）正月	渤海使者	"二年正月壬子对渤海使者于麟德殿，宴赐有差。"	《册府元龟》卷一〇一《帝王部·宴享三》
长庆二年（822年）二月	吐蕃使者	"癸酉，吐蕃遣使十五人来请定界，甲戌召对于麟德殿，赐有差。"	《册府元龟》卷九八〇《外臣部·通好》
长庆二年（822年）六月	吐蕃使者	"丁卯，吐蕃遣使来朝，召对于麟德殿，宴赐有差。"	《册府元龟》卷九七六《外臣部·褒异三》

续表

时间	招见对象	相关情况	资料出处
长庆二年（822年）八月	吐蕃使者	"壬午，对吐蕃使者五十人于麟德殿，宴赐有差。"	同上
长庆二年（822年）十月	回纥使者	"壬子，对回纥使者于麟德殿，宴赐有差。"	同上
太和元年（827年）正月	吐蕃、新罗使者	"辛亥，麟德殿对归国吐蕃新罗使，宴赐有差。"	《册府元龟》卷九七六《外臣部·褒异三》
太和元年（827年）四月	渤海使者	"四月癸巳御麟德殿对渤海使者十一人，宴赐有差"	同上
太和元年（827年）十一月	南诏、契丹使者	"十一月甲寅麟德殿对南诏契丹使，宴赐有差。"	同上
太和二年（828年）正月	南诏、室韦使者	"二年正月乙亥对归国南诏使及入朝室韦于麟德殿，宴赐有差。"	同上
太和二年（828年）八月	回鹘使者	"八月丙子，对入朝回鹘安宁四十人于麟德殿，宴赐有差。"	同上
太和六年（832年）正月	南诏、牂牁使者	"六年正月麟德殿对南诏、牂牁，宴赐有差。"	同上
太和六年（832年）二月	吐蕃使者论董渤藏	"丙辰，麟德殿对入朝吐蕃论董渤藏等一十九人。"	同上
太和六年（832年）二月	渤海王子大明俊	"又对渤海王子大明俊等六人，宴赐有差。"	同上

续表

时间	招见对象	相关情况	资料出处
太和七年（833年）正月	牂牁使者宗士方	"七年正月甲午麟德殿对牂牁刺史宗士方等四人"	同上
太和七年（833年）正月	南诏蛮王丘铨	"甲寅麟德殿对归国南诏蛮王丘铨等二十二人于内亭子赐食赐物有差。"	同上
太和七年（833年）二月	渤海王子大光晟、吐蕃、牂牁、昆明使者等	"二月己卯麟德殿对归国颊藏等一十九人渤海王子大光晟等六人牂牁刺史赵伦等四人昆明摩弥叔敬等七人宴赐有差。"	同上
太和七年（833年）三月	回鹘使者李义节	"庚戌，麟德殿对归国回鹘李义节等十九人，宴赐有差。"	同上
太和八年（834年）正月	南诏、室韦、奚、契丹、牂牁等使者	"八年正月庚午麟德殿对南诏及室韦、奚、契丹、牂牁等使颁赐有差。"	同上
开成元年（836年）十二月	室韦大都督阿朱等十五人	"室韦大都督阿朱等来朝，进马五十匹。四年正月，上御麟德殿，对入朝贺正室韦阿朱等十五人"	《唐会要》卷九六《室韦》
开成二年（837年）正月	南诏使者洪龙军、渤海王子大明俊	"二年正月癸巳上御麟德殿对贺正南诏洪龙军三十人。渤海王子大明俊等一十九人宴赐有差。"	《册府元龟》卷九七六《外臣部·褒异三》
开成三年（838年）二月	南诏、牂牁、契丹、奚、室韦、渤海等使者	"三年二月辛卯上麟德殿对入朝南诏、牂牁、契丹、奚、室韦、渤海等各赐锦采银器有差。"	同上
开成四年（839年）正月	南诏使者赵酉莫	"四年正月御麟德殿对入朝贺正南诏赵酉莫等三十七人赐官告并锦采银器金银带衣服等有差。"	同上

续表

时间	招见对象	相关情况	资料出处
开成四年（839年）正月	室韦使者阿朱等	上御麟德殿，对入朝贺正室韦阿朱等十五人。	《唐会要》卷九六《室韦》
开成五年（840年）十二月	南诏使者	"(武宗)十二月御三殿对归国南诏等十六人。"	《册府元龟》卷九七六《外臣部·褒异三》
会昌元年（841年）十一月	室韦大首领督热论	"十一月帝御麟德殿见室韦大首领督热论一十五人，赐物有差。"	同上
会昌二年（842年）正月	南诏使者张元佐	"……三殿对还蕃南诏酋望张元佐等二十五人。"	《唐会要》卷九九《南诏蛮》
会昌二年（842年）八月	室韦大首领督热论	"上御麟德殿，见室韦首领督热论等十五人。"	《旧唐书》卷一八上《武宗纪》
会昌二年（842年）十二月	室韦大首领督热论等十五人	"十二月御麟德殿引见室韦大首领督热论一十五人，宴赐有差。"	《册府元龟》卷九七六《外臣部·褒异三》
会昌六年（846年）正月	南诏、契丹、室韦、渤海、牂牁、昆明等国使者	"六年正月南诏、契丹、室韦、渤海、牂牁、昆明等使并朝于宣政殿对于麟德殿赐食于内亭子仍赉锦采器皿有差。"	同上
大中五年（851年）五月	吐蕃首领论恐热	"吐蕃论恐热残虐，所部多叛……五月，恐热入朝，上遣左丞李景让就礼宾院问所欲。恐热气色骄倨，语言荒诞，求为河渭节度使。上不许，召对三殿，如常日胡客，劳赐遣还。"	《资治通鉴》卷二四九

需要说明的是，以上这个表格所统计的数据并不是唐一代的全部情况，这主要与史籍记载的缺漏、典籍残缺严重有关。尽管如此，通过上表，仍然可以明显地看出，在麟德殿召见外来使者的频繁程度及其在唐朝外事活动中所占的重要地位。从上表的统计看，在安史之乱以前，虽然皇

帝也不时在麟德殿召见外来使者，但频率却明显不及唐后期，这是因为在唐高宗与武则天统治时期，皇帝长期住在洛阳不在长安。开元、天宝时期唐玄宗主要居住在兴庆宫，外事活动主要在那里举行。麟德殿在外事方面的重要性主要体现在唐后期，尤其是唐德宗贞元以后，重要的外事接见活动几乎都在这里举行。

2.宴饮和娱乐功能

麟德殿除了具有外事功能外，还具有宴饮和娱乐功能。

大型的宴会设在麟德殿，是因为这里建筑宏伟、场地广阔，具有满足大型宴会举办的各种条件，也是出于赏功和笼络人心的需要。自大明宫建成以来，这里举办过多次规模较大的宴会，如唐代宗大历三年（768年）五月，"宴剑南、陈郑、神策将士三千五百人于三殿，赐物有差"。这是目前所知在麟德殿举行的规模最大的一次宴饮活动，如此之大的规模，恐怕殿内是容纳不下的，必须延伸到廊亭、庭阁之中去。在唐代宗时期还举办过数次规模颇大的宴会，如"（大历）十三年正月甲戌，帝御三殿，宴宰臣及节度使、转运使、判度支、户部侍郎、京兆尹等，赐物有差。二月庚辰，帝御三殿，宴侍臣五品以上、御史台五品以上、尚书省四品以上及节度、观察、在城判官等并宰臣、勋臣、弟兄等并赴会。凡三日连宴，锡赉极于丰厚"。另外，唐德宗在泾原兵变后流亡在外，返回京师后，连续在麟德殿举办盛大宴会，款待有功将士臣僚。①唐代文献中类似这样的记载有很多。此外，在唐代一些固定的节日或遇皇帝生日（皆为法定假日），往往也在麟德殿举行盛大的宴会。

麟德殿除了有宴饮功能外，还是一处举行娱乐活动的场所。关于这一点早在大明宫规划建设之时就已确定了，有一条史料非常重要，可以充分证明这一点。据载："袁利贞为太常博士，高宗将会百官及命妇于宣政殿，并设九部乐。利贞谏曰：'臣以前殿正寝，非命妇宴会之地；象阙路门，非倡优进御之所。望请命妇会于别殿，九部乐从东门入，散乐一色伏

---

① 《册府元龟》卷一一〇《帝王部·宴享二》。

望停省。若于三殿别所，自可备极恩施。'高宗即令移于麟德殿。"①此时距大明宫的建成还不到20年，这就说明麟德殿一开始便被赋予了这样的功能。正因为如此，在这里举行宴饮活动就不难理解了。在这里都有哪些娱乐活动呢？

首先，麟德殿是举行大型乐舞、百戏表演的场所。如贞元四年（788年）春正月，德宗"宴群臣于麟德殿，设《九部乐》，内出舞马"②。唐文宗太和六年（832年）寒食节时"上宴群臣于麟德殿。是日，杂戏人弄孔子，帝曰：'孔子，古今之师，安得侮渎。'亟命驱出"③。这里所谓"杂戏人"，也是指百戏艺人，由于拿孔子作为取笑对象，惹得皇帝不高兴，遂被赶出宫去。

其次，是表演角抵、击鞠的场所。如唐敬宗宝历二年（826年）六月，"上御三殿，观两军、教坊、内园，分朋驴鞠、角抵。戏酣，有碎首折臂者，至一更二更方罢"④，这也是史载最大的一次观演活动。众所周知，唐代有马球运动，所谓"驴鞠"，则是骑驴打球的一种运动。由于驴的体形较马要小得多，且奔跑速度较低，故在麟德殿庭院亦可进行驴鞠比赛。类似的记载还不少，这就充分证明了麟德殿的确是大明宫的一处重要娱乐场所。

六、道家风采——三清殿

在大明宫的西北部，有一座大型道教高台宫殿建筑，名三清殿（图4-62）。如今宫殿建筑已损毁无存，唯遗留有夯土高台基址，考古工作者称之为三清殿遗址。

1981年9月至1982年5月，中国社会科学院考古研究所对这座宫殿遗址进行了考古发掘。考古发掘表明：三清殿基址高出当时地面14米之多，南

---

① （唐）刘肃：《大唐新语》卷二。
② 《旧唐书》卷一三《德宗纪下》。
③ 《旧唐书》卷一七下《文宗纪下》。
④ 《旧唐书》卷一七上《敬宗纪》。

北长73米，东西宽47米。基坛向上收分，上部的面积近3000平方米。有大量白灰墙皮堆积其上，可以肯定基坛上有庑殿楼阁等建筑，但形制已不清楚。由平地筑起的这样的大型高台建筑，在大明宫内是唯一的。

高台全以黄土夯筑，周围包砌砖壁（厚1.25米）。砖壁皆磨砖对缝，表面光洁整齐。砖壁的底部铺有长条基石两层，基石的表面也磨制光平、整齐，做工非常讲究。台基的基础深入唐代地面下1.5米。上殿的阶道有两条，一条在台基南端正中，长14.7米。此道短而陡，可能是踏步式的阶道。另一条在高台北端的西侧，长44.3米。此道较长，坡度缓慢，即所谓慢道或龙尾道。慢道上铺有海兽葡萄纹方砖。另外，在高台的东侧还发掘出一组庭院式的建筑遗址，面积很广，发掘了5000多平方米，尚不到边缘，这些遗迹应该都是三清殿的附属建筑。

出土的遗物中除了大量的砖瓦等建筑用材外，还有不少琉璃瓦，颜色有黄、绿、蓝等，也有不少黄绿蓝三彩瓦（图4-63）。此外，还出土了鎏金铜泡钉、金龙首环形器、鎏金花瓣形铜饰片等多件。从出土的这些数量众多的琉璃瓦与鎏金铜饰品，可以想象三清殿建筑的金碧辉煌和豪华壮丽。还有一点需要说明，即在三清殿遗址上出土的方砖中，莲花纹的很罕见，而海兽葡萄纹和葡萄鹿纹花砖很多，尤其是鹿纹花砖在大明宫内还是首次发现，[①]这大概与三清殿的道教性质有一定的关系，而莲花纹与佛教的关系比较密切。

李唐自诩是老子的后裔，非常崇拜道教，在大明宫建有玄元皇帝庙专供老子。据传，道教以至清、上清、太清为"三清"，皆仙人之府，因此古代多以此为宫观之名。三清殿遗址，顾名思义，当是宫廷内奉祀道教的建筑之一。其实，在大明宫中已有玄武、明义、大角等道教建筑，这些道观一般是皇帝之外的其他人员（比如嫔妃、女官和宦官等）进行宗教活动的场所，而三清殿则是专供皇帝使用的道教宫殿建筑。

---

① 马得志：《唐长安城发掘新收获》，载《考古》1987年第4期。

图4-62 杨鸿勋先生绘制的三清殿遗址建筑复原图

图4-63 三清殿遗址出土的琉璃瓦与三彩瓦

七、哪凉快哪待着——带有"空调"的含凉殿

2001年春季,西安唐城队在对大明宫太液池遗址南岸的试掘中发现了一座宫殿遗址。这座宫殿遗址位于太液池南岸之上,距太液池南池岸沿仅10余米,位置与太液池中的蓬莱岛基本上是南北相对。这可能就是《长安志》中所记载的"含凉殿"遗址。[①]

[①]详见何岁利:《大明宫太液池の予備調査と発掘調査研究》,《東アジアの古代都城》,奈良文化財研究所,2003年。

含凉殿为玄宗时所建造。当时制冷消暑的办法很独特，皇帝座后"水激扇车，风猎衣襟"，来者"赐坐石榻"。殿"四隅积水成帘飞洒，座内含冻"。含凉殿在修建上防止阳光照进来，所以显得很阴沉。室内还利用水能来滚动扇叶，扇叶对着凉水吹，产生凉气。殿内还有循环冷水源，四周有水往下淌，构成水帘。这可能是在宫廷的四檐装有水管，把水引到屋檐上。凉水在屋上循环，室内温度自然就降低了。古人利用"空调"的智慧可谓独具一格。这种制冷方法来源于西域。如今，笔者在乌兹别克斯坦的个别地方还见到有类似的消暑建筑。

考古发掘时宫殿上部建筑已毁，剩高出当时地表1.5米左右的殿基（图4-64）。殿基坐南朝北，平面呈长方形，东西长32米、南北23米，推测为面阔7间、进深5间，每间宽约3.5米。殿基为夯土筑成，夯土纯净、硬实。在殿基四周发现有砌砖残迹。殿北中央两侧对称分布有宽约3米的踏步各一。殿基上表面较平，有铺砖痕迹，础坑呈网状分布，础石已失。在部分础坑底部的夯土中还发现有承础石。承础石一般三四个为一组。另外，在此宫殿遗址的西南有一夯土高台与殿址相接。夯土高台平面呈"凸"字形，高出宫殿遗址面2.5米。高台壁部周围也发现有砌砖、砌石，高台的

图4-64　太液池南岸的含凉殿遗址

上台面平坦，下台面还发现有铺砖。在夯土高台的西南部还有东西向慢坡道一处，坡道残长9米、宽4米，东高西低，坡度12.3度，坡面较平。在坡道近沿处分布有础石，坡道两侧还有砖砌的水渠道各一，水渠道顺坡道走势，做工考究。

在这座宫殿遗址发掘出土的遗物中，除了砖、瓦等建筑材料及碗、盒等生活用品外，还出土了较多的陶质佛头像、力士头像等，这些头像造型精美，表情丰富，推测是供奉之用。有关此宫殿遗址的其他情况还有待于进一步的发掘研究。

八、其他宫殿的考古

大明宫有"千宫之宫"的美名，除了上述宫殿之外，宫内还有很多独具特色的宫殿遗址。限于篇幅，在此给大家简要介绍几座已被考古证实的宫殿遗址。

清思殿：大明宫中便殿之一，考古探查其位于左银台门内西北280米处（今西安市北郊含元殿村游乐场以北90余米，太华路以西280余米），殿址现仅存台基部分，平面呈长方形，东西33米，南北28.8米，周围砌有砖壁和砖铺散水。在台基南端东西各出一斜廊。殿堂广约7间，进深约5间。殿前有一宽阔的场地，无任何建筑遗址，很可能是殿前的庭院。史载"敬宗荒恣，宫中造清思院新殿，用铜镜三千片、黄白金薄十万番"[①]。足可见这座宫殿豪华至极。考古出土了铜镜残片17片，鎏金铜装饰品残片多片，证明史籍记载不误。另外，考古工作者在清思殿台基下面发现了早期建筑遗址，说明清思殿是在拆除旧殿后新建的，故上引史料才说敬宗造清思院新殿。[②]清思殿实际上早在敬宗之前就已有，据《新唐书》卷八《敬宗纪》载：穆宗于长庆四年（824年）正月崩，当月敬宗即位，二月，始听

---

① 《旧唐书》卷一五三《薛存诚传附子廷老传》；《册府元龟》卷一四《帝王部·都邑二》；《旧唐书》卷一七上《敬宗纪》等载。

② 马得志：《唐长安城发掘新收获》，载《考古》1987年第4期。

政，"四月丙申，击鞠于清思殿。染坊匠张韶反。幸左神策军，韶伏诛"。诸书记载大体相同。即使敬宗即位之始就开始建造清思新殿，三个月内无论如何建不成如此奢华的殿堂，因此敬宗击鞠的这座清思殿只能是旧殿。敬宗击鞠的场所当在清思殿前的庭院。此外，史载唐穆宗崩于清思殿，① 这说明此殿为皇帝寝殿之一。上述的染匠张韶进入清思殿后，"升御坐，盗乘舆余膳，揖玄明偶食"②，也说明这里是皇帝饮膳之处。考古发掘出土的唐代遗物有开元通宝和石质的黑、白围棋子多枚，另有刻有"同均府左领军卫"的铜鱼符一件等，③进一步证明清思殿为皇帝娱乐、休闲、饮膳的寝殿。至于所发现的有军府名的铜鱼符，乃是陪同敬宗击鞠、角力的军中壮士之物。

浴堂殿：1959年考古工作者在清思殿以南、紫宸殿以东，探查到东西排列的三个夯土宫殿基址，其中靠近紫宸殿的便殿为绫绮殿，绫绮殿东就是浴堂殿。考古实测浴堂殿遗址东西长约85米、南北宽近70米，比西邻的绫绮殿和东侧的宣徽殿面积都要大。如此大面积的后宫便殿，在大明宫是极为少见的。浴堂殿在唐代开元二十六年（738年）成书的《唐六典》中并无记载，这说明在开元时期尚未建造此殿。《旧唐书·裴延龄传》中有一段唐德宗与裴延龄之间的对话："上谓延龄曰：'朕所居浴堂院殿一栿，以年多之故，似有损蠹，欲换之未能。'"其中所说的"栿"，即指殿梁。既然浴堂殿之梁有损蠹者，说明此殿已修建多年了，故其很可能是肃宗时期所建。浴堂殿外围还建有浴堂院，周围有院墙，院有院门，故史书中常有"浴堂门"的字样出现。如敬宗将"编甿徐忠信阑入浴堂门，杖四十，配流天德"④。文宗"令（王）守澄召（郑）注对浴堂门，赐锦

---

① 《新唐书》卷八《穆宗纪》。
② 《新唐书》卷二〇七《宦者·马存亮传》。
③ 马得志：《唐长安城发掘新收获》，载《考古》1987年第4期。
④ 《旧唐书》卷一七上《敬宗纪》。

彩"①。浴堂门内有壁，李吉甫将河北险要绘成图，献给宪宗，"帝张于浴堂门壁"②。浴堂院有回廊，有时皇帝也在这里召见大臣，如"（李）绛后因浴堂北廊奏对，极论中官纵恣、方镇进献之事"③。浴堂院实际上是一处独立的建筑群，因此安全系数较高。敬宗初，染匠张韶等谋逆，攻入宫中，"出兵大呼成列，浴堂门闭"④。浴堂殿在唐后期是皇帝经常召见文人学士的场所，唐德宗喜欢赋诗，经常在浴堂殿召翰林学士讨论新诗，有时甚至讨论到深夜。⑤李绛任翰林学士时，经常被宪宗召对于浴堂殿，关于这一点在史书中多有记载。长庆四年（824年）七月，"翰林学士韦处厚，于浴堂中，因谏游畋及晏起"云云⑥。柳公权任翰林书诏学士，"每浴堂召对，继烛见跋，语犹未尽，不欲取烛，宫人以蜡泪揉纸继之"⑦，传为千古美谈。当然，在浴堂殿召对的不限于诸学士，其他官员亦有被召见的，如"严厚本为国子监周易博士，太和八年七月，召本对于浴堂门，赐其锦器"⑧。"王直方为右补阙，太和八年三月，为镇州册赠副使，因令中使宣诏，对于浴堂门"⑨。正因为皇帝不时在浴堂门召见群臣，所以唐诗中才有"浴堂门外抄名入"的句子⑩。此外，皇帝也常在这里召见高级宦官。

金銮殿：位于太液池西南岸，建筑在金銮坡上，因位置接近翰林东学七院，皇帝便常在此与翰林学士商议国事，加之地势高爽，可以凭栏北望太液池风光，深受皇帝的喜爱。该遗址于1959年钻探时被发现，平面呈

---

① 《旧唐书》卷一六九《郑注传》。
② 《新唐书》卷一四六《李栖筠传附吉甫传》。
③ 《旧唐书》卷一六四《李绛传》。
④ 《新唐书》卷二〇七《宦者·马存亮传》。
⑤ 纪有功编，王仲镛按笺：《唐诗纪事》卷二《德宗》，巴蜀书社，1989年。
⑥ 《唐会要》卷五七《翰林院》。
⑦ 《旧唐书》卷一六五《柳公绰传附公权传》。
⑧ 《册府元龟》卷六〇一《学校部·恩奖》。
⑨ 《册府元龟》卷四六四《台省部·谦退二》。
⑩ （唐）王建：《宫词》。

长方形，东西长约60米，南北宽约30米。1998年太液池全面考古钻探时，也钻探到了该宫殿遗址，其范围、规模与以往考古结果一致。值得一提的是，其殿基夯土非常坚硬，保存厚度1.5米左右。时因周围多为污水池、垃圾山而未能试掘。金銮殿在政治上的重要性是与翰林院制度的完善紧密联系在一起的。翰林学士与皇帝商议军国大事、起草诏敕，大都是在金銮殿进行的，所谓"自有金銮殿后，宣对多在金銮"[①]。这里所说的"宣对"是专指翰林学士而言。唐后期重要的诏敕大都是在金銮殿内提草并颁发的，所以当时的人们往往把重要诏敕都与金銮殿联系在一起，如元晦的诗云："紫泥远自金銮降，朱旆翻驰镜水头。"[②]诗中所谓"紫泥"，即指皇帝的诏敕。秦汉时期天子诏书用紫泥密封并加盖印玺，后世遂用"紫泥"称皇帝诏敕。唐后期皇帝在金銮殿与翰林学士共议国事，形成决策后再以内制的形式颁布。在大明宫中皇帝与宰相议决军国大事的场所是延英殿，形成了所谓"延英召对"制度；在金銮殿宣召翰林学士，并授予其起草内制的大权，形成了以金銮殿为中心包括翰林学士院在内又一个政治决策中心，并且这一制度为宋代所继承，可见其影响之大。

大福殿：位于三清殿西北（原坑底寨村内）。西邻大明宫西城墙。关于大福殿，文献中少有记载，只是在《唐两京城坊考》《雍录》《阁本大明宫图》中有所标注。2004年，考古队曾对大福殿遗址进行过考古钻探，当时遗址被现代民居包围，顶部还建有现代庙宇。考古钻探只了解到遗址的一些基本情况。时夯土台基址高出地面3~4米，周边已残缺不全，夯土层次清晰，质地坚硬。对于遗址的分布范围等其他情况因无法开展工作而未知。过去此殿遗址被村庄包裹，当地人称此台基为"炕"，所以这个位于台基下面的村庄名为"炕底寨"。另有一说，因大明宫北部比较低，类似"坑"，而三清殿、大福殿区域是最低处，类似于"坑底"，所以台基周围的村庄名为"坑底寨"。不过，随着大明宫遗址公园的建设，"炕底

[①]（宋）程大昌：《雍录》卷四《唐翰苑位置》。

[②]（唐）元晦：《除浙东留题桂郡林亭》。

寨""坑底寨"村庄现在已经全部被拆迁。据载，大福殿是皇帝敬香拜佛的地方，又称"大佛殿"。关于大福殿形制的直接记载史籍缺漏，但从大福殿遗址的规模来看，其无疑是大明宫后宫一处重要的宫殿建筑。

总之，通过对上述宫殿遗址的发掘和钻探，今人不仅对大明宫内诸宫殿遗址的建制有了较多了解，而且对大明宫的布局有了较明确的认识，为复原大明宫的形制布局打下了基础。

大明宫的"脉络"——道路与水系

大明宫内的道路与水系考古工作，收获最大的当属2005—2006年御道考古项目，通过此次大规模考古钻探与试掘，基本厘清了南部朝政区的道路与水系。另外，2001—2005年中日联合考古队对太液池遗址进行了系统的考古发掘，对北部生活区的道路与水系也有了初步认识。2008年起大明宫国家遗址公园考古项目则进一步丰富了大明宫内相关道路与水系的考古成果。

大明宫内部道路与水系相关情况至今没有专门的研究著作，笔者通过梳理多年的考古资料及御道考古的最新成果，并结合自己的研究，简要梳理出了大明宫南部朝政区、北部生活区道路与水系的一些基本情况，在此与大家共享。需要说明的是，这也仅为笔者个人研究见解，有待进一步考古工作的验证。

一、南部朝政区道路体系的框架

（一）大明宫南部朝政区布局的考古新认识

2005年以前，考古实测大明宫朝政区内有三道宫墙，位置自南向北依次为：含元殿前120米处，含元殿东、西两侧，宣政殿东、西两侧。但根据最新考古发掘结果，大明宫朝政区内只有两道隔墙，位置由南向北分别在：含元殿东、西两侧，宣政殿东、西两侧。这就解决了以前吕大防《长安图》所绘位置与考古发掘不符的问题，对还原真实的大明宫布局提供了重要资料。"消失"的含元殿前的那道宫墙，实为唐代龙首渠所在。但笔者始终坚信，朝政区的宫墙依然是三道，另外没有发现的那道宫墙应该在宣政门东西一线。

如今发现的两道宫墙把大明宫南部朝政区隔成两个相对较大的区域自南向北依次是：丹凤门—含元殿区域，是为"前庭区域"；含元殿、宣政殿、紫宸殿区域，是为朝政区域。而在上述整个朝政区的北部，就是大明宫后宫寝殿区，皇室生活居住区所在。大明宫"前朝后寝"的布局方式由此可见。

（二）南部朝政区的道路框架

大明宫南部朝政区的道路体系总体框架可以称为"3纵3横"，即3条南北向主干道和3条东西向主干道（图4-65）。除此之外，宫内还有城内顺城路、上朝道路等。

为便于叙述，3条纵向主干道路暂时分别称为一纵、二纵、三纵，3条横向主干道路暂时分别称为一横、二横、三横。

一纵：从丹凤门至含元殿的御道（一纵南段），次从含元殿延伸至宣政门、宣政殿，再从宣政殿延伸至紫宸门、紫宸殿（一纵北段）。当属皇帝专用御道（图4-65中1－1A－1B－1C部分），规格最高。其他人未经允许是不能使用的。这也是大明宫中轴线所在！

二纵：位于一纵以东（图4-65中2－6a部分），即望仙门向北至含元殿前龙首渠的望仙门内大街（2纵南段），次从龙首渠一直向北经昭训门、含耀门、崇明门延伸至紫宸殿东侧区域（二纵北段）。

三纵：位于一纵以西（图4-65中3－6b部分），即建福门向北至含元殿前龙首渠的建福门内大街（三纵南段），次从龙首渠一直向北经光范门、昭庆门、光顺门至紫宸殿西侧区域（三纵北段）。

一横：含元殿前龙首渠南，东西向道路（图4-65中5）。龙首渠既要将前庭与后朝政区隔开，又要保证东西南北畅通无隔挡，所以就有了龙首渠

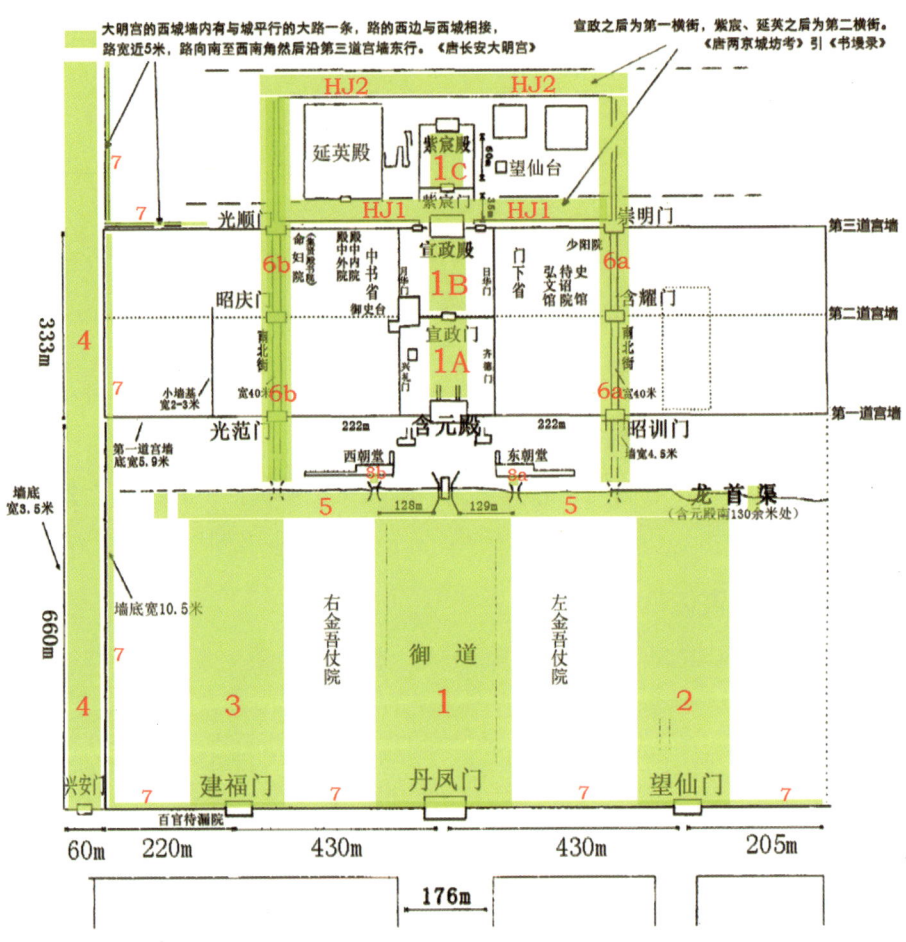

图4-65 大明宫南部区域道路框架平面示意图

南的东西向道路。这条东西道路把"3纵"在前庭区域有机联系在一起。

二横：为宣政殿后的第一横街（图4-65中HJ1）。其在不影响朝政区的前提下将东西各个官署有机联系在一起。

三横：为延英殿、紫宸殿后的第二横街（图4-65中HJ2）。其在不影响朝政区的前提下将皇宫朝政后庭区与后宫东西有机联系在一起。

根据既往的考古资料及最新的考古成果，结合含元殿以南前庭区域布局（图4-66），笔者将该区域的道路框架尝试做了示意性复原和梳理（图4-67中编号1、2、3、4、5、6、7的区域）。

1.兴安门内南北向主干道

主要是指以丹凤门、建福门、望仙门、兴安门为起点的南北向主干道。即大明宫含元殿御道、望仙门内大街、建福门内大街、兴安门内南北主干道等道路。

大明宫含元殿御道（一纵南段）：南起丹凤门、北至含元殿南龙首渠。大概是以丹凤门—含元殿为南北轴线，南北588米、东西735米左右的范围（图4-67中编号为"1"的区域）。这条道路为唐代皇帝专用。2005—2006年御道考古工作也发现了这一道路，并钻探出御道路土多处，之后还进行了考古发掘，揭露了大明宫含元殿御道的路面遗迹（图4-68）。路土土质坚硬，有明显的早、中、晚三期堆积，早期厚15厘米，中期厚20厘米，晚期厚40厘米。路中央的路土较厚，由中央向东西两侧边沿处逐渐变薄，最薄处仅厚15~31厘米。为了探查御道的宽度和有无路旁水沟，我们在御道核心区域以外开挖了几条东西向探沟，但除了在西侧发现了稀疏的车辙以外，没有发现明显的路土和排水沟痕迹。考古发掘结束后，文物部门对御道遗迹进行了覆土保护，如今大明宫国家遗址公园内的御道范围还铺上沙粒，基本复原了唐代时的场景，展示出了大唐宫苑的恢宏壮丽。

望仙门内大街（二纵南段）：望仙门内南北向道路（图4-67中编号为"2"的区域）。1991年夏季西安唐城队在配合西安市房地产管理局三分局生产村基建考古时，安家瑶、常青等就在望仙门内100米处发现并发掘了望仙门内大街（图4-69）。发掘宽度15米，道路上车辙密集，当是道路中心，使用频繁。在车辙以东35米处，又发现了东西宽3.5米、深1.3米的道路东侧路沟，当系望仙门内大街东边沿所在。依据考古发掘的情况推算，望仙门内大街的东西宽度当在90米左右。笔者在2006年含元殿御道考古、2009年大明宫国家遗址公园考古时也曾在此区域北部发现过类似路土，当是望仙门内大街无疑。如今的大明宫国家遗址公园望仙门遗址内依然保留有些许的望仙门内大街。

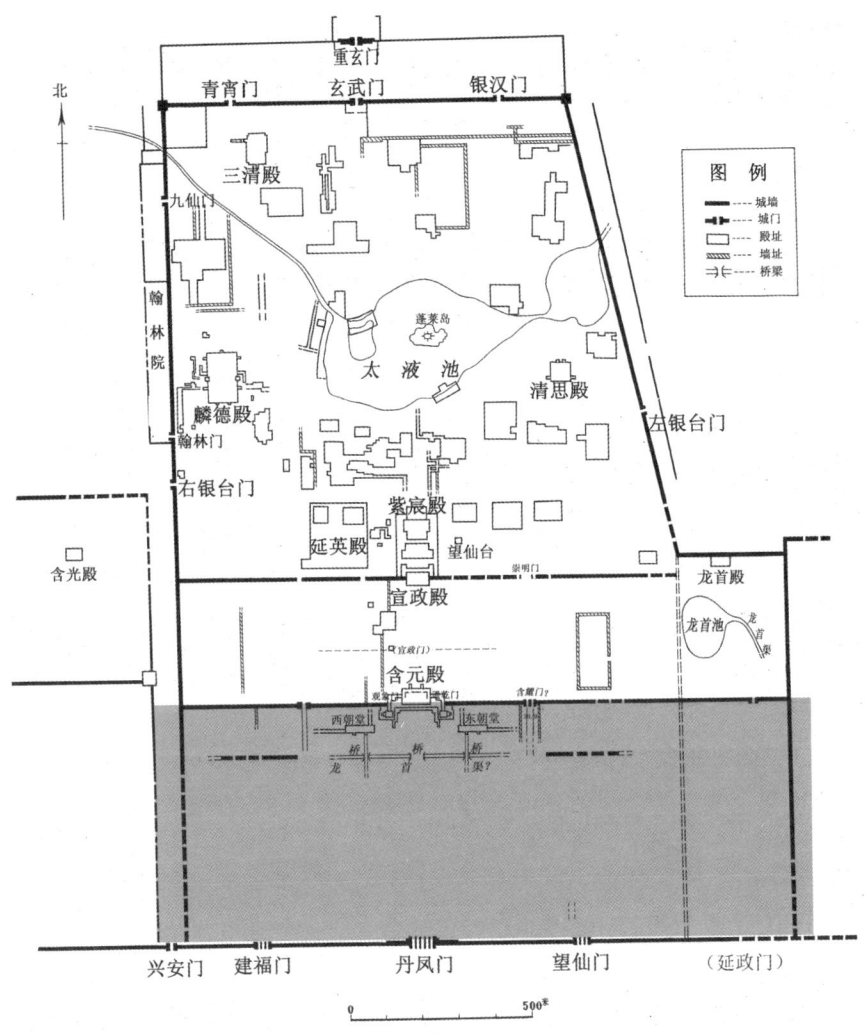

图4-66　大明宫含元殿以南前庭范围位置示意图

建福门内大街（三纵南段）：建福门内南北向道路（图4-67中编号为"3"的区域）。建福门内大街的遗存情况相对较差，笔者只是在2006年含元殿御道考古、2009年大明宫国家遗址公园考古时零星发现过路土或路基，可能与此区域过去多为现代建筑，唐代遗迹严重破坏有关。建福门内大街虽然没有发现过多的考古遗存，但建福门作为与望仙门东西对称的门址，同时又是进入大明宫上朝的主要门址，门内道路形制应该与望仙门

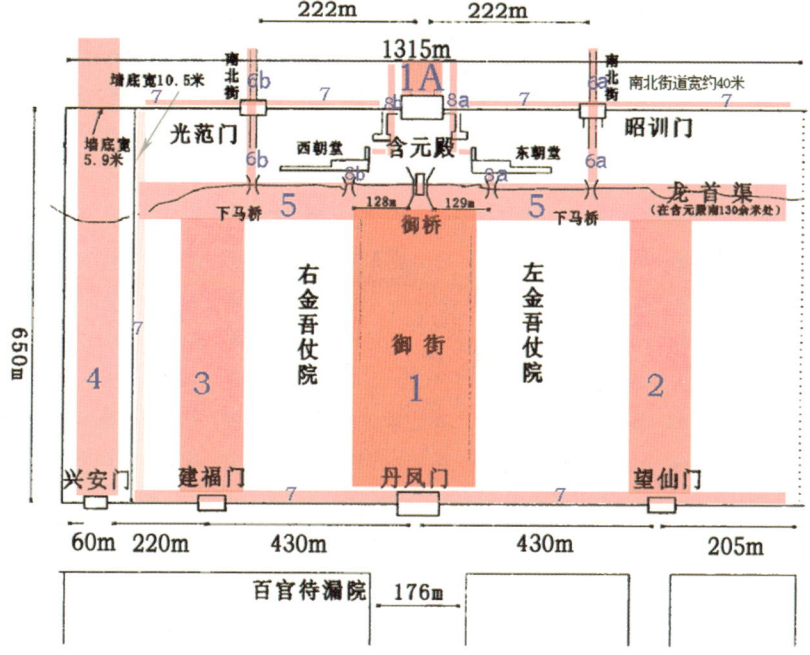

图4-67 含元殿以南前庭区域布局与道路示意图

图4-68 考古发掘出的御道路面残迹

图4-69　望仙门内大街1991年发掘工作照（左为安家瑶，右为常青）

内道路相同。如今的大明宫国家遗址公园望仙门遗址内依然保留有些许的建福门内大街。

兴安门内的南北道路：进入兴安门一直向北经右银台门进入大明宫，是进入大明宫的又一条南北向主要干道（图4-67中编号为"4"的区域），但由于位于宫城西侧之外，所以就显得不太起眼。2009年兴安门考古发掘显示，兴安门东西28米，门址西距西内苑城墙20米，门址东距西城墙21米。兴安门内即为夹城空间，东西范围应该为70米左右，也就是说，兴安门内的道路宽度应该在60~70米。

2.东西向主干道（一横）

这里的东西向主干道主要是指含元殿前龙首渠南侧沿河道路（图4-67中编号为"5"的区域）。这条道路是2005年御道考古时发现的，道路为东西向，基本与龙首渠平行（图4-70）。考古工作者发掘了东西长400米的一段道路，南北宽度15米。此条道路东西依次连接了望仙门内大街北端、含元殿御道北端、建福门内大街北端，并沿龙首渠南沿东西两侧延伸分布，还沟通含元殿前中央桥梁、东侧桥梁、西侧桥梁等水陆交通线，是含元殿前庭一条东西向道路。发掘出的道路路土厚实，路面车辙密集，足可见该条道路在唐代时使用极为频繁（图4-71）。可以想象，在含元殿前的这条东西大道上，曾经车轮滚滚，冠盖云集，川流不息。这条道路也是所有官员进入大明宫朝政区的必经之道，百官从此道到达龙首渠上的桥梁（下马桥）之前，均要下马下车，再行上殿。

3.其他道路

除了上述主干道之外，考古工作者在此区域还发现了一些宫内其他道路，主要有顺城道路、步行砖道等。

顺城道路：大明宫南城墙、西城墙、隔墙内还有宫内顺城道路（见4-75中编号为"7"的区域）。道路宽度5米左右。这些遗迹早在20世纪50年代大明宫最初的考古工作中就已经发现，1959年还对西城墙北部顺城道路遗迹进行了发掘。[①]2008—2009年笔者带队进行大明宫西城墙中段、南段以及南城墙考古工作时也发现了顺城道路遗迹，但道路遗迹破坏严重，仅在城墙根部内侧有零星发现。

步行砖道：是通往含元殿东、西朝堂的铺砖步行道路（以下简称"步行砖道"）。之所以说这条铺砖的道路是步行砖道，是因为唐代文献明确记载文武官员必须在下马桥前下马再步行进入朝堂，而这条铺砖道路正是通往朝堂的道路，并经过龙首渠上的桥梁，那么，所经过的桥梁应该就是文献中所说的下马桥，而这条上朝道路无疑也如文献中所讲，只能步行。

步行砖道分别位于含元殿东、西朝堂南部（见4-75中编号为"8a、8b"的区域）。该道路是2005年含元殿御道考古时发现的。根据考古发掘出的含元殿西朝堂南步行砖道来看，砖道为南北向，有早、晚两期。早期宽度1.1米，晚期宽度1.2米。考古工作者发掘出了28.5米长的一段晚期砖道，路面砌砖大部分已被毁，仅余路两边的侧立砖、顶缝砖及路基垫底砖（图4-72）。早期步行砖道叠压于晚期砖道正下方0.5米，南段保存较完整，北段因受晚期铺砖路覆压，所以只发掘了局部一段。发掘出的早

[①] 中国科学院考古研究所：《唐长安大明宫》，科学出版社，1959年。

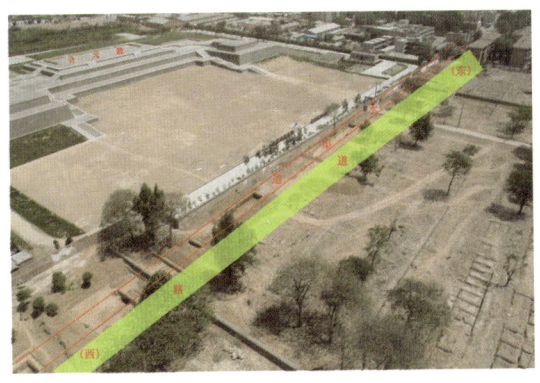
图4-70 水渠道南的东西向道路遗迹位置示意图

图4-71 水渠道南侧道路上的车辙遗迹

图4-72 晚期步行砖道

图4-73 早期步行砖道

期砖道亦呈正南北向,发掘长度约为5.6米,路面中间铺设素面方砖与莲花纹方砖,两侧再以长方砖侧立砌成步行砖道(图4-73)。

(三)含元殿、宣政殿、紫宸殿区域的道路框架

含元殿、宣政殿、紫宸殿区间是大明宫南部朝政重心,是唐代帝国的政治中枢(图4-74)。据《唐两京城坊考》记载:"宣政殿后为紫宸殿,宣政之后为第一横街,紫宸、延英之后为第二横街。紫宸殿之后曰蓬莱殿……"于此,结合最新考古资料,也基本可以复原含元殿、宣政殿和紫宸殿区域的道路框架(图4-75)。

1. 南北向主干道(3纵)

御道(一纵北段):南起含元殿北,向北经宣政门至宣政殿(图4-75

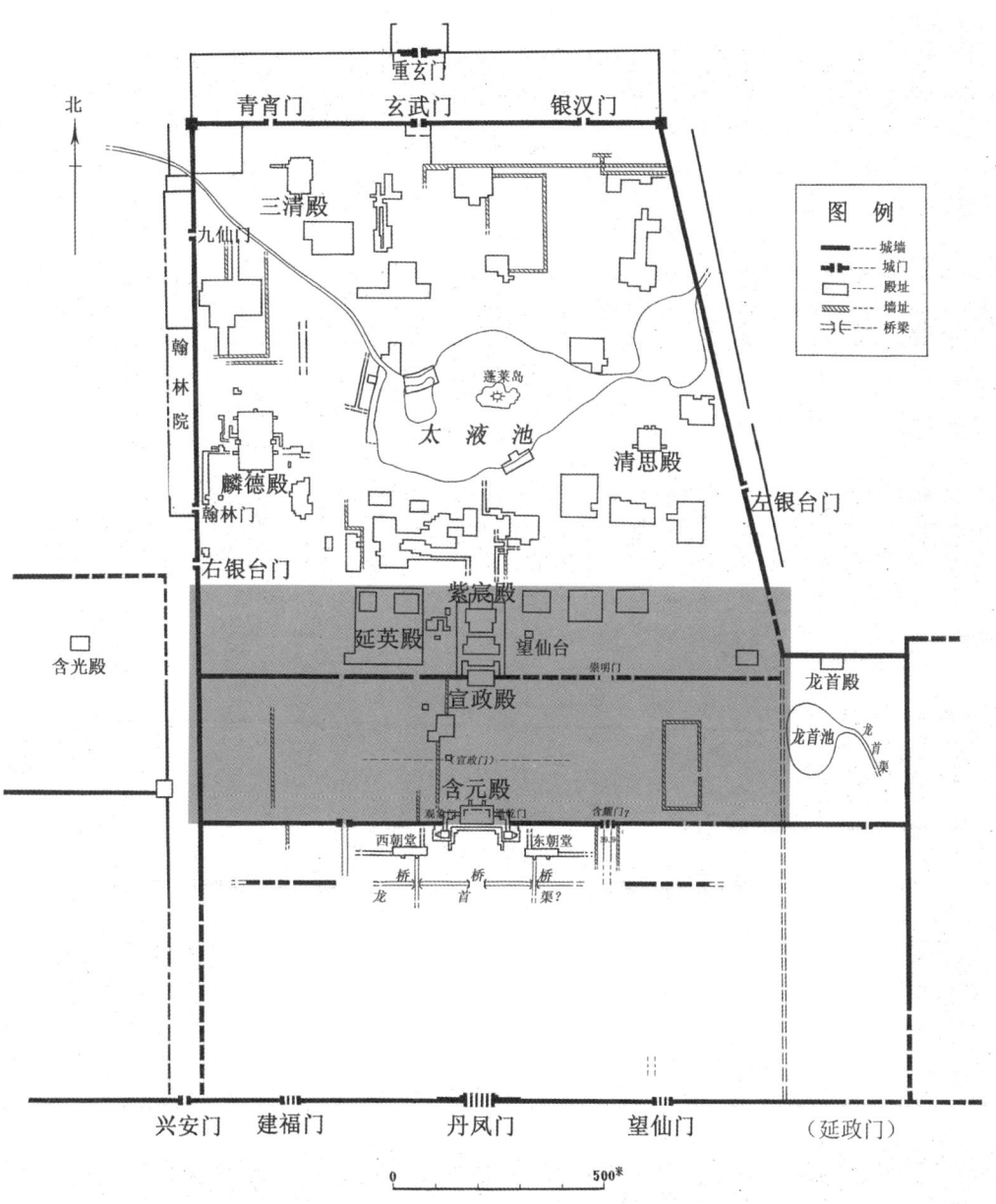

图4-74 含元殿、宣政殿、紫宸殿区间范围示意图

中编号为"1A"的区域）。另外，从紫宸门到紫宸殿这一段道路（图4-75中编号为"1B"的区域），也应该是皇帝专用的御道范围。

大明宫东部南北街（二纵北段）：南起含元殿南龙首渠北侧，向北直行，穿过含元殿东侧第一道宫墙上的昭训门，次北直行，穿过含耀门，再北直行，穿过宣政殿东侧的崇明门（图4-75中编号为"6a"的区域）。此道路还有可能再从崇明门北一直穿过第一横街（图4-75中HJ1，即宣政殿北横贯大明宫南部的东西向道路），继北直行，到达紫宸殿和延英殿北的第二横街（图4-75中HJ2）。这条道路的确认，缘于1987年含元殿东侧含耀门遗址的发掘。考古工作者在门墩东、西两端向外各6.7米宫墙处，发现并发掘两道向南去的版筑墙址，墙体宽4.5米，两墙东西相距约40米，形成一条南北封闭、胡同式的"夹道"（或称"驰道"）。[①]由此可见，大明宫东部南北街，东西宽度应该是40米，街道两侧建有墙体，将左右的建筑予以隔绝。

大明宫西部南北街（三纵北段）：应该与东部南北街类似。南起龙首渠北侧（推测起点处应该有桥梁），向北直行，穿过含元殿西侧第一道宫墙上的光范门，次北直行，穿过昭庆门，再北直行，穿过宣政殿西侧的光顺门（图4-75中编号为"6b"的区域）。此道路亦有可能再从光顺门北一直穿过第一横街（图4-75中HJ1），继北直行，到达紫宸殿和延英殿北的第二横街（图4-75中HJ2）。大明宫东部南北街，东西宽度亦可能是40米，街道两侧建有墙体，将左右的建筑予以隔绝。

2.东西向主干道（二横、三横）

第一横街（二横）：宣政殿后东西向大街（图4-75中编号为"HJ1"的区域），是三大殿朝政区东西向主干道之一。据《唐两京城坊考》引《书墁录》载："宣政殿后紫宸殿，宣政殿后为第一横街，紫宸、延英之后为第二横街"。于此，可确认横街的存在。但第一横街的考古资料不太确定

[①]中国科学院考古研究所西安唐城工作队：《陕西唐大明宫含耀门遗址发掘记》，载《考古》1988年第11期。

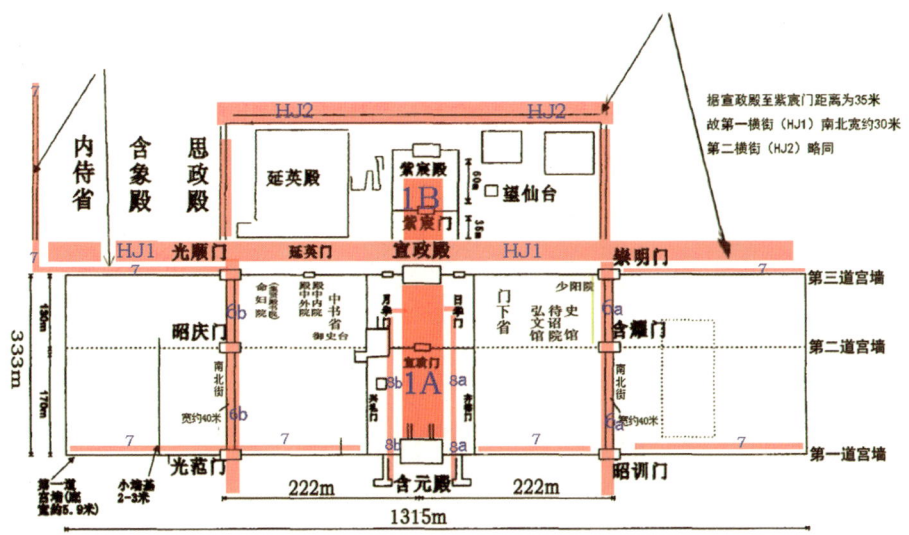

图4-75 含元殿、宣政殿、紫宸殿区域道路框架示意图

道路的长度与宽度。仅可知紫宸门在宣政殿北35米处，依此推测，宣政殿后的第一横街南北宽度可能在30米左右。

第二横街（三横）：紫宸殿、延英殿后东西向大街（图4-75中编号为"HJ2"的区域），是三大殿朝政区东西向主干道之一。道路长度与宽度亦不确定，形制应与第一横街类似。道路南北宽度推测在30米左右。

3.其他道路

顺城道路：宫墙与宫内隔墙内侧的道路（图4-75中编号为"7"的区域）。1959年在西城墙内北部发现并发掘了西顺城道路（时称"沿城道路"），路的西边与西城墙相接，路面距现在地表1.2米左右，路宽近5米。路土内含有大量碎砖、瓦砾，一般厚0.6米，有些地方因后来遭到破坏，所以厚度不及0.6米，有薄至0.3米者，土质特别坚硬。西顺城道路向南至第三道宫墙的西南角，然后沿第三道宫墙东行，向北直至龙首原北坡断崖处。从路土的情况及与城墙相连的关系来判断，此路是当时沿着西、南二墙修的一条沿城的大路。

二、北部生活区的道路

有关大明宫北部生活区道路的考古工作不是很多,主要是太液池考古工作中对池周边道路体系的认识,以及2008年起对大明宫太液池以北区域大规模考古勘探中发现了一些道路。另外,在大明宫多年的考古工作中,零散发现了一些道路遗迹。

(一)北部生活区道路框架的总体认识

1.道路框架园林化,结构松散随意

通过近些年考古发现的一些道路遗迹及多年的考古积累,可以明确认识到,大明宫北部生活区的道路体系与南部朝政区道路框架明显不同。朝政区的道路框架是规划整齐的"3纵3横",再穿插一些规划整齐的顺城道路、夹道纵横,显得比较严谨。而北部生活区的道路框架则呈现园林化特点,结构松散随意,是一种路随水转、道随殿走、曲径通幽的框架体系,因此,其中的道路系统也就不需要严肃庄重的纵横结构,而相应呈现出生活化的随意布局。当然,这种随意并不是随便,体现的是一种生活概念布局,其布局还是有计划的。

2.道路框架基本以太液池为中心,辐射周边宫殿、建筑遗址

结构松散随意的道路框架,可能也与北部生活区的性质有关。众所周知,北部生活区是大明宫后宫所在,是唐代皇帝寝居、休闲、娱乐之所,整个区域布局以太液池为中心,周边再配一些宫殿、道场、寺院,体现了皇家园林池苑区域建筑特点。正是由于以太液池为中心的建筑布局,也造就了北部生活区以太液池为中心向周边辐射的道路规划体系。这一点,也基本在多年的考古工作中得到了证实。

3.道路框架还不系统,仍需要考古积累与研究

近些年,随着大明宫考古工作的深入,北部生活区道路考古在过去零散资料的基础上又集中收获了许多新的考古资料,如太液池周边道路、麟德殿南部道路等,特别是在2008年大明宫国家遗址公园考古工作中,笔

者带队对太液池以北区域进行了大规模的考古勘探，新发现了一些类似于宫墙、廊庑、夹道及未名遗址，其中也包含了一些道路遗迹，这些考古资料无疑是大明宫北部生活区道路框架研究的重要组成部分。通过不懈的努力，我们对北部生活区的道路框架不断更新与完善。但不可否认的是，这些资料对于构建大明宫北部生活区道路框架系统还是不够的，仍然需要考古工作长期的积累，方能形成对大明宫北部生活区道路框架系统、科学的认识。

（二）太液池周边的道路

2001—2005年，中日联合考古队对太液池遗址进行了持续5年的系统发掘，发掘出了池岸、道路、宫殿、水榭、高台、廊庑、岛屿、桥梁、人造景观等遗迹。太液池周边道路的发现使人们对北部生活区的道路有了初步的认识。

考古工作者在太液池东南池岸、南岸、西岸临池发现较多与池岸走向基本一致的道路，路宽15~25米，路面踩踏、压轧痕迹明显，还发现了清晰的车辙，车辙的车轨间距考古测量在1.2~1.3米，与唐代车轨距相符合。另外，在路的两侧或一侧发现了大小不同、或圆或方的浅坑，这可能是路两侧的树坑。这条道路沿太液池的池岸周边均有分布，应是环绕太液池的一条临池大道。

在南岸、西岸环池大道远离池子的外侧，考古工作者还发现穿行于建筑遗址或人工景园的一些小路，小路路面还铺有小石子。2002年发掘的西岸廊庑西侧，就发现有沿渠道和廊庑的小路，方向为东北—西南走向，与廊庑的走向一致。道路东西宽4.4米左右，路面比廊庑内地面低0.15~0.2米，路面上有数十道清晰可见的车辙痕迹。

（三）麟德殿南部道路（局部）

2002年配合麟德殿遗址周边环境整治，笔者带队对麟德殿遗址外围进行了大规模的考古勘探。除了在麟德殿南部、西部发现了几处夯土基址外，还在麟德殿南部发现了两条道路遗迹。一条道路位于麟德殿遗址南部，道路为南北向，残宽20米左右，路土较厚，踩踏痕迹明显，应是麟德殿殿院南部正中的南北向主干道。当时勘探时只在麟德殿南约200米处道路中段集中发现部分路土，再往南道路断断续续也有零星发现，可能是后期破坏所致。另一条道路位于麟德殿南部约350米处（麟德殿遗址保管所原南门内西侧），道路为东西向，宽度不详。因距此往西约100米即是大明宫右银台门，所以，这条道路有可能是右银台门内的一条东西向道路，这条道路一直往东延伸何处，我们不得而知，但这条东西向的道路与上述麟德殿正南的南北向道路相接形成"T"字交叉这一点无疑。

（四）太液池北部区域道路的发现

在2008年大明宫国家遗址公园考古工作中，笔者带队在太液池东北约150米处，发现两道相距约5米左右的南北向夯土墙址，并在墙址间发现了路土，基本可以肯定，这是一条封闭的、胡同式的南北向"夹道"。这条路北端不远就是一块大型的夯土基址，这条夹道也可能就是通往此处的。在此夹道南端，考古钻探出一条东西长100米左右、南北宽3米的夯土墙址，疑似廊道挡墙遗迹，这应该与上述南北向夹道相接。但道路延伸何处及性质不得而知。另外，在太液池以北区域还零星勘探出一些路土，因范围小也不太明确道路的走向与性质。还有，在对大明宫东城墙的勘探中，也发现了城内顺城路的零星路土，但宽度不是太明显。对照大明宫西城墙顺城道路，推测其宽度亦为5米。

三、南部朝政区水系及相关遗迹

大明宫南部朝政区的水系构成，主要以东西向的龙首渠为主干，龙首渠成为朝政区水系给排一体的主干水系。周围及附近的道路、大型建筑等多以明暗水渠或地下铺设陶水管，集中汇集排放到龙首渠。这些均已经为多方面的考古遗迹所证实。2004年1月，在含元殿殿前广场东南近龙首渠处发掘出一处地下排水渠道，该排水渠道位于龙首渠北3米处，由砖砌水渠与陶水管道衔接而成，北高南低，系含元殿方向排入龙首渠的地下排水渠道。

（一）横贯宫城东西的龙首渠

1.龙首渠遗址的考古勘探与发掘

20世纪60年代，在含元殿和丹凤门之间的御道中间，考古钻探出一条东南—西北向的渠道（图4-76中箭头所指部分），为了解渠道的情况，还发掘了其中一段。资料显示：渠上口距现在地表1.5米多，渠宽1.1米，深1.4米。渠的上面盖有石板，低于唐代地面0.1米多，因这一带地层多被扰乱，从发掘的部分已看不出所盖的石板在当时是敞露的还是埋于地下，但从低于地面的情况来看，所盖之石板可能不露出地面。从发掘的渠道向南向北钻探出长约50余米的一段，均砌有石壁，因遭破坏多断续不接，再向外已无石，只有淤土痕迹，其向南究竟通往何处，还未探出。从有关文献和地图的记载来看，在东内苑有"龙首池"，引水之渠名"龙首渠"。《雍录》卷三载："大明（宫）之东有苑（即东内苑），苑有池，龙首渠水自城南而注入于此。"故当时发掘者推测上述渠道当是龙首渠之故址。

2005年至2006年御道考古工作中，根据其位置，笔者带队进行了复查性的考古勘探，并对既往考古工作中发现的龙首渠断头处的东端进行了考古发掘（图4-77）。发掘结果显示地表层下即为该水渠道遗址，水渠道内的文化堆积也系近现代废弃堆积，且该水渠道打破唐代路土。这也就是说，该水渠道并不是唐代水渠道，应是清代或更晚时期的水渠道。另外，考古发掘证实该水渠道至御道中轴线西侧不远即到尽头，确为断头渠。20世纪发掘出的"龙首渠"上口在地表下1.5米处，还发现有石砌盖板，当属暗渠，性质与龙首渠也大不同。因此，笔者推测当年发掘的是一处地下暗渠，而钻探出的水渠道与发掘的应该不是同一遗址，更与龙首渠无关。

据《唐两京城坊考》等文献记载："龙首渠一名浐水渠，隋开皇三年

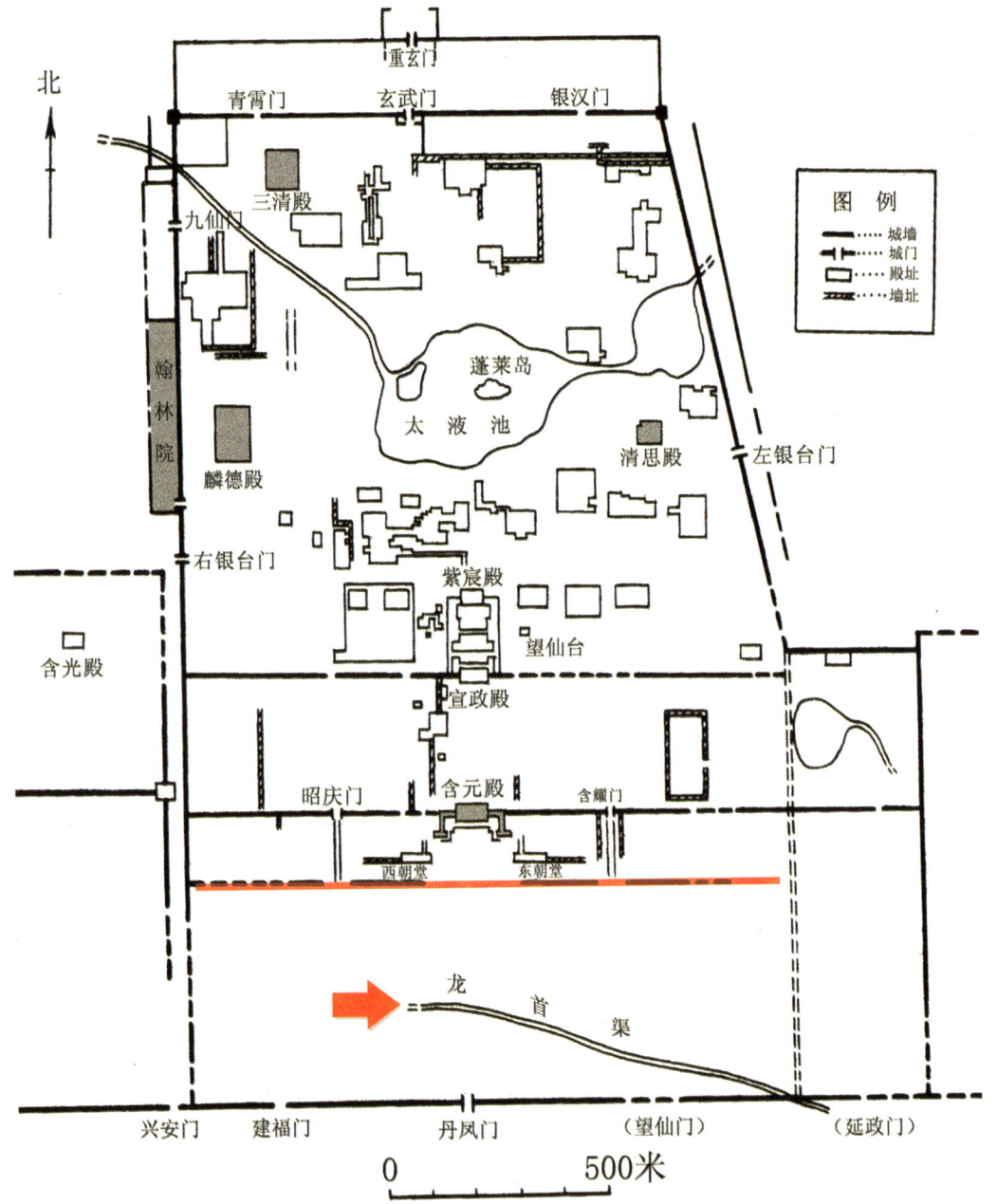

图4-76 大明宫2005年考古平面图

开。……西北，分为二渠。东渠北流，经通化门外至京城东北隅，折而西流，入东内苑为龙首池，余水经大明宫前下马桥下。"

2005年至2006年的御道考古工作中，考古工作者在含元殿前（南部）新发现了一条东西向唐代水渠道（图4-78中直线部分），已勘察到的水渠道东西长有400余米，并向两侧继续延伸，该水渠道延伸部分横贯含元殿殿前广场和整个御道范围，规划整齐、布局清楚，水渠道上还发现桥梁遗址。另外，水渠道内还出土了大量的砖瓦、石块、铜钱等唐代遗址。从其位置走向、与龙首池的相对位置、渠内水流向（由东向西）及渠道上诸多桥梁等综合分析，这条唐代水渠道可能就是文献中所载的龙首渠（图4-79）。2011年大明宫国家遗址公园建成后，文物部门对龙首渠进行了保护和复原展示，同时也复原了龙首渠上的三座桥梁。

2. 龙首渠上的"御桥"

含元殿前（南部）龙首渠，其规划整齐、布局清楚，水渠道上还发现三座桥梁，即中央桥梁、西侧桥梁、东侧桥梁。其中渠道在含元殿正南中央位置上新发现的较宽中央桥梁，初步推测可能是"御桥"。同时，在东、西朝堂南面渠道上所发现东、西侧桥梁遗迹推测应是文武百官上朝之过桥，可能就是所谓的"下马桥"。也就是说，所有入宫的文武官员必须在此下马，方可进入大明宫朝政区域。

中央桥梁：位于含元殿正南，应该处于御道正中位置。该桥梁基础东西长约17米、南北宽约4.3米，是所发现桥梁中规模最大的一座。桥面及木质的桥桩立柱皆已朽无，唯残留桥梁的木桩洞若干（图4-80）。毫无疑问，这座桥梁规格最高，是唐代皇帝专用的御桥。

西侧桥梁：位于西朝堂南侧的渠道上，东距中央桥梁基础约128米。桥梁基础南北长4.65米、东西宽6.85米。桥面及木质的桥桩立柱均腐朽无存，唯残留桥梁的木桩洞和桥墩等基础（图4-81），规模明显较小。是为唐代官员入朝、进入西朝堂之前的下马桥。

东侧桥梁：位于东朝堂南侧的渠道上，西距中央桥梁基础约129米。

图4-77　御道中部龙首渠2005年考古发掘工作照

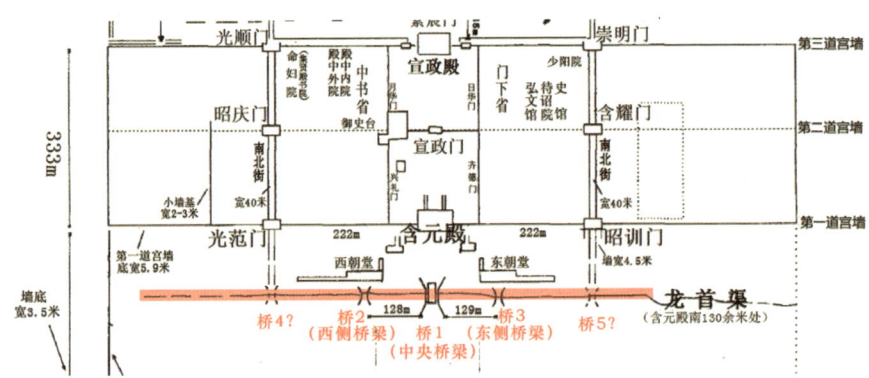

图4-78　龙首渠与桥梁位置示意图

图4-79　龙首渠鸟瞰

图4-80　中央桥梁基础　　　　　　　　　图4-81　西侧桥梁基础

规模与西侧桥梁相仿，位置基本与西侧桥梁基础东西对称。是为唐代官员入朝、进入东朝堂之前的下马桥。

种种迹象表明，含元殿前御道范围内的龙首渠上东侧桥梁遗址以东向北正对含耀门处，应该设有"次东桥梁"；在龙首渠西侧桥梁遗址以西向北正对光范门处，应该设有"次西桥梁"。也就是说，含元殿南御道范围的龙首渠上至少应该有五座桥梁遗址。

次东桥梁：推测位于东侧桥梁遗址以东120~130米，向北正对含元殿东侧宫墙上的含耀门。1987年含耀门考古曾发现从该门址墩台东西两侧各6.7米宫墙处有向南延伸的墙址，墙体宽4.5米，两墙东西相距约40米，形成一条南北封闭、胡同式的夹道。此道路向南就是龙首渠，并应该与之相接，于此，在龙首渠上含耀门正南相对处应该还设有"金水桥"——次东桥梁。唐代官员、其他入宫或宫廷人员由此进入昭训门、含耀门，前往门内门下省、史馆、弘文馆、待制院等区域。此桥梁规模应该介于中央桥梁与西侧桥梁之间。不难看出，次东桥梁南为含元殿前庭御道及望仙门大街，桥北即为朝政区，次东桥梁就是大明宫东部南北向主干道上由前庭御道进入三大殿朝政区的标志性桥梁。

次西桥梁：与次东桥梁对应的含元殿西侧光范门正南的龙首渠上也应该设有桥梁，即次西桥梁。推测位于西侧桥梁遗址以西120~130米，向北正对含元殿西侧宫墙上的光范门。桥梁规模应与次东桥梁相仿，也是唐代官员、其他入宫或宫廷人员进入光范门，往门内中书省、御史台、命妇院、亲王待制院等区域，或再向北过昭庆门、光顺门进入第一横街、延英殿、第二横街等后宫区域的下马桥。次西桥梁也是大明宫由含元殿前庭御道进入三大殿朝政区的标志性桥梁。

四、北部生活区的水系及相关遗迹

北部生活区作为大明宫后宫所在，整个区域建筑布局基本以太液池池苑为中心，目前已知的水系和相关遗迹主要有太液池引水渠、排水渠、池周边水渠道，另外还有近池周边道路、宫殿、建筑遗址向太液池排水的一些排水设施等。

（一）太液池的引水渠与排水渠

有关太液池的引水与排水，历来说法不一。在历代有关唐大明宫图中，除了《陕西通志》"唐东内图"及王森文"汉唐都城图"标画有太液池的水源是引自南边龙首渠外，其余各图只是有池，而无引水渠道。但从太液池这一带的地势来看，龙首原高出平地10余米，对龙首渠南北两侧的考古勘探也并未发现引水渠道的存在，若从南向北穿过龙首渠引水到太液池似乎不可能，太液池的水源应是来自大明宫以北。①

随着近些年对太液池遗址有规模的钻探与发掘，及对太液池周边历史地理的分析，太液池的水源来自大明宫以北的推测也得到了证实。考古工作者也在太液池西池的西北角和东池的东北角分别发掘出了引水渠和排水渠（图4-82）。《陕西通志》"唐东内图"与王森文"汉唐都城图"以龙首渠水注入太液池，与考古钻探、发掘情况不符。

考古发掘证实，太液池西北角水渠底部由西北向东南太液池方向依次降低（即水由西北方向流入太液池），也就是说，太液池西池西北角水

---

① 中国科学院考古研究所：《唐长安大明宫》，科学出版社，1959年。

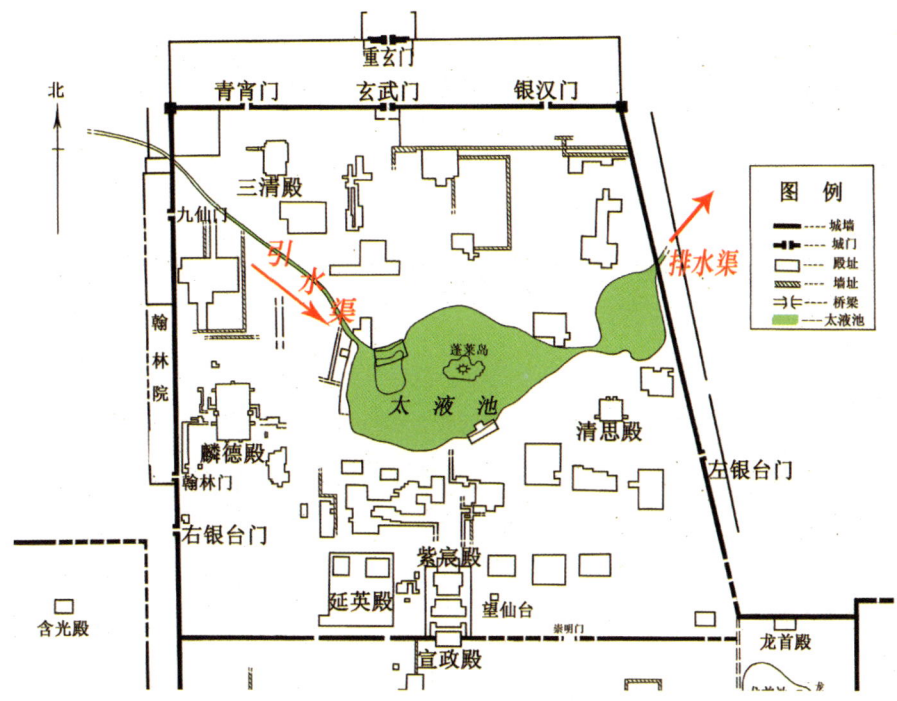

图4-82 太液池的引水渠与排水渠平面示意图

渠是太液池的引水渠。再从龙首原的地势和所处位置来看，太液池西北的引水渠有可能就是利用永安渠将水引入太液池，其间还可能利用了汉代明渠旧渠道。太液池东池东北角的水渠是1957—1959年对大明宫进行考古工作时发现的，此渠道可能与大明宫东北的鱼藻池相连。[①]结合大明宫东城墙一带的地形分析，大明宫东城墙之所以修建成由西北向东南状，就是依地势而修建，而在大明宫东城墙以东的城外，整个地势又倾于低洼。太液池的东池距大明宫东城墙仅5米，也就是说，太液池东池东北角的水渠紧邻东墙，水流不可能从城外低洼地带流入城内，那么此渠道应是排水渠道，这一点也与太液池西北水渠是引水渠相对应。

---

① 中国科学院考古研究所：《唐长安大明宫》，科学出版社，1959年。

（二）太液池周边水渠道及相关排水设施

1.太液池西岸西侧的砖砌水渠

2002年在太液池西岸池岸沿以西75米左右，考古发掘出一条南北向的砌砖水渠道（图4-83）。发掘长度48米。这条水渠道应该是从太液池西北入水口引水进入太液池西部、西南或更远端区域的水渠道。渠道有早晚期的变化。

早期的渠道东西宽1.2~1.5米，深0.9~1.5米。渠道两侧壁较为陡直且在靠近渠壁处发现有较多的木桩遗存，木柱已毁，唯有桩洞。

晚期渠道是在早期渠道的基础上两壁砖砌、底部铺砖而成（图4-84）。发掘所揭露部分南北长38米，东西宽约0.85米，深0.8米左右，东西两壁砌砖的砌法非常规整且较为讲究。

另外，在晚期水渠道中部还发现一处拱桥残迹。桥为东西向，南北宽约2.3米，拱桥的拱券砖大部分已毁，唯有拱桥底部的残留拱底砖残迹（图4-85）。

在这条砖砌的水渠道两侧还有多条小型水渠道与之相连，这些小型水渠道有砖砌的，也有用筒瓦相扣而成的（图4-86）。

2.太液池周边的排水设施——石刻水槽、陶水管与砌砖渠道

在太液池的发掘中，还发现环太液池周围有不少的排水设施。2000年，在太液池东南岸的二阶台地上，发现了向太液池排水的设施——石刻水槽与陶水管道（图4-87）。石刻水槽是利用废旧的石料加工而成，呈弧形直角状，弧形槽内壁又刻有小槽，用于安装阀门或其他过滤设备；陶水管道是把多个带有子母口的陶管彼此衔接组合而成，管道外侧裹有大量白灰，在管道的拐角处，也发现有用废旧石料凿成的转角。这些排水设施大部分是向太液池内进行排水用的。看来，太液池不仅是园林景致的一部分，同时也是周围宫殿等建筑排水解涝的关键设施。

图4-83 太液池西岸的水渠道

图4-84 晚期砌砖水渠道

图4-85 晚期砖砌水渠道上的拱桥残迹

图4-86 筒瓦相扣的水渠道

图4-87 太液池东南岸的石刻水槽与陶水管道

中央"智库"——大明宫翰林院

据载,翰林院在太极宫、大明宫、兴庆宫这"三大内"中均有设置。太极宫的翰林院在太极宫显福门内,大明宫的翰林院在大明宫右银台门内,兴庆宫的翰林院在兴庆宫金明门内。[①]翰林院是国家政权中一个重要的机构,相当于如今的教育部、中国社会科学院,是中央"智库"。

一、大明宫翰林院的考古发掘

大明宫的翰林院,位于大明宫右银台门以北的西夹城内,1983年10月至1984年7月,中国社会科学院考古研究所西安唐城工作队对大明宫内的翰林院遗址进行了发掘,为我们了解1000多年前翰林院的情况提供了翔实的材料。

翰林院占据夹城北部400余米长的一段,考古工作者发掘了南端长100米的一部分,发现五座建筑遗址及砖道等。五座遗址分别编为1~5号(图4-88),其中1、3、5号三座位于夹城的中部,南北呈一轴线,是翰林院中的主要建筑,规模较大;2号和4号遗址在西侧靠近夹城的西墙,是座由西向东的厢房式建筑。

1号遗址的基台,平面形状呈长方形,约为广5间、进深3间的厅堂建筑。3号遗址在1号遗址的南侧,相距18.8米,中间以砖道连接,基台平面接近方形,东西略长,面阔约5间、进深约4间;5号遗址在1号遗址的北侧,相距仅2.6米,中间以宽达9.8米的砖道与1号遗址相连,看来是北去的一个过厅式建筑;5号遗址的西端与2号遗址互相连接,呈一"丁"字形,其内部是互通的;4号遗址在3号遗址的西侧,因南部为现在建筑所占压,只发掘了北部的一段。

翰林院的大门,开在南端东侧的宫墙上。此门于1959年曾做过发掘,

[①] 《旧唐书》卷四十三《职官二·中书省》。

门道宽5米多，进深8米多，置有石门限两道，可知当时安有两层门。据记载，门上建有门楼，形制高大。此门即文献中所谓"翰林门"，或称"复门"。因其在右银台门之北，故称翰林学士为"北门学士"。

以上为翰林院南部遗址的发掘概况。从各遗址的布局看来，1号遗址和3号遗址是这一区域内的主要建筑，2、4、5号遗址为其附属建筑。据文献记载："开元二十六年，于南院别置学士院，户皆东向。学士院南厅五间，翰林院北厅五间，中隔花砖道，承旨居北厅东第一间。"①这一记载与考古发掘出的各遗址布局形式相吻合。从位置来看，所发掘的这部分遗址，无疑就是翰林院南院所在。其中3号遗址，当是学士院的"南厅五间"；1号遗址，则是翰林院的"北厅五间"；5号遗址是介于翰林院南北两院之间的过厅建筑。翰林院内在未建南、北二厅之前，其建筑大概都是坐西向东，如发掘的遗址2、4等房址的朝向一样，所以《翰林志》记载学士院"户皆东向"。

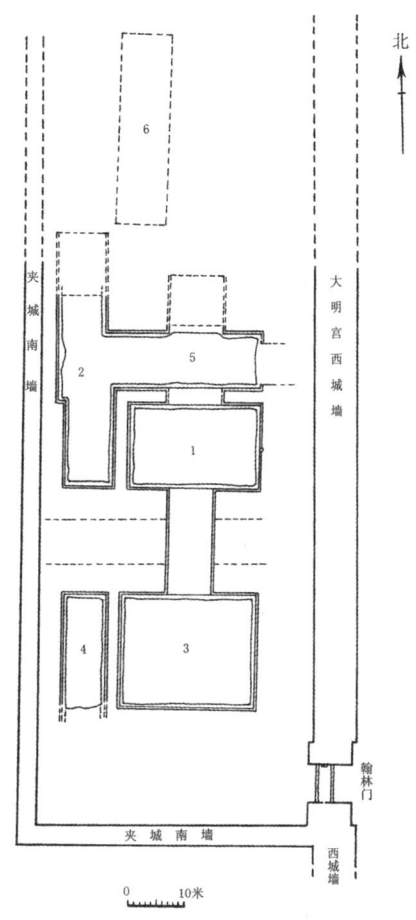

图4-88 翰林院遗址考古平面图

二、大明宫翰林院的功能与机构

翰林院，用今天的话讲，就是皇帝的秘书，主要负责诏书、档案（史

---

① （清）徐松：《唐两京城坊考》卷一"翰林院"注；《唐会要》卷五七《翰林院》。

书）的编写和管理，给国家提供政策上的建议、负责人事考试等事宜。

唐初翰林院为内廷供奉之所，当时是以艺能技术见长者召于翰林院任供奉之职，并非为文学侍从而设。至玄宗时置翰林待诏供奉，与集贤院学士分掌制诰，其职始重。玄宗又别置学士院，并兼翰林之称，遂称为"翰林学士"，侍值禁廷，专司制诰，甚至参议机密。其后翰林学士之职渐为显赫，历代相沿，变成了文学、儒臣定职。翰林学士的朝参及官服等班序，都与诸司官员中知制诰者相同。

据《翰林志》记载，凡赦书、德音、立后、建储、行大诛讨、拜免三公宰相、命将制书等朝廷重要文献，一律由翰林院的官员负责起草。双日受命起草，并于当天立刻进呈，第二天即单日常朝，百僚立班于宣政殿时，由枢密使奉诏引案自东上阁门出来宣读。由此可知，翰林学士的地位是十分重要的。

翰林学士在宫廷中的特殊地位，要求他们都必须是学识渊博、才智不凡的人。事实也确实如此，大多数翰林学士能够成为皇帝的近臣，和他们本人的才干有直接关系，而非靠"走后门"爬上高位的庸碌之辈。

翰林学士在唐代是起过重要作用的高级知识分子集团，亦即现代的所谓"智囊团"。由于翰林学士常常又是朝廷中的重要官员，所以这些人不仅在文化上，而且在政治、经济、军事和科学技术等方面，对唐代社会的发展均起过不可忽视的重要作用。从唐代开始创置的翰林院，为以后的历代统治者所接受，这种制度一直延续下来，虽名目上有变化，但万变不离其宗，始终是我国封建社会宫廷中有特殊意义的机构。

大明宫遗址曾出土过一批邢窑白瓷，其中有一件底部刻有"翰林"字样的白瓷罐，应为唐代翰林院的定制烧造器物。前些年在河北内邱邢窑遗址出土过一件带"翰林"字样的白釉罐，胎土洁白细致，釉质光亮如新，犹如新烧制的一样，采用匣钵烧制，肩部带有明显的窑粘。显而易见，此罐是当时的残次品，不能作为贡品，只能留在当地使用。这些都从一个侧面用实物验证了史书中关于翰林院记载的真实性。

人间仙境、绮丽的后宫——皇家池苑太液池

太液池，又名蓬莱池，位居大明宫北部中央（图4-89），南距大明宫丹凤门1400余米，北距玄武门550余米，是大明宫北部生活区的核心。遗址原先在西安市北郊孙家湾村以西区域，如今位于大明宫国家遗址公园北部。文物部门在对遗址本体予以保护的基础上对其进行了复原展示，使其

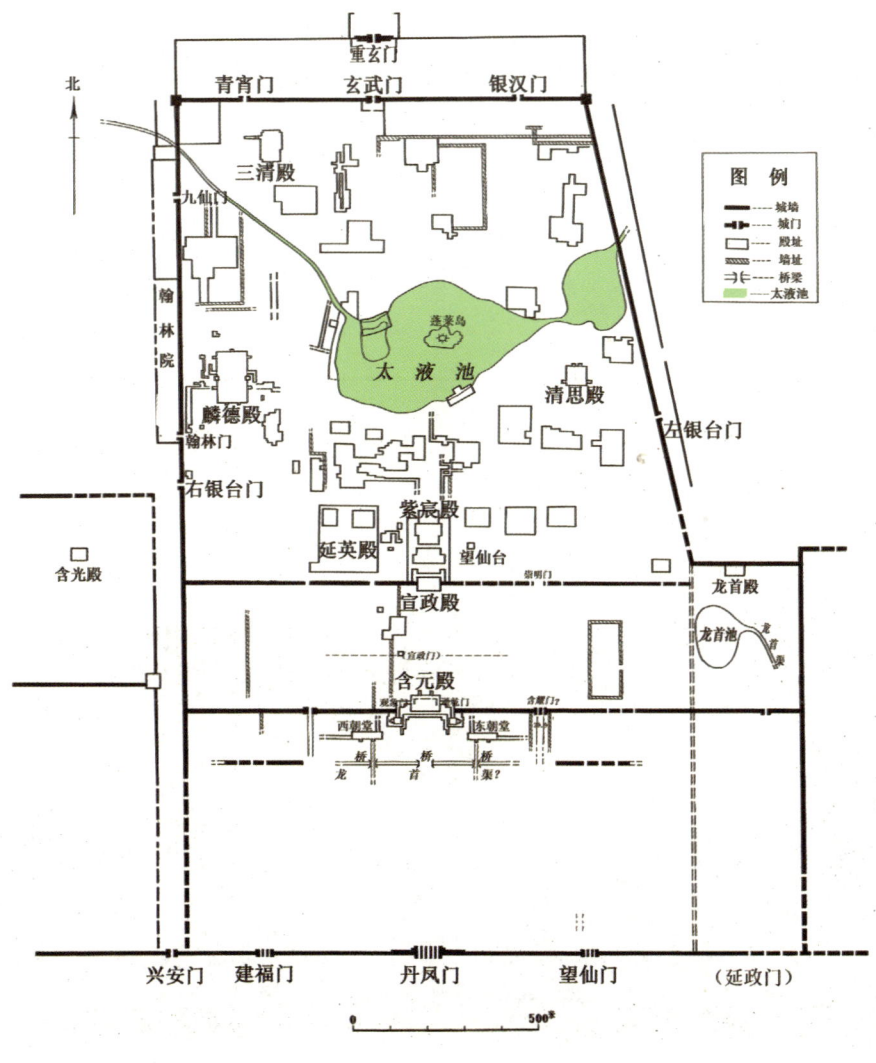

图4-89 大明宫太液池遗址考古位置图

成为遗址公园内一道景观。

太液池以其波光百顷、荷香十里的佳景深受唐代各朝皇帝后妃的喜爱,这里昔日绿树葱茏,芳草萋萋,金顶朱檐的太液亭突兀其中,水中荷花飘香,芦苇荡漾,不时有黄鹄穿飞其间,野雁嬉游出没,宛如人间仙境(图4-90)。

一、太液池遗址的考古发掘

(一)考古发掘历程

太液池遗址的考古工作,主要经历了三个阶段。第一阶段从1957至1959年,也是太液池遗址的最初考古阶段,主要是进行考古调查和勘探。第二阶段从1998至2005年,考古工作者对太液池遗址进行了系统的考古勘探与发掘。第三阶段从2008至2010年,在大明宫国家遗址公园建

图4-90　影视剧《大明宫》中的太液池

设中，考古工作者又对太液池遗址进行了大规模的考古勘探。其中，第二阶段考古工作在系统考古勘探基础上，还对太液池遗址进行了全方位的考古发掘，收获最大。

在第二阶段的考古工作中，1998年秋季，安家瑶先生带队对太液池遗址进行了全面考古勘察，明确了池岸范围以及临岸的一些建筑遗址，并在蓬莱岛以西100余米处，新发现了一座岛屿。2000年春季，通过对太液池东南部、西部新发现岛屿及蓬莱岛南部的试掘，考古人员基本了解了太液池池岸结构与池内文化堆积，清楚了东南岸遗存的分布、性质，以及蓬莱岛西侧新发现岛屿的结构、蓬莱岛南部文化堆积等。2001年春季，通过对太液池南部高地和西北部的试掘，考古人员知晓了池岸上建筑类遗存的地层堆积和保存状况，并发现了一座宫殿遗址、一处高台建筑，初步确定了太液池西北部水渠为太液池的进水渠道。2001年10月，西安唐城工作队与日本奈良文化财研究所共同组成中日联合考古队，正式对太液池遗址进行考古发掘。同年秋季，考古人员对太液池西部进行了发掘，了解了太液池西岸从池内到池岸的文化堆积和遗存分布的大致情况。2002年，考古工作主要在太液池西岸展开，大面积揭露西部池岸及池岸上道路、廊庑等建筑遗存。同时对太液池西北部的入水渠道近太液池处的一段进行了发掘。2003年春夏，在太液池北岸和蓬莱岛南部进行了二处发掘，揭露了太液池北岸与新发现岛屿北沿之间渠道中的一组干栏式廊庑建筑和蓬莱岛南岸的一些园林遗址。2004年在太液池的南岸高地又发现并发掘一组较为完整的廊院建筑，初步了解了大明宫南部朝政区向北部生活区过渡区域的建筑形式与布局。①2005年在太液池东南岸又发掘出大型的临池建筑遗址

---

① 中国社会科学院考古研究所、日本奈良文化财研究所中日联合考古队：《唐长安城大明宫太液池遗址发掘简报》，载《考古》2003年第11期；《西安唐大明宫太液池南岸遗址发现大型廊庑建筑遗存》，载《考古》2004年第9期；《西安市唐长安城大明宫太液池遗址》，载《考古》2005年第7期；《西安唐长安城大明宫太液池遗址的新发现》，载《考古》2005年第12期。

等。2008年至2010年,在大明宫遗址公园考古项目中,太液池周边现代建筑相继被拆迁,考古队又对太液池西池东部及太液池东池遗址进行了考古钻探与试掘,新发现了太液池西池东部的一座岛屿,了解了太液池东池遗址的相关状况。

(二)太液池遗址的范围与形状

经过多次的考古工作,太液池的范围和形状已基本清楚。太液池有东池、西池两部分,其中西池为主池。

西池:平面略呈椭圆形,东西长500米,南北宽320余米。位置在宫城中间,面积较大。池岸高出池底3~4米,从淤土的堆积和池底的淤沙层来看,池中间最深处低于两边的地面达5米多(低于池岸约4米)。周围池岸多被破坏不齐。

东池:平面略呈圆形,南北长220米,东西宽150余米,池的东边距东墙仅5米多。在池的东北也有一条3米多宽的渠道,向东穿出城外,然后偏向北行。这一渠道当是太液池的入水或排水的渠道,西端向西是否亦有渠道,目前尚未探出。

(三)太液池中的岛屿

中国古代池苑中常置有岛屿,池中的岛屿又常被称为"山",这就是所谓的"山水相依"。山水是古代池苑的重要部分,池苑不仅因山水的存在而存在,更因"水随山转,山因水活"的互映相叠而生动传神、自然成趣。

据载,太液池中有三座岛屿,即蓬莱、方丈和瀛洲。李绅《忆春日太液池东亭侯对》就有"宫莺晓报瑞烟开,三岛灵禽拂水回"的诗句[①]。现如今在太液池中能看见的岛屿唯有池中部的蓬莱岛,其高出地表8米左右,为夯土结构。对于太液池中其他两座岛屿的考古探寻,前后经历了几十年。

蓬莱岛的确认:1957—1959年,马得志等第一代考古工作者就对太液池进行过考古勘探。那时因为主要的考古任务是探查唐长安城及大明宫等

---

① 纪有功编,王仲镛按笺:《唐诗纪事》卷三十九,巴蜀书社,1989年。

图4-91 蓬莱岛南部发掘场景

图4-92 蓬莱岛南的砖砌环形路与水池（曲水流觞）

图4-93 蓬莱岛南的卵石浅水沟（鱼翔浅底）

图4-94 蓬莱岛南临池景石群（假山）

遗址的范围、形制，太液池作为大明宫考古的一部分，仅做过一次普查性考古勘探，确认了太液池中的第一座岛屿——蓬莱岛。2002年笔者曾带队对蓬莱岛周边及岛屿顶部进行过局部发掘工作，发掘出了蓬莱岛周边砌石遗迹。2003年春夏，又在蓬莱岛南岸发掘出了砖砌环形路、水池、卵石浅水沟、临池景石群、亭及岛南登蓬莱山的夯土道路等遗迹（图4-91）。种种迹象显示，蓬莱岛可能是太液池中一座相对独立的宫廷园林景区，其砖砌环形路、水池可能就是所谓的"曲水流觞"景观（图4-92），卵石浅水沟也就是所谓的"鱼翔浅底"景观（图4-93），临池景石群即为临池假山

（图4-94），岛南发掘出的夯土基台即为登蓬莱山的夯土道路。另外，蓬莱岛边可能还有渡水登岛之舟坞，以及将蓬莱岛与太液池外建筑连结起来的桥梁、廊榭等。山不在高，贵有层次。从高低层次、空间结构来看，蓬莱岛叠山理水的造园之法所达到的那种曲径通幽、咏景说画的意境如诗一般，韵味十足。如今的蓬莱岛，作为大明宫遗址公园景观的一部分，位于恢复了部分水面的现代太液池之中，景色优美。看到了美丽如画的现代人工太液池，可有多少人能想到，历史上真实的太液池遗址已湮淹没无形。

第二座岛屿的发现：1998年，中国社会科学院考古研究所西安唐城队开始对太液池进行复查勘探，考古勘探主要围绕西池展开（太液池东池全部与西池一小部分叠压在孙家湾村现代建筑之下）。考古人员对太液池西池进行考古勘探时，在蓬莱岛以西120米左右处发现大量生土（即未经扰动的原始土），而且面积非常大。后经仔细勘探与试掘，确认这正是太液池中的一座岛屿。岛屿南北长70余米，东西长50余米。通过对此岛屿东部、西部、南部、北部的发掘了解到此岛屿可能是一座绿化岛，也不排除岛屿上部的遗迹面已全被破坏的可能（20世纪70年代太液池区域曾进行过大规模的土地平整）。此岛屿虽未发现太多的遗迹，没有可供想象的叠山理水之美景，但唐时之盛景仍引人遐想。

第三座岛屿初露真容：从发现太液池第二座岛屿起，关于太液池中第三座岛屿存在与否、在哪里的问题，一直是包括考古人员在内的许多人所关注和期待的。但从已有的考古工作来看，太液池西池中已有两座岛屿，如果第三座岛屿存在的话，起初据考古人员推测，极有可能位于太液池的东池之中。2008年，大明宫国家遗址公园筹备建设，位于大明宫遗址内部的一些村庄被逐步拆除迁移，长年叠压于太液池遗址之上的孙家湾村也在拆迁之列。随着拆迁工作的进行，对太液池东池及其他未进行工作的区域进行考古与探寻成为可能。其中对期待已久的第三座岛屿的探寻就是工作重点之一。果然，考古人员对东池进行勘察时，在池中心偏北处钻探到了一处夯土遗迹，这处夯土遗迹南北长37余米，东西宽约20米。难道这就是大家期待已久的第三座岛屿?就在大家庆幸对第三座岛屿有了新发现的同时,考古人员又在西池蓬莱岛东部发现了一处长30米、宽20米左右的夯土遗迹,这无疑是太液池中的又一处岛屿。考古队员迷惑了,难道太液池中共有4处岛屿?这个疑问有待进一步考古发掘来确认。但总的来说,对太液池中三座岛屿的探寻有了新的进展。

计成在《园冶》中讲,掇山有园山、亭山、楼山、阁山、书房山、池山、内室山、山石山等。太液池中发现的岛屿,无疑属于池山。"池上理山,园中第一胜也。若大若小,更有妙境。就水点点其步石,从巅架以飞梁;洞穴潜藏,穿岩径水;峰峦飘渺,漏月招云;莫言世上无仙,斯往世致瀛壶也。"①

(四)太液池的池岸

池岸是池的轮廓,所谓"水本无形,因岸成之",池的大小、曲直完全是因岸的走势而定,另外池水或深或浅,或止或流,或刚或柔也皆为岸所左右。

从考古发掘情况来看,太液池的池岸皆为夯土结构,夯土中多夹有韧木,夯土下部多铺有碎砖瓦块。在夯土池岸边沿处有较多保护堤岸的木桩、木板遗存。木桩与木板已朽毁,只留有柱洞(图4-95、4-96)。发掘出的夯土池岸多呈坡状,西部、北部池岸坡度较缓,岸坡较长,临岸的水位也相对较浅。南部的池岸相对较陡,水位也相对较深。

为了解太液池池岸夯土的内部结构,在2002年春夏季的考古发掘中,还对太液池西岸夯土池岸进行了考古解剖。结果发现太液池西岸夯土厚度1.8~2.2米,夯土质密、坚硬且夯层明显。在夯土层的底部还发现了砖瓦残块的铺垫层(图4-97),铺垫层把夯土与其下淤泥有效隔离,增加了夯土的坚固性。在这层砖瓦铺垫层中间,又有较多竖立或横放的韧木,韧木已毁,唯有桩洞(图4-98)。在湿软的淤泥上夯筑池岸时,这些韧木的功用

---

①张家骥:《园冶全释》,山西古籍出版社,1993年。

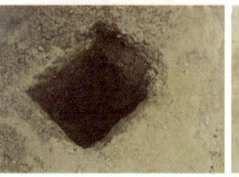

图4-95　太液池南部夯土池岸及木桩、木板遗痕　　图4-96　太液池池岸木桩洞遗迹

图4-97　西岸夯土内结构及底部铺垫层　　图4-98　西岸夯土底部的铺砖与韧木洞

是为了减少淤泥的软度，加固夯土的基底。同时，这样的做法又使池岸的夯打更容易进行。另外，韧木本身还起到了加固作用，类似现在混凝土中的钢筋。

（五）"露珠翻尽满池荷"——太液池千年荷花的考古发现

在历年的考古发掘工作中，太液池池底淤泥层中除了出土了若干保存较完整的大小螺壳外,还发现有莲叶和水草的遗痕。特别是在太液池的南岸与东南岸的池底淤泥中,不时发掘清理出大量荷叶遗痕。2005年,太液池东南岸的池底淤泥中发现许多荷叶痕迹(图4-99),还发现带有茎干的莲藕痕迹等(图4-100)。此外,在池底淤泥中出土的一块石头背面,还清晰地遗留着条叶形的水草痕迹和点点的黑色鱼子。这些遗迹,展现了当

图4-99 太液池底淤泥中的荷叶痕迹

图4-100 太液池底淤泥中莲藕痕迹

时太液池内鱼翔潜底、荷叶碧连天的美丽景色。

对于太液池满池荷花的美景，唐代诗人王涯在《秋思》中写道："宫连太液见沧波，暑气微消秋意多。一夜轻风蘋末起，露珠翻尽满池荷。"①

（六）"周围廊庑四百间"——环池廊庑

据《旧唐书》等文献记载，宪宗元和十二年（817年）"己酉，作蓬莱池周廊四百间"②。考古工作者也分别在太液池南岸、西岸、北岸共发现3处廊庑建筑。这3处廊庑建筑遗址可能就是文献所载环太液池周围四百间廊庑的一部分。

太液池南岸廊庑：位于太液池西池东南岸。考古工作者在对太液池东南岸的发掘中，在临岸的池底淤泥中发掘出成排的木桩洞，自南向北大致可分为三至四排，每排走向皆与岸平行，木桩洞排与排之间间距也基本相等。不难看出，这是临太液池东南岸，循池岸自然走势构筑的一处半临水半依岸的水榭建筑。这种水榭建筑应该就是太液池南岸廊庑的一部分。

太液池西岸的廊庑：2002年，在太液池西岸也发现了带有一面墙的廊庑。该遗址位于太液池西池岸以西约60米处，呈东北—西南走向，与太液池西池岸的走向基本一致。考古工作者发掘揭露出4间，间宽均为3.7米、进深约4.1米。廊庑东侧背靠一宽约1.5米夯土墙，在夯土墙露出地表的基底部分东侧发现有砌砖痕迹。墙的走向与廊庑的走向完全一致。在发掘此廊庑过程中，共发现方形柱础石7个，其中廊庑西侧4个，东侧3个。东侧发现的3个柱础石均紧贴夯土墙西侧底部而设，廊庑西侧所发现的4个柱础石的顶面均平整光滑、中心处无圆形或方形榫眼，这可能与此廊庑背依东侧的夯土墙有关系。

太液池北岸廊庑：2003年的春夏，考古工作者对太液池北岸与新发现岛屿（蓬莱岛以西约120米处）北部空间地带进行了发掘，在此区域发掘出一

---

①纪有功编，王仲镛按笺：《唐诗纪事》卷四十二《秋思》，巴蜀书社，1989年。

②《旧唐书卷》一十五："（宪宗元和十二年）己酉，作蓬莱池周廊四百间。"《唐会要》卷三十"杂记"条："其年（元和十二年）闰五月。新造蓬莱池周廊四百间。"

条呈"V"形的建筑基址。该基址位于东西长69.15米、南北宽13米、深1.3米的水渠道中,在此渠道发掘出排列有序的木桩洞遗存及大量带有榫卯的石构件等。这些木桩洞共有16组,每组由2列桩洞构成,每组桩洞的排列均与太液池北岸和新发现岛屿北沿垂直,基本构成了15个建筑单元,这15个建筑单元的分布以中间转弯处的一个面积较大的扇形建筑单元为中心,东西两侧各再分布7个长约10米、宽约3米的建筑单元,整个布局作对称的双翼形。这样就形成了一组立于渠道中、横跨两岸的干栏式廊庑建筑。另外,该建筑整体建于渠道之上,夏季天热水盛之时,沟中有水,可以作为乘凉避暑的佳所;冬季干旱时,沟中无水,便可凭栏观赏太液池水面和周围的景色。在对各建筑单元的发掘中还见有大量废弃和烧毁的石质建筑构件,这些石构件无疑是廊庑建筑构件的一部分。

这三处廊庑建筑作为太液池周围雕梁画栋的四百间廊庑的一部分,与太液池宽阔的水面、周围起伏的山峦、高峨的宫殿、种类繁多的花草树木巧妙布置、完美结合在一起,为太液池宛若仙境的后宫美景增色不少。

(七)亭与台

太液池作为皇家宫廷池苑,也具备中国古典园林特有的一些要素,那就是在山水之间穿插有亭、台等池苑建筑。

亭:据载,蓬莱岛上建有太液亭,如今太液亭的建筑已无存。2008年前,其上还存有现代蓬莱亭建筑。2002年笔者曾带队对蓬莱岛周边及岛屿顶部进行考古发掘,在岛屿的附近仍有许多加工过的石料、础石及铭文砖残块等,这些实物或许就是太液亭的建筑材料。另外,在蓬莱岛顶部还发现大片铺砖遗迹,或与太液亭有关也未可知。

台:2000年,考古工作者在太液池南岸正对蓬莱岛的二阶台地上,发现了一座夯土高台,高台北距太液池南岸约20米,平面呈"凸"字形,东西长约30米,南北宽约15米,夯土高出唐代地表2.5米左右。另外,在夯土高台的西南部还发现东西向慢坡道一处,应是夯土高台的下坡通道。坡道残长9米、宽4米，坡面较平，在坡道的边沿处还分布有础石，础石的外侧各有砖砌的水渠一道，做工考究。看来此坡道是一处穿廊式坡道。遗憾的是坡道东端、西端及北端均为现代坟墓占压，破坏比较严重。

（八）曲径通幽的环池道路

考古发掘还在太液池东南池岸、南岸、西岸临池处发现池岸上的道路，路面上有清晰车辙，路的两侧或一侧还分布有大小不等的浅坑，这可能是路两侧的树坑。这条道路基本沿池岸分布，应是环绕太液池的一条临池大道（详见前文"大明宫北部生活区的道路"）。

（九）美不胜收的人造景园

2000年，在太液池东南岸的一阶台地上发掘出一处人造景园（局部）。该景园由一条砖渣路、水井、蓄水池、水渠道及人工堆石小景等构成，景致幽雅。砖渣路宽约1.5米，呈西南—东北走向，走势基本上与池岸平行，在路的两旁各置有人工堆石小景一处。另外，在路的南侧还置有砖砌水井及用莲花方砖铺底的蓄水池，蓄水池的一侧，又有砖砌的水渠，整个布局错落有致，别有特色，与太液池的风景相得益彰。

（十）池周边的建筑与宫殿

据文献记载，太液池周围建筑有很多，如西岸的麟德殿、望月台；南岸的蓬莱殿、含凉殿、清晖阁、金銮殿、长安殿、清思殿；北岸的玄武殿、大角观、玄元皇帝庙、紫兰殿、三清殿、斗鸡楼、走马楼、护国天王寺等。[1] 近几年考古工作者在太液池临岸周围还新发现几座宫殿和几处建筑遗址，对池南部的含凉殿进行了发掘（详见前文"宫殿考古"）。另外还发现一些建筑遗存附属的排水设施等。

（十一）出土遗物

太液池出土的古物非常丰富，种类也较多，有砖瓦、石制品、陶瓷

---

[1]中国科学院考古研究所：《唐长安大明宫》，科学出版社，1959年。

器、铁器、铜器、钱币及其他等七大类。在出土的砖瓦中，多见有莲花纹方砖（图4-101）、手印砖（图4-102），带铭文的长砖、方砖、板瓦（图4-103）、筒瓦（图4-104）、瓦当（图4-105）等。陶瓷器中常见带"官""盈"字款的白瓷碗（图4-106）、陶罐、陶箕形砚、瓷碗、瓷盒、白瓷注壶、白瓷盂等。铜器中还出土了一些鎏金铜饰品、花形铜饰、龙形铜饰品（图4-107）及围棋子（图4-108）等。除此之外，还出土了透雕龙纹石栏板（图4-109）、石云柱、莲花座和蹲狮的石望柱（图4-110），这些高等级的建筑构件均是首次考古发现。

二、太液池史话

太液池以其波光百顷、荷香十里的佳景深受唐代皇帝后妃的喜爱，留传下来不少动人的历史故事。

1.蓬莱亭

唐代时蓬莱岛顶部建有蓬莱亭，又称太液亭，这里发生过有许多动人的故事。元和十五年（820年）三月，穆宗曾召待学士韦处厚，路随于太液亭讲解《毛诗·关雎》和《尚书·洪范》等篇，讲罢各有赏赐；①太和二年（828年）文宗纂集《尚书》中的群臣事迹，命工匠画于太液亭上以备观览②；大中九年（855年），宣宗还在太液亭设宴款待过几个近臣，并乘兴赋诗，其中有"七载秉钧调四序"的句子称赞宰相崔铉，一时被文人学士传为宰相的极大荣耀。③

2.望月台

天宝末年的中秋之夜，玄宗与杨贵妃来到太液池畔，在环湖长廊中时而缓步细语，时而凭栏望月。河汉迢迢，两情依依，说不尽万般情爱。令

---

①《旧唐书》卷十六《穆宗本记》。
②《旧唐书》卷一七《文宗本纪》。
③《旧唐书》卷一六三《崔元略传》。

图4-101 莲花纹方砖

图4-102 手印砖

图4-103 "匠杨威"铭文瓦

图4-104 筒瓦

图4-105 瓦当

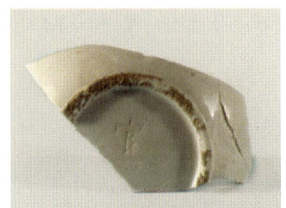  

图4-106 "官"字款碗底　　图4-107 龙形铜饰品

图4-108 围棋子　　图4-109 龙纹石雕栏板　　图4-110 莲花形石望柱

人懊恼的是，宫内四周桐木成荫，柏树参天，竹影斑驳，初升的玉盘似的月亮被树影遮挡。玄宗心中有些不快，于是立刻敕令左右，在池的西岸修筑起一个百尺高台，准备与贵妃第二年再来这里登高望月。可是，转眼间安禄山兵起范阳，战火迅速烧到长安城下，太液池畔的望月台仅仅筑起基址便不得不停工了。待到他从四川返回长安时贵妃已死，他心力交瘁，再也不想登高望月了，于是池边空留一个黄土台基任后人凭吊。①1998年太液池考古钻探时，在太液池西岸偏南处发现一处方形的夯土台基，可能就是望月台遗址。

3. 义竹

太液池岸，有翠竹数十丛，繁密而茂盛。据《开元天宝遗事》载："太液池岸有竹数十丛，牙笋未尝相离，密密如栽也。帝因与诸王闲步于其间，帝谓诸王曰：'人世父子兄弟，尚有离心离意，此竹宗本不相疏，人有怀二心，生离间之意，观此可以为鉴。'诸王者唯唯，帝呼为竹义。"

4. 网索

太液池西岸有"网索"，是缘于唐代诗人元稹在其《寄浙西李大夫》

---

① （五代）王仁裕：《开元天宝遗事》卷下。

一诗中的描述。诗中写道："蕊珠深处少人知，网索西临太液池。浴殿晓闻天语后，步廊骑马笑相随。"①

关于"网索"，注记云："乃是无壁或有窗处以索挂网遮护飞雀，故云网索。"《雍录》卷十解释说："罘罳者镂木为之，其中疏通可以透明，或为方空，或为连锁，其状扶疏，故曰罘罳。"

作为皇家宫廷池苑的大明宫太液池，充分体现了"虽由人做，宛自天开"的园林建造立意，在"相地"上表现出了得天独厚与独具匠心；在引水与排水问题上也表现出因势利导、巧夺天工之意；在池苑建筑的设置和景致的构造方面，也达到了前所未有的高度。这里湖光山色，碧水青天，曲栏拱桥，殿廊相连；岸边芳草萋萋，柳树成荫；池内荷花飘香，芦苇荡漾；池周边再配以竹园、桃园、杏园、牡丹园、菊花园等，真可谓人间仙境。除此之外，太液池意境构造之妙，也很值得探究。意境作为园林所追求的一种最高境界，其构造手法，或因地制宜，或以小见大，或以物喻志。太液池中的三岛即代指仙界"蓬莱三山"，也可比大唐帝王；满池清水又似文武臣下，莲荷象征出淤泥而不染的高尚情操，竹表示虚心持节之意；等等。这就使得太液池更富有想象力，更能触动人的感情，更丰富了园林的抒情性。太液池无疑是唐代写意山水园林的典范。

大明宫内园林植物的考古探寻

长期以来，有关大明宫历史文化、考古方面的研究很多，但对于大明宫内历史时期的花草、树木等园林植物方面的研究甚少，认识也较为模糊和零散。

自2008年始，在大明宫遗址公园项目考古中，除了进行大规模常规考古工作外，还联合大明宫文物局展开对唐代大明宫园林植物的科技考古研究。

这项研究立足于考古发掘，以植物孢粉数据分析为主。孢粉分析是通

---

①纪有功编，王仲镛按笺：《唐诗纪事》卷三七《寄浙西李大夫》，巴蜀书社，1989年。

过考古发掘工作，对大明宫不同区域唐代文化地层进行标本取样，再对土样标本进行实验室分析得出植物孢粉数据，判断植物种类。同时，依据文献、诗歌来探寻历史时期大明宫的花草、树木等园林植物。

一、殿前区的园林植物

概括来说，殿前区（丹凤门至含元殿之间）园林植物较为单一，以松树、柳树为主，有少量铁杉、栎属乔木及梧桐树。其中龙首渠两边种植大量柳树及少量菊花、紫罗兰等观赏型花卉。含元殿南的东西朝堂植有槐树。御道两侧的左右金吾仗院还种植有少量石榴树等。

柳树：含元殿前（南）的龙首渠两边及殿前宫门等区域有种植。柳树是唐长安城主要的绿化树种之一，韩愈在描述唐长安城早春时节时就有"最是一年春好处，绝胜烟柳满皇都"[1]的经典名句。唐代流经宫苑的河道往往称为"御沟"，许多唐诗中均描述了御沟旁柳树成荫的情景。晚唐诗人杜荀鹤就有《御沟柳》的诗作，写的就是宫廷御沟柳色清新的画面，诗云："律到御沟春，沟边柳色新。细笼穿禁水，轻拂入朝人。"[2]刘禹锡的诗作《春日退朝》中也提到"御沟新柳色"，可能说的就是退朝后经过龙首渠时看到的景致[3]。另外，唐代文献中多有"宫门柳"的说法，王维《春日直门下省早朝》诗中就有"官舍梅初紫，宫门柳欲黄"的诗句[4]。据此可知，在大明宫各宫门处应该大多种植柳树。

槐树：大明宫含元殿前的朝堂也植有槐树。据《大唐新语》载："贾嘉隐年七岁，以神童召见。时太尉长孙无忌、司空李勣于朝堂立语，戏谓之曰：'吾所倚者何树？'嘉隐对曰：'松树。'勣曰：'此槐也，何忽

---

[1]（唐）韩愈：《早春呈水部张十八员外》。
[2]《全唐诗》卷六百九十一。
[3]《全唐诗》卷三百五十七。
[4]《全唐诗》卷一百二十七。

言松？'嘉隐曰：'以公配木，则为松树。'"①此段文字就可以说明这一点。

石榴树：含元殿前金吾仗院有种植。《旧唐书》载："（大和九年十一月）时李训、郑注谋诛内官，诈言金吾仗舍石榴树有甘露，请上观之。内官先至金吾仗，见幕下伏甲，遽扶帝辇入内，故训等败，流血涂地。京师大骇，旬日稍安。"②

梧桐树：据《新唐书》载，高宗时，司稼少卿梁孝仁监造大明宫（时称"蓬莱宫"）时换栽了许多梧桐树。起初，梁孝仁监造大明宫时庭院种植了许多白杨树，有一次，右骁卫大将军契苾何力入大明宫参观时，梁孝仁指着白杨树说到，此树容易生长，不到三年时间，宫中就会树荫掩映。契苾何力听后不语，只是吟诵古诗道"白杨多悲风，萧萧愁杀人"，意谓白杨是冢墓间木，非宫中所宜种。梁孝仁听了，恍然大悟，立刻下令尽拔白杨，换栽梧桐③。据此可知，殿前区的庭院中应种植有梧桐树。

菊花：据《唐辇下岁时记》载："九日，宫掖间争插菊花，民俗尤甚。"④从宫女在九月九日争戴菊花的情况看，说明大明宫中也应广泛种植菊花。

二、宫殿区的园林植物

概括来说，宫殿区（含元殿至蓬莱殿之间，亦即前朝区，其中还包括中书、门下、史馆等官署区）园林植物也较为单一，主要以松树、柳树为主，局部殿院种植有梧桐、桂树、合欢树、竹子、梨树、梅树等。

松树：宣政殿、紫宸殿前均种植。《石林燕语》载："唐正衙宣政殿庭皆植松。开成中，诏入阁赐对，官班退立东阶松树下是也。殿门外复有药

---

① 刘肃：《大唐新语》卷八。
② 《旧唐书》卷一七下《本纪·文宗下》。
③ 《新唐书》卷一百一十。
④ （宋）陈元靓：《岁时广记》卷三十四。

树……"但宇文绍奕考异说宣政殿东西只有四棵松树，并非都种植松树[①]。紫宸殿前种植有松树，据《唐会要》载："准开成元年三月敕。每遇延英开，并令候对。如入阁日班退后，各于紫宸殿前东西松树下依位立。"[②]

柳树：宫殿区各宫门处多有种植。

药树：宣政殿前有种植。据《石林燕语》载："（宣政）殿门外复有药树"就可说明这一点。

樱桃树、桂树：紫宸殿前有种植。《全唐文》载有张莒《紫宸殿前樱桃树赋》一文，足见紫宸殿前樱桃树在宫廷的知名度。其赋中有"迎华桂而摇露，向朱明而清暑"的记载[③]。

枣树：大明宫史馆门前有种植。《旧唐书》载："及大明宫初成，置史馆于门下省之南。馆门下东西有枣树七十四株，无杂树。"[④]

梧桐树：据《旧唐书》卷十三《德宗纪下》载："（贞元四年）辛未……中书省梧（桐）树有鹊以泥为巢。"[⑤]

合欢树：紫宸殿附近有种植。唐代诗人窦叔向《春日早朝应制》诗云："紫殿俯千官，春松应合欢。"[⑥]

此外，根据唐诗考证，在大明宫中间左右掖署种植有竹子、梨树、梅树、桂树，在史馆中也种植有梅树[⑦]。

三、宫苑区的园林植物

莲花：太液池遗址考古发掘中，在池岸、池中心、岛屿周边的池底淤

---

① （宋）叶梦得：《石林燕语》卷二。
② 《唐会要》卷二十五《杂录》。
③ 《全唐文》卷四百四十六《紫宸殿前樱桃树赋》。
④ 《旧唐书》卷四十三《志第二十三·职官二》。
⑤ 《旧唐书》卷十三《本纪第十三·德宗下》。
⑥ 《全唐诗》卷二百七十一。
⑦ 王璐艳、丁超、刘克成：《诗考唐代大明宫的园林植物》，载《中国农学通报》2011年第8期。

泥层均发现有莲叶、莲蓬、莲藕、莲茎等遗存，尤以南岸、东南岸最多。且图案清晰，栩栩如生。这充分说明太液池当年莲花满池的状况。

唐代时，常见的莲花品种是粉红色，其次是白色。白莲是罕见的品种，也被当作祥瑞。太液池中不仅有粉红色的莲花，更有较为罕见的"千叶"白莲。唐代诗人白居易《长恨歌》中"太液芙蓉未央柳，芙蓉如面柳如眉"的诗句描述的就是太液池中的粉红色莲花。另据《开元天宝遗事》载："明皇秋八月，太液池有千叶白莲，数枝盛开。"可见"千叶"白莲曾经是太液池中令人钦羡的一大景观。此外，白莲当时在中国北方地区似乎还并没有普遍种植，记载仅见两京有种植。程大昌在《演繁录》中提及，9世纪以前，在洛阳还没有白莲，白莲是在9世纪时由田园诗人白居易最先带到洛阳种植的。

太液池遗址西岸园林植物：以松树、栎属乔木为主，并有铁杉、胡桃（俗称核桃）、枫香、桂树，间或有丁香树、茉莉树、紫檀、黄花梨木等。另外，太液池西岸的禾本科植物还应有竹子，即"义竹"。

太液池遗址北岸园林植物：以栎属乔木、胡桃（核桃）为主，其间夹有少量的针叶松树、铁杉和山毛榉等。另外还有一些菊花、竹子等。近水处有卷柏、环纹藻等蕨类植物。

历史文献、诗歌中记载的有关太液池周边及后宫庭苑的园林植物主要有：柳树、桃树、竹子、杨树、石楠、杏树、槐树、桂树、松树、梧桐、梨树等。

四、大明宫可能种植的园林植物

文献明确记载在大明宫内有栽种，但大部分具体位置记载不详的植物主要有：柑橘树、金桃树、马乳葡萄、菩提树、郁金香、泥楼钵罗花、佛土叶、柏树、桦树、海棠树等。

根据上述资料的整理与分析，可以肯定出现在唐大明宫里的植物种类包括：莲花、松、柳、槐、梧桐、栎属乔木、铁杉、胡桃、石榴、樱桃、柑橘、竹、梨、梅、桂、桃、石楠、杏、枣树、药树、杨树、合欢、牡丹、菊花、莎草科、卷柏和水龙骨等。间或有丁香、菠菜、稻、小麦等。此外，大明宫中可能种植的植物有：马乳葡萄、菩提树、郁金香、泥楼钵罗花、佛土叶、柏树、桦树、海棠树等。

五、唐大明宫园林植物的分布特点与景观特色

殿前区园林植物以松、柳为主。包括龙首渠绿化带、左右仗院及殿前广场和御道的绿化。整体特色是种植整齐、树种单一，是唐长安城绿化的延续，是向宫殿绿化的过渡。

宫殿区园林植物区包括三大殿、左右两省及集贤院和史馆等。整体特色是以松、柳、翠竹为主，梅、梨、桂等开花灌木做点缀；松、柳用以烘托气氛，翠竹、梅花则反映文人士大夫的兴趣和志向，说明皇家园林受到了文人园林的影响。

后宫宫苑区是以太液池为中心的大明宫主要的园林景区，植物种类繁多、花木最为茂盛。整体来说，园林植物仍以松、柳为主体，辅有槐、梧桐等高大乔木，间配四季苗木花卉及中外名贵花木等。整个后宫掩映于郁郁葱葱、如梦似景之中，绿化植物与宫殿相得益彰，宫廷气氛既庄严肃穆又绚丽多彩、如诗如画。

从植物配置来看，松树体态端庄，象征长青、不老与永恒，同时又代表着坚韧不拔和刚正不阿。柳树是唐代长安城主要的绿化树种，也是唐人喜爱的园林植物。梧桐象征着吉祥。从物种来看，"花中四君子"和"岁寒三友"也颇受欢迎，承载了魏晋以来文人的高雅情结。此外，大量果木栽植，特别是外来果木的引种，反映出皇家园林也注重观赏和实用的结合，同时也反映出当时花木的移栽及培育水平，并体现了皇家园林与其他园林的区别，即不出宫苑就能欣赏和品尝各异的花草果木。

大明宫内鲜为人知的宗教建筑

大明宫有宗教建筑并不稀奇，前述的三清殿就是一处。皇宫中有宗教建筑在其他王朝也存在，但是像大明宫中的宗教建筑之多，却是不常见的。大明宫中不仅有佛教、道教建筑，还有家庙性质的宗教建筑及求取长生之术的建筑，这一特点在其他王朝宫殿中并不多见。

①望仙台：唐武宗时期修建的一座道教高台建筑，在宣政殿东北。如今高台周边与上部建筑已无存，地面上唯留有基址（图4-111）。

考古工作者在2004年和2009年对望仙台遗址做过专项的考古勘探与发掘。

2004年，因遗址毗邻村庄，遗址周边堆放有大量生产和生活垃圾，同时还建有一些临时性现代建筑，考古工作主要围绕遗址的主体高台及高台的东、西、北部展开。考古工作结束后，对望仙台基址进行了围挡保护。

2008年，因大明宫国家遗址公园项目拆除了遗址周边现代建筑，2009年5月至6月，考古队又对望仙台遗址进行了全面考古勘察与试掘（图4-112）。

考古资料表明，望仙台遗址为方形覆斗状。其结构主要由三部分组成：一是夯土高台，二是高台的基座（或称基础），三是基座周围的壕沟（图4-113）。

夯土高台平面呈正方形，边长约30米，系黄土夯筑而成，现存地表高度为9.7米。在夯土高台的底部周边，考古发掘还发现不少形状各异、表面粗糙的大石块，这些石块应是用于包砌高台底部或四壁用的砌石。另外，在对夯土高台主体本身进行勘探时发现，夯土高台四壁虽皆破坏严重，但南半腰仍呈缓坡状，文化堆积也较厚，推测应是上台的阶道所在。基座位于高台下方，曾进行过大开挖，形成了夯土高台的基座。壕沟位于基座四周，呈"回"形，上口宽约9米、下底宽约6.5米左右，沟深1.2~1.5米左右，沟底部靠近边沿处还发现有单排的木桩洞。

图4-111　大明宫遗址公园内的望仙台遗址

图4-112　望仙台遗址2009年考古发掘现场工作照

图4-113　望仙台遗址南侧壕沟

大明宫望仙台是唐武宗崇尚道教的产物。日本僧人圆仁所著的《入唐求法巡礼记》中，对大明宫望仙台修建的年代有记载："（会昌四年）九月……道士赵归真等奏云：'……请于内禁筑起仙台，练身登霞，逍遥九天。康福圣寿，永保长生之乐也'云云。皇帝宜依。敕令两军于内里筑仙台，高百五十尺。十月起首，每日使左、右神策军健三千人，搬土筑造。皇帝意切，欲得早成，每日有敕催筑。"这里所提到的"仙台"即是大明宫的望仙台。在唐人康骈所著的《剧谈录》中就有赵归真"请于禁中筑望仙台"

的记述。由此推测，大明宫内的望仙台应修建于会昌四年（844年）。

②灵符应圣院：大明宫内一处道教建筑，位于大明宫东内苑龙首池东。在唐朝诸帝中，唐武宗是最尊崇道教的一位皇帝，他最早在大明宫中建造的道教建筑物就是灵符应圣院。史载武宗会昌元年（840年）三月"造灵符应圣院于龙首池"①。《唐两京城坊考》载："僖宗崩于灵符殿，疑即此院之殿。"②另据记载："武宗以刘玄静为崇玄馆学士，号广成先生，入居灵符殿，帝就传法箓。"③这说明灵符应圣院确是一处皇家道教建筑。

③大角观：大明宫东北部的一座道观。宋敏求《长安志》卷六《大明宫》载："大角观在珠镜殿东北。"元人李好文的《长安志图》所附的《唐大明宫图》，在珠镜殿以北的玄元皇帝庙东北标绘了大角观。另据《唐六典》卷七《尚书工部》载：大明宫中有"玄武、明义、大角等观"。但至今未对该遗址进行考古发掘，大角观的具体形制还不太明确。

④玉晨观：位于紫宸殿北，是大明宫皇家的内道场之一。唐代大诗人元稹的《寄浙西李大夫四首》诗云："最忆西楼人静夜，玉晨钟磬两三声。"作者自注曰："玉晨观，在紫宸殿后面也。"④元稹曾担任翰林学士，这首诗当是写其在翰林学士院夜间当值的情景。关于玉晨观，出土的唐代墓志《唐大明宫玉晨观故上清太洞三景弟子东岳青帝真人田法师玄室铭并序》对其有明确记载⑤。另外，早些年西安出土的《回元观钟楼铭》（立于开成元年）中也有"（太和）四年夏，有诏女道士侯琼珍等同于大明宫之玉晨观设坛进箓"云云⑥。玉晨观是一座女道观，《册府元龟》卷五四载："开成二年正月，召麻姑山女道士庞德祖自录台门留止玉晨

---

① 《旧唐书》卷一八上《武宗纪》。
② （清）徐松：《唐两京城坊考》卷一《西京·三苑》。
③ （元）骆天骧：《类编长安志》卷三《馆》，中华书局，1990年。
④ 《全唐诗》卷四一七。
⑤ 赵力光：《西安碑林博物馆新藏墓志汇编》，线装书局，2007年。
⑥ 马骥：《西安新出柳书〈唐回元观钟楼铭碑〉》，载《文博》1987年第5期。

观。"庞德祖显然是一位女道士。另外，在《唐会要》《全唐文》中也有一些玉晨观的记载。玉晨观的道士们除了给宫中嫔妃、宫人讲道说法外，其活动还包括上元节为皇帝焚香行道、敬修功德、祈福祈雨等。

除了以上固定的道教道场外，在大明宫中还有不少临时性的道教道场，如长生殿内道场、三殿（即麟德殿）内道场、仪鸾殿内道场等。①这一切都充分反映了李唐皇室尊崇道教的情况，道教已经深深地影响了有唐一代的宫廷生活，并与政治发生了密切的关系。

⑤昭德寺：大明宫中的佛教寺院之一，位于宣政殿以东，其始建时间已不可考。史籍中关于昭德寺的记载几乎全与文宗太和二年（828年）十一月的一次火灾有关。这次火灾造成的损失很大，记载最详的当是《长安志》卷六《别见》："太和二年十一月甲辰，禁中火灾从昭德寺起，延烧宣政殿东，午门益炽，宫垣半为灰烬。寺之南，禁中呼为野狐落。宫人居此者，为火所逐，攀援墙垣以出，出不及者，焚死数百人。又延烧门下省，至暮稍息，凡数日方灭。"大火已烧到了门下省，可知从昭德寺至门下省之间的建筑物全部被烧毁了。唐朝在宫廷中所兴建的佛寺，几乎均为尼寺，昭德寺可能就是其中之一。

⑥福寿寺：为大明宫中佛寺之一，位置和始建时间均不详。估计可能在唐高宗时期就已兴建了，至迟在武则天时期就已经有了。

据《唐京兆大安国寺僧彻传》记载："别宣僧尼大德二十人，入咸泰殿置坛度内。福寿寺尼缮写大藏经，每藏计五千四百六十一卷。雕造真檀像一千躯，皆委彻检校焉。"咸泰殿即大明宫诸殿之一。另据《大宋僧史略》记载："及懿宗，于咸泰殿筑坛，度内福寿寺尼受大戒。"可见福寿寺也是尼寺，属于所谓"内寺"。福寿寺在大明宫中的具体方位，由于典籍缺载，文物考古工作也没有线索，故不知其具体方位。

⑦护国天王寺：位于大明宫东北角，其具体位置在日本僧人圆仁所撰

---

① 王永平：《论唐代道教内道场的设置》，载《首都师范大学学报》1999年第2期。

的《入唐求法巡礼行记》卷三有详细记载。唐文宗开成五年（840年）八月廿三日，圆仁被安置于资圣寺。次日，令其参见左街功德使仇士良。关于此事圆仁写道："案头何判官送到内护国天王寺安置。寺在左神策军球场北。寺与大内隔墙，即皇城内城东北隔也。"可见护国天王寺位于大明宫宫墙之外，左神策军球场之北。护国天王寺应是僧刹，不然不会安置圆仁到此暂住，正因为其为僧刹，所以建在大明宫东墙外的东内苑中，靠近左神策军驻地。

⑧玄元皇帝庙：位于大明宫东北部。玄元皇帝在这里是指先秦诸子百家之一的道家创始者老子。唐朝皇室自认为是老子李耳的后裔。唐高宗麟德三年（666年）二月，追尊老子为太上玄元皇帝，并为其兴建庙宇。设在大明宫中的玄元皇帝庙则属于皇室家庙性质。大明宫中的玄元皇帝庙规模不大，实际上只是皇家另一处祭祖的场所，也仅见于唐代，在其他王朝是不存在的。

当然，大明宫中的三清殿，也是道教建筑，于是就形成了殿、庙、观在宫中并存的局面。三清殿供奉的是三个人物，与玄元皇帝庙仅供奉老子一人不同，前者表现的是皇帝对道教的尊崇，后者则表现为皇帝对其始祖的尊崇。

此外，20世纪50年代，考古工作者在太液池东池南岸发现两处建筑遗址，当时推测它们是玄元皇帝庙与大角观遗址①，这一说法还有待进一步研究。

---

①中国社会科学院考古研究所：《唐大明宫遗址考古发现与研究》，文物出版社，2007年。

唐长安城考古笔记

第五章 记忆长安

唐长安城考古的那些事儿

含光门考古，我得感谢一位陌生游客

含光门是隋唐长安城皇城南墙偏西一处城门，最早建于隋文帝开皇二年（582年），历经隋唐两代，宋代时仍改建使用，元代建奉元城时将含光门封闭不再使用，明清修建城墙时将含光门包砌于城墙之中。"含光"取意"含弘光大"之意，体现了当政者海纳百川的博大胸襟。

隋唐时，含光门是一个无人不知的地方。门内即是含光门大街，大街向北直通宫城。含光门内的东北角，就是鸿胪寺和鸿胪客馆，鸿胪寺是当时专门负责管理外交、民族事务的机构，鸿胪客馆则有些相当于今天的钓鱼台国宾馆，因此，唐代几乎所有的外事接待活动都要经过含光门大街。千年前的含光门，常常会迎来来自世界各地，肤色、语言各不相同的外交使节和大臣等。唐朝国力强盛、开放包容，如果各位能够回到唐代，那么，在这座城门附近邂逅国际友人、政要大腕儿的几率是非常大的。

时光流转，倏忽而过。20世纪60年代考古工作者对唐长安城皇城进行全面调查和钻探时，就基本确定了含光门遗址位置。1984年西安市整修西安城墙时，含光门遗址再次被发现。为配合西安城墙建设，1986年中国社会科学院考古研究所决定对含光门进行考古发掘（图5-1），并清理出含光门门道、墩台等遗迹，首次揭开了这座门址的历史面貌，时隔千余年，含光门终于又展现在世人眼前。发掘工作结束后，为不影响西安城墙建设，对遗址又进行了保护性回填。2006年，含光门遗址博物馆筹备建设，为保护、展示这一城门遗址，2007年笔者又带队对含光门重新进行了发掘（图5-2）。清理出含光门的三个门道、墩台、外包砖壁、础石、石门槛及唐代路面等（图5-3、5-4），让世人能再一次能目睹千

图5-1 含光门遗址1986年考古发掘场景

图5-2 含光门遗址2007年考古发掘场景

图5-3 考古发掘出的含光门遗址（2007年）

图5-4 考古发掘出的含光门遗址中门道（2007年）

年皇城含光门的风采，重启对大唐盛世的记忆。

含光门遗址也是迄今为止所发现的保存最为完好的隋唐城门遗址，考古发掘出的门址东西长37.4米、南北宽19.6米。东部保存最高处（由唐代地面起）达8米左右。城墙外侧包砌砖壁。有形制相同的三个门道，中间门道宽5.72米，西门道宽5.35米，东门道宽亦5.35米左右。在东门道的考古清理中，我们保留了宋代路面（宋代将中、西门道封闭，仅使用东门道），唐时路面、础石等都还完好地保存在宋代路面以下。

配合含光门博物馆建设的考古发掘工作是2007年3月至7月进行的，这次发掘不同于以往的田野发掘，发掘是在室内进行。工作开始时，博物馆内部装饰已经基本完成，为了不影响博物馆建设，我们在发掘区搭建了隔离保护棚，基本做到了无尘化发掘。发掘工作也得到西安市城墙管理处及含光门博物馆的大力支持与协助。

在发掘后期,为了推动公众考古,让更多的人了解和熟悉考古工作,发掘工作还适度对游客开放,也就是在这段工作期间,一位热心的陌生游客,悄悄拍下了我们当时工作的场景。这件事,直到2018年6月份我才知道。说起来,还多亏北京市社会科学院的谢芳教授。谢教授在整理中亚工作经历及长安访古的书稿题材时,无意中在网络博客里发现了一篇有关含光门考古的文章,并配发了当时拍下的考古工作照(图5-5)。照片是我和一位同事清理含光门门道时的工作场景。当谢教授把照片发给我时,我很惊讶,因为我从来没有见过这张工作照片,后经她说明,我方才释然。无论如何,我都得感谢这位陌生的游客!感谢他对含光门考古工作的关心和宣传。同时,我心里也是欣慰的,真切感受到了公众考古初见成效,逐渐被更多的人和群体所关注。公众考古就是想让更多的人了解、参与考古工作,让过去专业的考古不再神秘,让考古不再只属于少数考古工作者,也更是为了让考古和历史不再只停留在书本和人们的脑海中,而是让它走入我们的生活当中,被更多的人熟悉和关注。此时此刻,在这里,笔者向这位关心、关注含光门考古的陌生游客及所有关心、关注中国考古事业的人,恳切地说声:谢谢!当然,也要感谢一直支持和理解我们考古工作的

图5-5 游客拍摄含光门考古工作照(左一是笔者,右一是谭崇礼)

老朋友谢芳教授。

2007年考古发掘后不久，含光门博物馆也及时建成并开放，博物馆联合文保部门对遗址进行了多种保护，为发挥这一历史文化遗产的重要作用做出了贡献。如今，走进这座恢宏气派、庄严肃穆而又带着历史年轮的含光门遗址博物馆，依然会给人们带来无尽的遐想和沉思……

消失的帝都城阙——我记忆中的唐长安城安化门遗址

公元835年，唐长安城中一场杀戮结束后，大唐宰相舒元舆单骑乔装从城南安化门逃出长安城，却被追兵擒拿后处死。见证过这场血雨腥风的安化门，在此后1000多年的时间里，从当年雄伟的帝都城阙变成了城郊不起眼的夯土台遗址。如今，就连这个残缺不全的夯土台遗址也随着城市的发展消失于无形。我记忆中的安化门遗址永远定格在了1999年考古调查时的样子。

安化门是唐长安外郭城南墙上中部偏西的一处门址，东距明德门1 435.5米，门址建于隋初，据载门上还建有楼观。安化门内向北直至外郭城北墙的芳林门，是一条宽108米的南北大街，这条街道也是长安城内西半部的南北主要干道。1958年考古勘探时，门址与道路均可寻，门址地面上尚存大小不等之夯土两堆，其东西长42.5米、南北长10米、面积425平方米，有宽度为7.2米之门洞三个。故址在今西安南郊北山门口村以东约220米处，如今已化身为一所补习学校的操场讲台了。

安化门作为郭城南城墙的最西门，是连通城内外的重要枢纽。唐文宗年间，宦官专权乱政，南衙（朝官）和北司（宦官）斗争激烈。大和九年（835年）十一月二十一日，宰相李训、舒元舆与金吾将军韩约、河东节度使王璠、邠宁节度使郭行余等合谋，诈称大明宫含元殿前的金吾左仗院石榴树上夜降甘露，想要诱使宦官神策军中尉仇士良、鱼弘志等前往观看，并趁机将其围歼。不料伏兵没有隐藏好，被宦官发觉，仇士良率禁兵

500人，杀散伏兵，遇害的朝官与吏卒有千余人。李训逃至周至为部下所杀，舒元舆乔装后单骑从安化门出逃，被追兵擒获后处死。史称这次流血事件为"甘露之变"。

唐代时，安化门内外风景也不错！这多少得益于门西侧自南向北穿城而过的两条水渠，一条是引自潏水的清明渠，另一条是引自洨水的永安渠。安化门内有钱人的宅院，多引渠水入宅，形成多处园林景色，使得安化门临渠处景色十分秀丽。如门内东侧安乐坊，有天宝年间的御史大夫王铁的园林。门内西侧大安坊有西平郡王李晟的大安园。汾阳郡王郭子仪的山水池院，池连南北二坊，还筑有大安亭等。另外，安化门外还设有赤帝坛和黄帝坛。如今，这些坛址已不可考。

唐长安城废毁后，安化门也随之废弃，但遗址一直存在。北宋张礼在《游城南记》中载："盖京城之南，凡三门，中曰明德门，今谓之五门，西曰安化门，今谓之三门。"西安地名专家葛慧认为，三门口村的得名，有可能因为唐安化门有三个门洞。清《长安县志》记为"三门口"，民国《西京市平面图》也写作南、北三门口，后讹写为"山门口"，也就是我们现在所说的山门口村。2003年出版的《雁塔区志》中亦载："（安化门）遗址在今长延堡街道沙浮沱村西北，现存墙垣夯土堆，宽3.2米，长7.8米，厚6.7米，门址有一石条，高0.37米，长0.64米，宽0.56米。两个门墩一大一小，大墩长1.85米。宽0.49米，厚0.39米；小墩长0.69米，宽0.32米，厚0.30米。遗址周围已成农田，封土遭破坏。"从以上记载可知夯土遗址已由两堆减少到一堆了。

1999年笔者对安化门遗址进行考古调查时，也就剩下一个不大的夯土堆了，即《雁塔区志》中所记的安化门遗址。当年笔者在进行调查时，沙浮沱村和山门口村稍微年长的村民都知道那个土堆就是唐代的安化门。2005年，当笔者再次调查时，安化门遗址仅存的夯土台已消失于无形。为此，笔者与西安市文物管理部门也曾多次到现场寻访，同时还有多家媒体也关注过此事。2016年西安晚报的记者对安化门还做过专项调查，一位年过花甲的龚姓村民对记者说:"过去,村里人祖祖辈辈都在保护这个遗址,我小时候每天去北山门口村上学,都要经过那个土堆,再也熟悉不过了。20世纪70年代,村里平整土地,周围一带的农田都平整了,但安化门的土堆却保护了下来,还在土堆周围砌了一圈砖墙,为的就是不让人随意破坏,当时的土堆约高3米,占地十二三平方米。20世纪90年代初时,安化门的夯土台遗址还在。后来科技卫校租下了安化门所在的地方,并将校园圈起来,从那以后我就再没见过安化门遗址,后来学校搬走,这块地方又陆续租给了其他学校,我们也不知道学校里面建成了啥样。"调查的记者曾几次想进入安化门遗址所在的学校,但都被拒绝,终究无果。

无论怎样努力,一个残酷的现实,一个不可改变的结果是,安化门这个帝都城阙从此消失于无形,化作了永远的记忆。

应记住为保护大唐西市遗址做出贡献的民营企业家

大唐西市历来被认为是唐长安城除宫殿遗址之外最重要的遗址。这里是丝绸之路的起点,1000多年前,胡商们在这里着胡服、吃胡食,买卖珠宝、银器,很多人死后就葬在长安城。唐长安城之所以被称为"国际都市",很大程度上就是因为有这块"国际交流中心"。

2006年大唐西市一期工程建设时,中国社会科学院考古研究所对涉及区域进行了大规模的考古勘探与发掘,发掘区域在唐代西市九宫格的正北格,发掘面积约为唐代西市的八分之一。此次考古最大成果,是西市的东北"十字街"、石板桥和涵洞等。如今,这里已经建成了大唐西市博物馆(民营),上述发掘出的重要遗址在此进行了原址保护与展示,是目前唐长安城中唯一一处见证千年丝绸之路起点与商业繁荣的市场遗存。

2006年大唐西市考古工作的开展也不是一帆风顺的。起初负责承建该项目的大唐西市公司绝大部分部门并不太支持考古工作的开展,经过多次接触,考古工作得到了该公司董事长、民营企业家吕建中先生的大力支持。可能是因为他个人有收藏爱好,大唐西市的考古工作才得以顺利开展。

笔者全程参与了这一考古工作,大唐西市遗址能挖掘八分之一已是侥幸。原因很简单,像这样能在城市繁华地带进行的考古发掘很少。环绕着现今的大唐西市商业区,有许多政府部门、学校、城中村,比如西安市规划局、陕西省国土资源厅、西安市安监局劳动保护教育中心、莲湖区委党校、西北工业大学、糜家桥村等。笔者从没听说过任何配合基建的考古工作或者在这里发现什么唐代遗址之类……

还有一个客观事实是,当年西市考古发掘出的一些重要遗址,如西市的东北"十字街"、石板桥和涵洞等区域,原本是作为房地产开发的规划用地,十字街遗址发现并发掘后,项目被迫更改规划。在当时大唐西市公司内部绝大部分股东的反对声中,吕建中居然力排众议,改为在十字街原址上建博物馆,对发掘出的西市遗址进行保护和展示,在此基础上,外围再进行文化地产开发。据说,为此吕建中失去了几大合作伙伴,原计划大笔的投资也因此撤销。

今天的大唐西市包括古玩城、风情街及一些商业住宅等原计划的文化地产项目,同时,在原计划之外,民营企业家自己投资3.2亿修建起大唐西市博物馆。

不可否认,大唐西市项目一度曾受到这样或那样的质疑与争论。但有一点是肯定的,大唐西市博物馆是至今唐长安城中唯一一处由民营企业家出资兴建的考古遗址博物馆,也是唐长安城中唯一一处见证与展示丝绸之路起点繁荣商业的历史遗存。有人可能会说,大唐西市只保护了一处遗址,其他遗址都被"破坏了"……这种想法和说法是因为不了解西市遗址真实的保存状况。西市遗址经过千年的洗礼,至2006年考古发掘时,整体保护情况就不是很好,原本脆弱凋零的西市遗址在新中国成立以后的城市发展和建设大潮中,已经留存不多且破败不堪。而这些,大多数人是不知情的,也很少有人去关注和追问这些情况。同样,也很少有人去关注和追问大唐西市周边、甚至唐长安城（现存的西安城区）中那些"默不作声"进行建设、没有保护遗址的项目与单位的情况。如今林立的高楼大厦不仅仅是意味着更深的地基，也意味着，地基下有遗址未经挖掘已遭灭绝性破坏！

诚然，大唐西市项目商业因素居多，但如果没有大唐西市博物馆的建设，世人可能根本不会看到和感受到千年长安西市的真实面貌。大唐西市博物馆如今被作为利用民间资本保护国有文物遗址的典型，就文物遗址保护来说，吕建中先生功不可没。

大唐西市考古如今已过去12年了，考古发掘出的西市东北十字街、道路、店铺等无疑是唐长安城繁荣商业与丝绸之路起点最好的见证。我们走进大唐西市博物馆感受到千年长安西市繁华的同时，也应记住民营企业家为保护遗址所做的贡献。

那一年为了工作，我差点失去了女儿

考古工作最基础、最普遍的就是田野工作，不管是考古调查、勘探和发掘，只要是开展田野工作，一般所有成员都会一起吃住在工地，这一待少则一两个月，多则三四个月甚至一年，条件艰苦暂且不说，"有家难回"确是真实情况。而且这种状态几乎是年年如此。所以，只要是干考古的，几乎没有不亏欠家里人的。这份"亏欠"包含的太多，对父母，对妻子，对子女，等等。

2005年，西安高新区唐延路绿化带唐长安城墙遗址公园拟开展考古工作，此区域属唐长安城西城墙南段范围。在此范围内有一个重要门址——延平门遗址。虽然说这里是绿化带，但有些地段过去是城中村，拆迁后一些建筑垃圾被就地用机械铲平，严重影响考古钻探工作的展开。按考古队与高新规划局合同约定，我们总共只有3个月的工作时间，如果扣除中间春节放假，实际工作时间也就两个月左右，时间紧任务重。为了尽快、准确地找到延平门遗址，考古队几乎取消休息时间，忙于跑调查，找线索。

那年冬天来的特别早，12月初就已经寒风刺骨，加上春节即将来临，大家都拼全力在工作。

有一天，我带领几名考古队员正在调查延平门以北的金光门遗址。金光门遗址在1997年考古调查时还有线索可寻，这次我们也想通过找到金光门遗址来确定延平门遗址的准确位置。那天一直在下雪，上午我们正在金光门村中一处疑似城门遗址的废弃工厂调查，我爱人突然打来电话，告诉我孩子发烧了，让我回去看看。我问体温多少度，我爱人说38度，说昨晚就有点低烧，看我工作忙，早上就没说。起初我也没在意，认为冬季孩子感冒发烧是很常见的事，吃点药应该很快就会过去。第二天，我们的工作继续着，我爱人又来电话，说孩子还在发烧，体温39度。我让她带孩子赶快去医院，我忙完就过去。迫于工作压力，也是当时自己确实没当回事，就想着让医生看看就没事了。当天上午去了医院，医生说伤风感冒，让留在医院观察。到了下午孩子就退了烧，晚上，我们就带孩子回到家里，觉得这件事就这么过去了。第三天，我还是忙着调查。第四天，我们正在一个地点钻探，我爱人的电话又来了，说孩子又有点发烧，我问体温多少，我爱人说38度。我还是没在意，因为有前天发烧的事，觉得低烧不碍事，就说观察观察，我晚上回去再说。孩子就这样又低烧了两天。同时我又为工作在外跑了两天。这样到了孩子低烧的第三天，那天雪下得比较大，我们刚回到驻地，一阵急促的电话铃声响起，这才知道孩子突然高烧40度，已经送到医院了。我立刻意识到事情比较严重，径直赶到医院。到医院时，孩子已经高烧导致惊厥，正在抢救当中……我一下子懵了。此时爱人泪流满面，一个劲给我哭诉说，太可怕了！孩子刚才浑身僵硬，口吐白沫……大概过了20分钟左右，抢救的医生出来了，告知孩子暂时没有生命危险，并一再叮嘱，孩子高烧惊厥是非常危险的事，幸亏抢救及时，再晚一些后果不堪设想！另外，医生说高烧惊厥一般会伤及大脑，很有可能留下后遗症，还得观察。好在是上天垂怜，孩子后来并无大碍。但每每回想起来，自己深感后怕，因为那年我为了考古工作，差点失去了女儿。

这件事，至今都是我心底深处挥之不去的阴影，每每想起心里都会隐隐作痛。

其实写这一章节时，我内心挣扎了许多次，一直在考虑要不要把此事说出来，因为每个人都不愿意再次触及心底深处的伤痛。最后还是决定写出来，因为许多考古工作者都有类似我这样的经历。为了抢救文物，考古工作者着实不容易。平凡工作的背后，有多少的不平凡；光芒与荣誉的背后，又隐藏有多少愧疚与伤痛。

大明宫含元殿御道考古的前前后后

一、大明宫含元殿御道考古的概况

（一）大明宫含元殿御道历史面貌与拆迁情况

大明宫含元殿御道是指丹凤门与含元殿之间的区域，据《唐六典》载，御道"南去丹凤门四百余步（约588米），东西广五百步（约735米）"，大概相当于今西安市自强东路以北、华强路以东范围。2005年以前，这里依然是西安城区所在，也是西安几乎人人皆知的"道北"（西安火车站铁道线以北）地区（图5-6）。

熟悉西安的人们都知道，"道北"曾一度是西安落后、破旧和治安状况较差的地方，这里是抗战时逃难至此的河南人聚集形成的棚户区。破败低矮的房子、狭窄的小巷子、拥挤的大杂院、气味逼人的旱厕和上着锁子的自来水龙头，构成道北棚户区给人的第一印象，再加上这里毗邻火车站，流动人员多，导致治安极差。随着西安城市建设的发展，这里逐渐又增添了一些工厂、学校，核心地段的自强路与二马路周边五金、建材、水暖、土杂等小店铺和小旅馆密集林立……这就是2005年以前大明宫御道范围历史面貌的真实写照。

2003年，西安市政府制定了《唐大明宫遗址保护规划》，把大明宫御

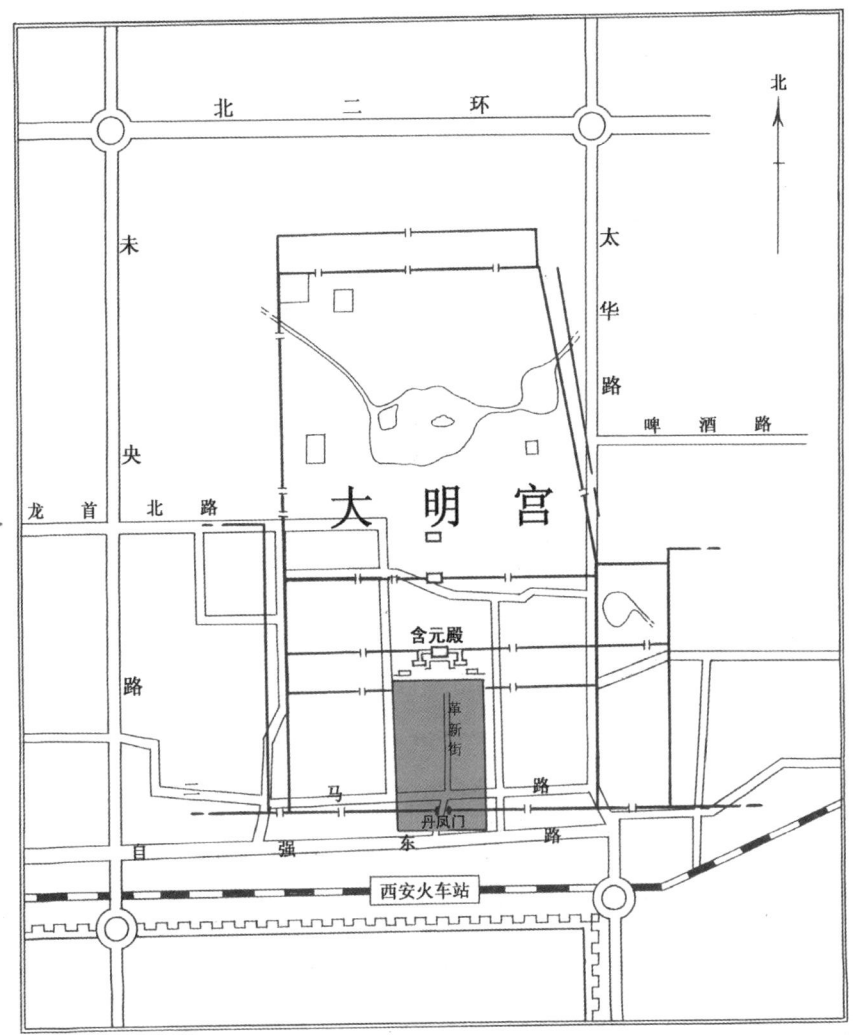

图5-6 御道考古范围示意图

道的复原保护列为大明宫遗址保护项目的突破口,并制定了大明宫御道保护工程计划,启动了整治大明宫御道周边环境、拆迁大明宫南部棚户区和城市建筑的改造项目。

2005年6至7月,西安市政府在财政部、国家文物局、陕西省文物局的大力支持下,实施《大明宫含元殿御道保护工程》,投巨资迁移和安置了含元殿御道项目工程范围内的住户和单位,拆除了御道项目工程范围内(南北长650米、东西宽约400米）的全部建筑物。

（二）御道考古工作概况

1.工作时间与人员

大明宫含元殿御道的拆迁，给此范围的考古工作带来了前所未有的机遇。2005年起至2006年底，中国社会科学院考古研究所西安唐城队及时组织力量开展了御道范围的考古勘探和发掘工作（图5-7）。当时的考古领队是安家瑶（图5-8），参加工作的还有龚国强、何岁利、李春林、冯孝堂、李振远（技师）、谭崇礼（技师）、冯小振（技师）、王佐刚（技师）等（图5-9、5-10、5-11）。笔者作为考古现场负责人，全程参与了这项考古工作。

2.工作范围、方法与收获

这次大明宫含元殿御道考古工作的范围基本为御道项目工程的拆迁范围，面积达25万平方米左右，覆盖自强东路以北、东童村以西、栖凤路以东区域，此范围内原有铁路职工的住宅区、西安市电磁阀厂、通讯电缆厂、彩色印刷厂、西安市第六医院和西安市第二十九中学等单位。在工作范围内，革新街纵贯南北，中间有二马路东西向横穿而过。

为了摸清御道的形制、范围以及范围内遗迹分布等情况，考古队根据不同情况，对御道遗址分别进行了人工洛阳铲考古钻探，结合钻探情况又进行了局部的发掘（图5-12）。

由于考古范围内拆迁的建筑只进行了简单的清理，建筑垃圾和房屋基础仍大量存留，故钻探工作存在技术和进度等方面的许多困难。尽管如此，我们想方设法，克服各种困难，顺利完成了考古工作任务，初步掌握了御道核心区域内的唐代遗迹分布情况。

①尝试高科技物探考古：2006年初，我们特别邀请了中国社会科学院考古研究所考古科技中心的钟键和王金霞研究员，对御道拆迁范围内的局部复杂区域，用电阻法和磁法，结合GPS卫星定位仪和GIS地理信息系统，对御道遗址进行了高科技探测，并对前期人工勘探范围进行复查，验

图5-7 2006年御道考古工作照

图5-8 安家瑶研究员（右二）在御道考古现场

图5-9 丹凤门遗址主要发掘者（左起李春林、安家瑶、龚国强、何岁利）

图5-10　丹凤门发掘主要技术人员（左一王佐刚，左二冯小振，右一谭崇礼，右二冯会宁）

图5-11　丹凤门发掘主要技术人员（右二李振远）

图5-12　御道考古2005年工作照

证了手工钻探结果,并提供了以前未曾发现的一些新线索(图5-13)。这项考古工作收获很大,不仅提高了工作效率,基本实现了全天候操作(图5-14),还在一些无法清除的建筑垃圾区域探测出了许多考古遗迹。

②考古发掘:在御道考古勘探进行的同时,我们还有选择地进行了小范围的考古发掘,验证勘探结果,另外对勘探出的重要遗迹(如道路、沟渠、桥梁、不明遗存等)的性质与埋藏情况有了初步了解。在后期,还进行了较大范围的发掘,如丹凤门遗址的考古发掘、含元殿南唐代水渠及桥梁遗址的发掘等。发掘工作取得一些突破性的成果,为大明宫考古与历史研究提供了珍贵的一手资料,也为大明宫御道规划与保护提供了重要参考资料。

值得一提的是,在丹凤门考古发掘期间,考古队还承担了接待ICOMOS国际遗址古迹理事会第15届会议代表现场参观的任务。为此,参与考古发掘的技术人员齐心协力,在考古发掘现场空地就近搭建了活动办公房,对考古工作现场进行了圈护,并添置了有关的办公设备等。中国社会科学院考古研究所为了支持御道考古工作,也为考古队添置了专用车辆,大大提高了考古工作效率。虽然时隔已久,但笔者至今还记得为考古工作立下汗马功劳的特殊"考古队员"——京HK2509(图5-15)。

二、大明宫御道考古新发现始末

在大明宫御道考古工作中,相继发现了龙首渠、下马桥、上朝道路等重要考古遗迹,但这些遗迹是怎么发现的呢?

摆在大明宫御道考古人员面前的第一难题是,现代建筑拆除了,工作现场却是遍地建筑垃圾,杂乱不堪、无从下手。要想了解地下埋藏的遗址与文物,就得先过建筑垃圾这一关。大量堆积如山的建筑垃圾,几乎覆盖全部考古工作范围!没有建筑垃圾的地方,又是坚硬的路面、混凝土面等。

鉴于此,考古队确定重点区域,清除建筑垃圾,再实行钻探、试掘。如果上述某个区域发现重要考古遗迹,再进行建筑垃圾的清运和进一步的

图5-13 御道考古电阻法钻探工作照(左二王金霞,左三为笔者,左四为钟健)

图5-14 御道磁法考古钻探工作照(左一为笔者,右二为钟键)

图5-15 为考古工作立下功劳的车辆

考古发掘。

最初确定的工作重点区域是1957年勘探出的第一道宫墙区域、御道南部、中部、北部区域和龙首渠区域，这些区域也基本是重要考古遗迹分布区域。

考古工作按计划展开后，最初在御道中部发现了道路痕迹，几乎在同一时间，技术人员对第一道宫墙钻探时发现了疑似夯土宫墙的存在，但在夯土紧邻的南部同时又发现了有规律分布的淤泥。这就是说，在第一道宫墙基址南有一条水渠！这确实令人费解，根据常识，绝对不会在墙基边开挖水渠。为解开疑虑，我便安排技术人员进一步考古发掘。发掘的第一地点位于含元殿正南，这里也是20世纪50年代考古勘探认为的"宫门"地方，选择这里进行发掘，不仅可以解开是否存在水渠的疑问，还可以验证过去的认识是否准确，具有双重作用。第二地点就是远离正南的偏西区域，主要是再次验证的过程。经过艰苦的发掘，我们认定勘探出的淤泥确为水渠，而勘探出的"夯土墙"实为清理出的水渠道淤泥长期叠压后形成层次状堆积，20世纪50年代的考古勘探误将这些堆积认定为夯土宫墙。这个结果，在我们发掘水渠道时得到了充分证明，因为在水渠道中还发现了两座桥梁。

新发现水渠以后，水渠的范围与分布及与周边遗存的关系成了我们当时工作的重点之一。为了解这条水渠道在御道范围西侧的分布，笔者就决定在御道拆迁西侧范围开设南北大探沟（探沟南北长60米、东西宽2米）。功夫不负有心人，意外的惊喜随之而来。就在开设的南北探沟中，相继发现了前往西朝堂的砖行步道、下马桥等！

随之，含元殿正南的中央桥梁、东侧的下马桥及水渠道南部道路相继被发现和发掘，从此拉开了大明宫御道考古新发现的大幕！

丹凤门考古发掘亲历记

一、亲历丹凤门遗址"解谜"过程

2005年前,在西安市北郊二马路南的革新街西,有一高出地表约2米的土台,上建有现代房屋,周边亦是密集林立的临时建筑,丹凤门遗址就"沉睡"在这里。如果不是房屋前所立的那块陈旧古朴的保护碑,人们很难相信这个"土台"就是大明宫丹凤门之所在。

2005年7月初,为配合大明宫含元殿御道建设,丹凤门考古发掘随之进行。对考古发掘者来说,这次发掘不仅是一个学术研究过程,还是一个探索、解谜的过程——解开丹凤门形制之谜。

2005年8月的西安,仍与往年一样炎热,面对着丹凤门区域周边零乱堆起的拆迁建筑垃圾,考古队进驻丹凤门区域,着手进行考古发掘工作。由于遗址埋藏较浅,覆盖在遗址上面与周边的建筑垃圾只能人工清除,所以在发掘前,所有考古人员先充当了近20天的"垃圾清运工"。

发掘前的钻探进行了10天左右,对"土台"的钻探结果与20世纪50年代末的考古结论是一致的,亦为三个门道,而且保存状况较好,门道、隔墙、路面、门道内的废弃堆积与火烧痕迹等也很清楚。当时参加发掘的人员,大多数都认为丹凤门可能为三个门道,因为相隔近50年的考古勘探结果是一致的!虽然未下定论,但已有的三个门道却是不争的事实。当然,对于门址东、西两侧也进行了勘探。门址西侧即为城墙,城墙内马道遗迹也很清楚。新中国成立初修建市政道路及一个较大的农贸市场的叠压,对门址东侧破坏较大,也未发现明显的门道痕迹,仅有不规则的成片的夯土基遗迹。将这些情况综合起来,考古勘探最初的结果认为是:门址西侧保存较好,东侧墩台与部分城墙和马道被破坏了。

随着考古发掘的进行,勘探出的三个门道逐渐显露出来。难道宋代吕大防所描绘的丹凤门为五个门道的形制真的是笔误?对考古发掘工作者来说,发掘没有结束,也就没有定论!丹凤门是三个门道还是五个门道的疑云始终没有散去。随着考古探铲重新打入"土台"与周边地表下,丹凤门遗址逐渐显露,纯净、质密、做工相当考究的夯土墩台与极为罕见的9米宽的门道,令参加发掘的每一个考古工作者都感到震撼!门道内密集的砖瓦废弃堆积与提取出的火烧过的红烧土让人深刻体会到丹凤门在战火中废毁时的那种悲壮与凄凉……

10月下旬,西安地区下了一场大雨,雨后的丹凤门发掘现场,空气更加清新,遗迹现象也更加明晰。我们通过对遗址面进行刮削后,对发现的不同类别"问题坑"进行了区别和划分,有门址周边、门道内、隔墙上部、墩台上部等等大大小小几十处,其中包括"东墩台"上部一处较大的"破坏坑"。

11月29日,对丹凤门遗址与其考古工作来说是一个历史性的日子。发掘人员对"东墩台"上部北端的一处较大"破坏坑"清理发掘至"底部"时,发现了很小的一片红烧土面,这个迹象引起了发掘者的特别关注!发掘现场出现这种现象不外乎有以下几种可能:一是晚期(丹凤门废弃后)破坏坑底部被火烧过的痕迹;二是唐代红烧土面移动至此的堆积;三是最为关注的、也极为期待的:有可能是一处新的门道路面(丹凤门毁于战火,门道经火烧后呈红烧土面)。如果成立,丹凤门除发现的三个门道外就有了"第四个门道"。那么丹凤门就极有可能有五个门道!这使参加发掘的人员充满了期待与兴奋!到现在我还记忆犹新,第四个门道是临近中午下班时才发现的,大家为此都忘记了下班时间,也顾不上吃午饭,纷纷憋足了劲,提起精神慢慢仔细清理着……是的!是唐代门道路面!础坑、柱础坑也有!在场发掘人员难以抑制心中的激动与兴奋,有的甚至跳了起来。后经仔细确认,这正是一处门道路面,仅残留1平方米左右,在此路面西侧靠近隔墙处,发现了残留的四个柱础坑。随着这一突破性的考古发现,丹凤门考古发掘面积又扩大了,东侧市政沥清道路、混凝土路面等清除后,面对已千疮百孔的夯土基址,考古人员经过近1个月艰辛、细致地探寻、对比、分析、解剖,终于将丹凤门五个门道这一历史面貌揭露出来,使其真容大白于天下，解开了丹凤门形制的历史之谜，找到了丹凤门三个门道与五个门道疑问的症结所在。原来，门址东部两个门道几乎被破坏殆尽，仅中门道与西部两个门道保存较好（也就是原先勘探出的三个门道）。

丹凤门遗址考古发掘，不仅仅是上述那么简单，其中还有许许多多科研人员精心分析、反复研究、求是拓新的故事。五个门道的考古发现是集体智慧的结晶，不仅解决了有关此门址形制的学术难题，而且对大明宫、唐长安城形制及相关学术、历史问题的研究提供了珍贵资料。这些资料的取得与所有考古发掘人员的辛勤与努力分不开。

二、寻找消失的天下第一街——丹凤门大街

丹凤门门外向南就是当时的丹凤门大街。大街南抵永兴坊北门之东（图5-16、图5-17），街道南北长约1500米、宽176米。这不仅是长安城内南北向街道中最宽的大街，也是古代都城考古发现的最宽大街。可谓"天下第一街"。

丹凤门大街开辟于唐太宗初建大明宫之时，大明宫建宫以前，此处是翊善、永昌二坊所在地。大明宫创建置宫时，将翊善、永昌坊东西一分为

图5-16　丹凤门大街（图出自杨鸿勋：《唐长安大明宫丹凤门复原研究》，载《中国文物科学研究》2012年第3期）

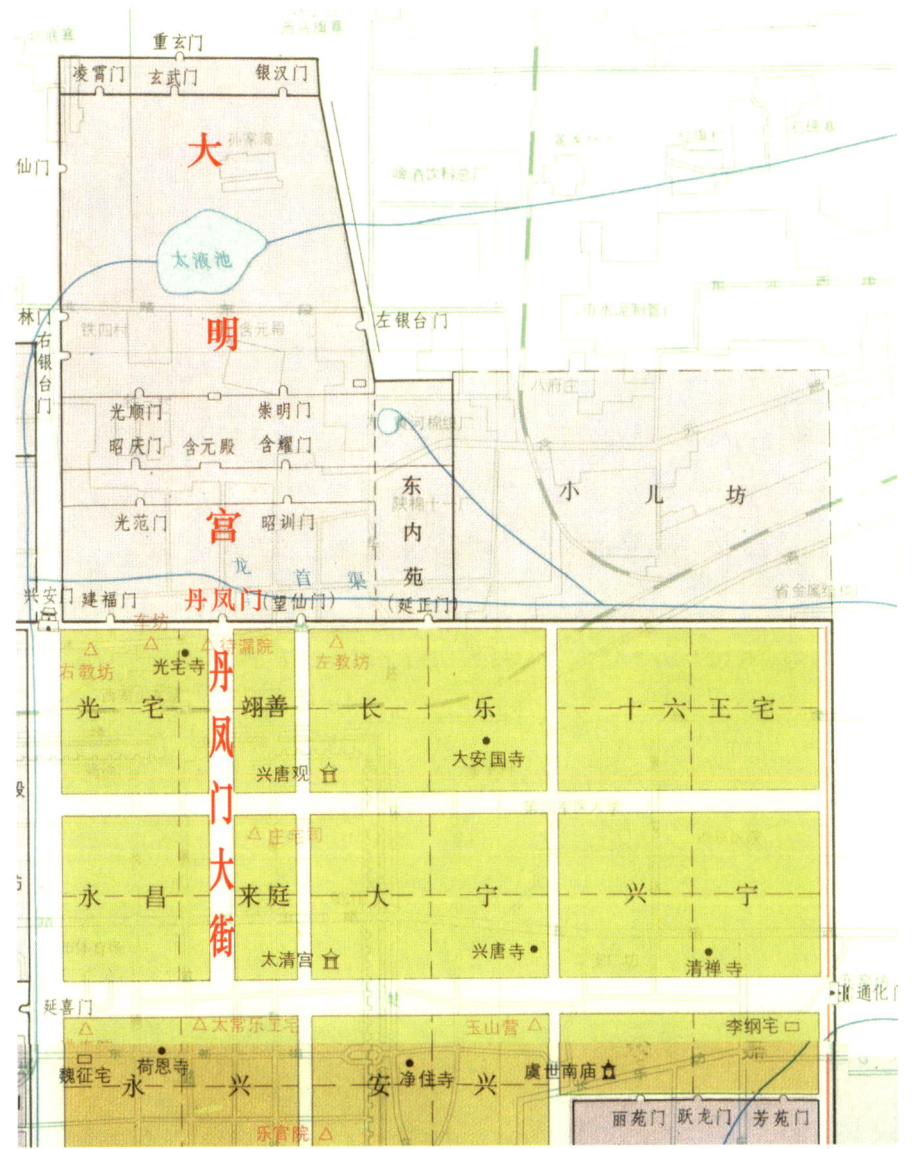

图5-17　丹凤门大街位置图

二,中间开辟为丹凤门大街,"街广一百三十步(合176米),南北尽二坊之地"①。

丹凤门考古发掘时,考古队专门针对丹凤门大街进行了考古探寻。但当时丹凤门门址正对区域的唐代地表及其他建筑遗迹几乎已破坏无存,全部为杂乱的现代垃圾、回填土等。个别没有现代垃圾的地方就是生土,这可能是因为此处原是居住区、市场、机关单位及现代市政路面等,在此区域考古勘探也没有发现任何唐代遗迹,但考古人员在门址外的南部远端80米处钻探时,偶尔发现有唐代路基,这可能就是丹凤门大街的残迹所在。随后考古队又在此区域展开了更为细致的考古勘探工作,惊喜的是,果然还零零星星发现了一些丹凤门大街残存的道路遗迹,只不过已被破坏得所剩无几了。

大明宫国家遗址公园考古往事

一、建福门考古现场"哄抢文物、集体挖宝"事件

2009年,建福门考古工作现场还遭遇了一次周边民众"哄抢文物、集体挖宝"事件,如今可能没有几个人知道。

笔者至今清楚地记得,那是4月4日的一大早,我还在驱车赶往发掘现场的路上,得知建福门考古现场突发集体非法挖掘文物的事情。

等我赶到建福门考古发掘现场时,看到男女老少几十人都在抢挖铜钱,个个埋头在"挖宝"!多数人手拿小铲,有的人干脆直接用手挖土,还有的人在给其他人展示挖出的"宝物"——铜钱。这已经是我第二次经历集体哄抢文物事件了,知道现场驱离非法挖掘人员的难度很大,且容易产生冲突,只有报警!不一会,附近派出所的警察同志赶到了,制止了现场哄抢挖掘,并当场收缴了部分非法挖掘出的铜钱,询问事情的原委及文物流失情

---

① (清)徐松撰,李健超增订:《增订唐两京城坊考》,三秦出版社,2006年。

况。热心的市民将此事告知了当地电视台，电视台反应很迅速，马上就赶到事发现场，并对哄抢的人员进行了采访。

原来，一大早，有几个小孩子在考古发掘现场无意中挖出两枚铜钱，当时考古人员尚未到现场。轻松挖到铜钱的消息不胫而走，引发附近大量村民、商户等人员的"哄抢文物、集体挖宝"。

考古工作现场文物遭盗挖、哄抢事件，折射出当时人们文物保护意识的淡薄以及对《中华人民共和国文物保护法》（以下简称《文物保护法》）的轻视。

经初步鉴定，收缴回的古币为"开元通宝"钱币，是唐代通用货币，距今约有1300年历史，对研究建福门的历史有重要的实物参考意义和文物价值。《文物保护法》规定："地下文物一律归国家所有。""一切机关、组织和个人都有依法保护文物的义务。"同时，《文物保护法》还规定："在进行建设工程或者在农业生产中，任何单位或者个人发现文物，应当保护现场，立即报告当地文物行政部门。"

采访中，大人、小孩均表示哄抢挖掘的行为不对，但看见别人在挖，自己也就挖了……可见，面对法律的明文规定，无论是大人、小孩，均做出了违法的举动，究其原因，还是经济利益作祟。市民哄抢古币及社会上屡屡出现公然无视《文物保护法》、哄抢和破坏文物的违法事件，折射出整个社会对文物保护尚未形成概念，公民的法制观念和法律意识比较薄弱，特别是对《文物保护法》的认知度还有待提高。这是问题的关键所在。

因此，古币遭哄抢，文物保护部门当反思。首先，文保部门应该大力宣传《文物保护法》，而且要主动宣传，让全社会认识到保护文物是每个公民应尽的义务，破坏文物应该承担相应的法律责任。其次，社会舆论要更多地承担起宣传和监督的作用。通过有关部门和媒体的宣传，更多的人能认识到文物的价值，知道这些文物对于国家和民族的重要性，懂得文物是祖先留给我们这个民族的共同文化遗产，一旦流失或被毁坏，我们将成为历史的罪人。再次，对于那些为谋一己私利铤而走险者，应加大打击力度，让全社会充分认识到破坏文物犯罪行为的严重性。

二、大明宫国家遗址公园考古，我们几年做了几十年的工作

大明宫的考古工作自20世纪50年代开始，经过半个多世纪的努力与探索，考古人员基本搞清楚了大明宫的形制、规模、分布等，并发掘出宫墙、宫门、宫殿、道路、水系、池苑、楼观等遗址。所获得的考古资料，对于研究大明宫及唐代相关历史文化弥足珍贵。但从另一角度来说，这些可贵的考古资料相比隋唐长安城300余年的都城史及相关的社会历史信息来说，只不过是冰山一角。遗址考古相对于其他考古工作来说，是枯燥的，因为它工作周期长，短期很难出成果，只有坚持不懈，持之以恒方能有所建树。50多年来，考古工作按计划开展，发掘研究课题有时间周期，发掘后的整理、反思与沉积往往是最重要的环节。

大明宫国家遗址公园项目的考古工作自始至终都受到时间的限制，要为规划提供考古依据，要为考古公园争取时间，要为大局着想，等等。这次考古工作面积覆盖整个大明宫遗址，考古对象涉及所有的遗址类型，短时间内不仅要完成对原有考古遗址的定位、确认，还要对未知区域进行切实的考古发掘，并对所得到的考古现象及时给出结论……对于有考古常识的人来说，读到此，或许会明白些什么。作为一个考古人，不光要考虑工作进度，更重要的是要对遗址负责！对历史负责！考古工作虽然慎之又慎，但往往还是会在一些环节上出差错。比如，考古人员给出了范围与界限，但规划人员却据此"发挥"，施工人员在施工过程中又再次"发挥"，所以在大明宫遗址公园建设中，考古人员与各个规划建设实体经常"摩擦"不断。原因是考古人员一心为遗址负责，但凡见破坏遗址的行为或事件发生，必须要求保护。

学科的要求阻止不了国家项目的实施。所以，笔者一直认为，我们在大明宫遗址公园考古工作上，虽然工作了两年，但却完成了几十年的工

作！诚然，收获了不少重要考古资料，但失去的又有多少？大明宫遗址公园的考古工作，不知是可喜，还是可忧？

还是常说的一句话：大明宫遗址公园项目，是非功过，留于后人评说……

太华路考古纪实

太华路位于大明宫遗址的东侧，南起环城北路东段，北至大明宫遗址北。全长2.5公里左右。说起这条路，西安人几乎无人不知，因为那是"道北"地区的南北向主干道，同时也在大明宫遗址保护范围内。道路沿线从南到北驻有陕西棉纺十一厂（原大华纱厂，现名大华公司）、市三十八中学、太华路小学、含元殿村、含元殿游乐园、黄河棉织厂、西安啤酒厂、中铁二十局、中铁二十局医院（后改名唐华医院）、坑底寨村、大明宫建材市场（2006年拆除）、马旗寨村等。在这些单位都开展过配合基建的考古工作。

隋唐长安城的考古工作主要分两类：一类是"主动"的考古工作。就是考古研究所及考古队自身有计划的考古工作。工作的时间、地点、遗址类型及工作经费等都是提前计划好并经相关文物部门批准的，有一定的学术目的。比如说，1999年长安城南郊礼制建筑——圜丘遗址的发掘，就是在我们学术研究基础之上有计划进行的，发掘前我们要向国家文物局、陕西省文物局提交发掘申请，这之中就包括发掘的时间、地点、人员、发掘经费等，申请批准、经费到位后，我们方开始对该遗址展开发掘工作。另一类是"被动"的考古工作。就是考古单位为配合城市基本建设而开展的考古工作（简称"配合基建考古"。我国《文物保护法》明确规定，在文物遗址保护范围内的所有建设项目都必须进行文物考古工作）。此项工作随机性很大，工作的对象、时间、地点、周期、经费都与建设项目直接挂勾。配合基建的考古都是考古单位计划外的工作，是被动的，工作节奏多半是围绕建设项目的节奏而展开的，是建设项目工作中的"配角"。太华路沿线的考古工作就属于配合基建考古。

说起太华路考古，印象最为深刻的就是2000年太华路拓宽改造的配合基建考古。期间为了考古工作的正常开展、为了保护遗址发生了许许多多的事，很多事时过境迁，已经模糊，但有几件事，虽然至今已经过去16年了，我却一直铭记于心，难以忘怀。

一、为争取工作经费，堵市政官员办公室的门

太华路拓宽改造是2000年冬天开始进行的，随着道路沿线建筑的拆迁与改造，考古工作也同时展开。和其他基建考古一样，首先遇到的就是经费问题，这是最难的。按照《文物保护法》相关条款，考古工作经费由基建单位来承担，这部分经费基建单位应该纳入项目建设预算资金。但在这里面其实隐藏了一对矛盾。首先，基建单位对考古工作的重要性和必要性认识不到位。多数认为基建考古可有可无，甚至有些单位从内心是排斥考古工作的，因为建设范围内考古发现越多，"麻烦"就越多，如果碰到重要的考古发现，基建单位轻则要更改建设规划，重则要取消建设项目。无论轻与重都会让基建单位"头疼"或者"不舒服"。其次，基建单位建设资金预算中很少有考古经费这一项。就是有，也不愿意给。原因很简单：不拿钱买"麻烦"。

太华路配合基建考古经费的争取是我经历的最难的一次。

太华路沿线拓宽改造全面进行，2.5公里道路沿线的东西两侧拆迁工作进展得很快，考古工作要及时跟进，勘探工作要全面展开。

考古工作大概进行了两周左右，预料到的问题来了，经费短缺，已经到了无法正常开展工作的程度。作为科研单位，我们向来都是科研经费专项专用。为了不影响工作，太华路考古前期的经费是我们迫不得已向考古所申请特批的起动资金。

太华路基建考古工作之初，我就第一时间到西安市市政公司［现称西安市市政建设（集团）公司］的项目工程部申请工作经费。但得到的答复是："我们只负责施工，你到（市政）局里找领导去！"这个情况也在预料之中，基建考古经费从来没有找一次就能要到手的。

当时的市政公司归建设局，在西安市的后宰门。为了落实考古经费，我先后跑到建设局办公室、综合处等多个部门，结果都是互相推脱，经费一直不能落实。即便是这样，太华路基建考古工作也没有一刻的松懈，大面积的考古勘探工作一直在进行着。

为了及时、准确获得一线考古资料，我们要破除大量固化路面或者扒开建筑垃圾进行勘探、试掘。加上战线长，考古工作投入了大量的人力与物力，光勘探一项就有近百人。从事考古勘探工作的技术工人绝大部分是外地人员，这些人衣食住行都需要资金维持。另外，勘探设备也不断要购置与维修，加上正常的办公经费，日积月累也是一笔不小的开支。随着工作的深入，启动资金即将耗尽。我赶快给当时考古队队长安家瑶研究员（时任全国政协委员，是全国文物考古界很有影响的一位考古专家）做了汇报。她感觉事情急迫，再不解决，太华路考古工作就无法进行下去。最重要的是，沿线地下的文物遗存会毁于一旦！

经过一番周折，了解到负责该项目的建设局主管领导是一名副局长。安家瑶队长决定亲自和我一起去找这位局长。第一次找副局长未果。第二次找到了。安家瑶队长说明来意，局长还挺客气，并招呼我们就坐。安家瑶队长把考古工作的重要性及如今经费严重短缺的情况做了说明，副局长听后说他已经知道这个情况，但还得再研究研究。

安家瑶队长有些急，从包里拿出全国政协委员的证件，放到局长办公桌上。

"太华路拓宽造福于民，很重要，但沿线的文物考古工作同样重要，现如今考古队垫付资金在超负荷运转，如果因为经费问题导致考古工作无法开展，市政施工造成文物遗址破坏，我们做为现场工作的考古队将向省市文物局、国家文物局书面说明情况。另外，我作为全国政协委员，也有责任有义务向省市及国家相关部门反映情况，这是我的证件。"

听到这突如其来的话，副局长不由怔了一下，很惊诧地看一看安家瑶队长的证件，态度立刻就变了。

如此，太华路的考古工作才得到了初步认可，经费也才有了希望。之后的几周内，为了经费预算的多少，我又数次跑到建设局，提供收费文件、收费依据等。最后确定了经费预算金额后，又遇见了新的问题：经费迟迟落实不到位！

为此，我和安家瑶队长到建设局找过相关部门，均没有结果。也找过负责的副局长几次，但都没有见到人。其中有一次，办公室人员说副局长出差了，可当我和安家瑶队长准备离开时，却远远看到他乘车而去，原来是在有意躲避我们。

太华路基建考古工作还在艰难地进行着，但已经是举步维艰了。安家瑶队长后来的决定让我很吃惊，她要我和她一起去"堵"副局长办公室的门！

第二天一早天还没亮，安队长和我准时7点到了建设局门口，给传达室的老大爷说了半天才让我们进门。7：40左右，副局长到了办公室门口，看到我们很是惊讶，也一下子明白了我们"堵"他的用意，连忙把我们请进办公室。第三天，太华路基建考古经费就到位了！太华路基建考古工作也才逐渐走上了正常轨道。

后来，我从在市政府和文物部门工作的朋友那里才知道，太华路拓宽改造，"考古队向西安市市政工程要走了一笔考古工作经费"一事，政府很多部门都知道了。原因很简单，市政部门"被"要钱的事，在当时是一件很新鲜的事。

这件事虽然已经过去16年了，我却一直难以忘怀。尤其是为了考古经费和安家瑶队长一大早去"堵"市政官员办公室门的事，是我考古经历中最难忘的事。

二、为保护遗址，我和挖掘机"拼疯狂"

配合基建考古工作中，我们不时会和建设施工单位发生工作上的"冲突"。因为考古和建设施工单位两家为了各自的工作利益，很多时候是互不让步的。比如说，建设施工单位往往希望考古工作尽快完成，没有考古工作最好，这样就不会影响建设，他们也就能早日施工，早日完工。考古人员却希望多些时日把建设范围内的考古工作搞清楚、做全面，做出成绩。考古工作是需要时间的，而考古工作的时间，往往被认为会耽误建设施工时间。考古工作也是需要出成绩的，但这又恰恰被建设单位认为是他们建设的"绊脚石"。建设单位有时为了其工作进度，甚至不顾规划范围内有无考古遗存，同时也不知会文物考古部门就擅自进行施工，这是文物考古部门坚决不能接受的！未经过考古而施工，一旦造成文物与古遗迹的毁坏，后果无法弥补。这样一来，双方从各自的工作立场、工作节奏出发，往往冲突较多。为此，发生不愉快的事也是常有的。

2000年的冬天，西北风虽然不是很凛冽，但吹到脸上却也是干冷的疼。太华路沿线考古勘探在进行着，因为开展的工作点较多，我按照常规逐个点进行巡视。突然接到了同事的电话，说市政公司要强行用挖掘机挖掘大明宫东宫墙外侧的一个夯土堆。

我心里清楚，市政施工是很强势的；但心里同样清楚，那个夯土堆很有可能是大明宫东宫墙外侧（东侧）的夹城墙，如果毁坏，后果不堪设想。想到这，不容迟疑，我急忙赶往事发地。

为了保住这一重要遗址，避免事态失控，我在途中把这一情况及时给大明宫遗址保管所做了通报，保管所的张书记也意识到事情的严重性，随即联系了市文物局文物安全稽查队。

我赶到现场时，一台挖掘机正在轰鸣地工作，正准备对高土堆开始实施大面积作业。同时，现场已经有许多人在围观，显然是我们的勘探人员已经交涉过，但没有效果。实在没有办法了，为了保护遗址，只有一拼了！我径直走到挖掘机前，大步登上了夯土堆，挥手示意让停止作业！这时现场围观人员也开始骚动。

挖掘机司机探头看到了铲臂下的我，也惊出一身冷汗。"你疯了，不要命了？！"司机大喊道。这时，刚才还很蛮横的市政施工队一个领班，也被这突如其来的场面给惊到了，一声不语。不久，文物局文物稽查队的同志也赶到了。

遗址终于得保，考古工作随即展开。事后，大明宫遗址保管所的张书记和稽查队的上官队长都说我太冲动了，以后再急的事也不能拿自己的生命"开玩笑"。那年我26岁！我清清楚楚地记得这个年纪，这件事。

事后想想，当时自己的确是很冲动，多少也有些后怕，但从来不后悔！那个时刻，为了工作，为了能保住遗址，想不了那么多，只有冲上去方能解决！这也是任何一个敬业的考古工作者都会做的事情。就是现在，如果面对同样的事情，我还是会毫不迟疑地冲上去，与破坏文物遗址的人"拼疯狂"！

当然，类似的事在基建考古中不是太多，也可以说是意外。但这种意外，不是实验室里的故事，不是书斋中的思辨，也不是旅途中所兴起的情怀，更不是探险所能赶上的奇遇，它是考古人对文物遗产保护的自然反应，是对敬祖的考古事业发自内心的执着！

大明宫考古，你所不知道的那些事儿

一、为了考古逢年过节去拜访"村干部"

在中国，逢年过节亲戚朋友间相互走动已成为一种传统。中国的春节也被称作"年关"，沿袭传统，无论是单位和个人，在这个时候走亲访友是人之常情。

每年新旧交替的时节，除了私人走访的事情外，我还会仔细考虑一些与考古有关的走访事宜。考古工作，不管是考古钻探还是考古发掘，一般都会在年关过后展开。但考古工作之前的"工作"却是很烦琐的。因为不管是考古钻探还是发掘，都会涉及进入农田。进入农田工作，首先，必须得到农户的许可。其次，涉及赔产问题。考古钻探因为灵活机动，有时在地里钻探打几个探孔，如果工作量不大，给农户说说，也就可以工作了。但考古发掘不同，涉及土地占用与开挖，时间跨度也往往长达三四个月左右，春季一般是3至6月，秋季一般是10月一直到次年1月左右。这个时间跨度也正是春耕、秋收季节，直接影响所挖掘土地正常的生产，所以赔产是必须的。这里所说的赔产，简单的说就是"土地占用赔偿费"，指对因考古工作占用农田而造成农业收入损失的赔偿。这些事情，都要在考古工作开始之前沟通解决。

为了大明宫一系列的考古工作能够顺利开展，我们不可能挨家挨户去谈，怎么办呢？只能通过遗址所在地的村委会去解决。但大家都知道，从古至今，中国都是一个注重"关系"和人情的社会。办事要顺利有效，就得先想一想有没有可靠的关系能给自己提供方便。没关系就得"拉关系"，"拉关系"就得先从人情开始。当然，不讲人情事情也能办，但事情什么时候去办，什么时候能办成，那可就很难说了。

为了考古发掘工作能顺利、如期开展，逢年过节我都要去遗址所在的大小"村干部"家里拜访和走动，虽然一不沾亲，二不带故，但却如见了亲人一般，就跟走亲戚差不多。一来二去，就慢慢和村干部"拉"上关系了，也多多少少成了村委会的"红人"，办什么事都很方便，考古队每次开展工作，去村委会一说，事情很快就能办成。

如今，大明宫遗址公园建成了，遗址所在的那些村庄均已搬迁，这些事已成过往，但还是很怀念。我是一个比较念旧的人，时不时我还会与他们联络，虽然不必也不用办什么事，但心里总记得，那些年大明宫遗址考古的工作的展开与他们默默地支持分不开。

二、太液池"挖宝"记

考古圈有句名言：考古不是挖宝。这是新中国考古事业奠基人夏鼐先生说的，为的是将考古与盗墓区别开来。近些年复旦大学的高蒙河教授也专门写了一本书，书名就叫《考古不是挖宝》。但话又说回来，寻宝似乎是人的一种天性，那种紧张、刺激和发现之后的快慰是很多东西都无法替代的。

宝就是宝，因为它们自身有价值；宝又不只是宝，因为它们凝结着人类智慧和记忆。考古不是挖宝，是因为我们不能用金钱的价值框住文物本身的历史价值、文化价值；考古就是挖宝，是因为一批重大的发现，往往能揭开很多的历史疑云，为满足人类的好奇心打开更多的大门。

在我的考古工作生涯中，也经历了一次有意思的"挖宝"经历。

2000年时，我们对太液池遗址中新发现的一座岛屿进行试掘工作。这一年，考古队来了一位山东的实习博士。这位博士姓郑，温文尔雅，一看就是知识分子，和我们这些常年做田野工作的考古人区别明显。但他很亲和，言语之间不时透露出幽默，时常和我们开玩笑说，他姓"郑"的最大优势就是，做什么都是"正"职（"郑"与"正"同音）！所有的正职不用和别人争抢，别人也抢不去！最令人难忘的是，他极具才气，而且模仿他人逼真形象！考古工作闲暇时，或者茶余饭后，大家会在一起聊天，聊历史，聊人文，聊有趣的事。聊到新中国成立初的一些历史时，郑博士来了兴致，会现场给大家模仿毛主席和周总理讲话时的形态，说实话，那语气、神态可真是惟妙惟肖，大家不时报以热烈的掌声。

风趣、幽默的郑博士也是一起在太液池"挖宝"的主人公之一。故事就发生在2000年太液池新发现岛屿的考古发掘过程中。按照工作计划，我们分别在新发现岛屿的东、南、西、北开设探沟进行考古发掘。郑博士负责岛屿西部的探沟发掘工作。

那是一个阳光明媚的午后，我正在驻地与大明宫文物保管所领导沟通一些发掘上的事情，突然接到郑博士的电话，他声音压得很低，很神秘地说道："你快过来，工地上有大事情，发掘的探沟有重大发现！可能是窖藏，我已经把工人疏散了……"因事情紧急，我便借口工地有事，匆忙赶往发掘现场。之前我们在一起讨论过，看能不能发现什么后宫宝藏、秘密窖藏、太液池沉船之类的，难道真的言中了？！

接到电话之时，我多少都有些激动，因为遇到重大的考古发现是每个考古人共有的情怀！如果能挖到"宝物"或者身处现场见证"挖宝"的过程，对于每一个考古人来说，都是无比兴奋和荣耀的事情。特别是大明宫考古已经几十年了，如果这个发现的确是后宫窖藏，那这个事情就大了！无论是对大明宫的考古研究，还是对于唐代宫廷考古研究，其价值简直是不可估量的！但话又说回来，地底下多的是你不可预料的事，多的是你不知道的事。可能性有，不可能性也有！想到这里，冲动之余，内心又多了份平静与理智。

到现场后，只有郑博士和几个技师在探沟边"守着"，所有的民工都已被疏散无影。大家一脸的严肃，个个都是一副秘而不宣、急切又故作平静的神情，那场面，俨然是迎接重大考古发现面世，见证重要历史时刻的豪迈架势。职业的敏感与理智告诉我，必须有更多可靠的人来维护现场安全。对于重大发现，如果没有安全保障，一旦发生哄抢文物等不可预测的事情，后果不堪设想。考虑再三，我赶快打电话给民工领班，让挑几个身材魁梧、膀大腰圆且可靠的人尽快返回发掘现场，确保"重大"发掘工作安全进行。

外围的事情安排好了，发掘工作开始进行。郑博士和两个技师先到探沟中部，挑开用土掩藏的探沟壁，一个塌陷的空洞暴露出来。郑博士一边用手给我指，一边说道：发掘暴露初，曾看到洞里有一方形"宝盒"，其他情况不明，鉴于事发突然，就先用土埋藏起来了。

发掘工作要按照土质土色和包含物划分地层与遗迹单位，并按照从晚到早的顺序由上至下进行发掘。我仔细观察"空洞"现象所属的地层，发现其开口（埋藏时最接近地表的封口上部）位于耕土层下，这说明时代很晚，也就基本确定是近现代的遗迹。再看看空洞和里边，还有香炉！其实此刻我心里已经明白是怎么回事了（可能是近代墓葬），但还是没说破。一是得有确凿的考古证据才行；二是还心存些许的希望，希望能在空洞里发现"宝物"。

发掘工作还在继续，清理、照相、录像都在同步进行着。按照发掘操作要求，到了拿出洞里"文物"的时候，我让郑博士和操作技师按照规定带上白手套，小心翼翼拿出香炉，拿出的那一刻就看到香炉里还有铜钱。照相、记录完后，再查看香炉里放置的铜钱，有宋代的，竟然还有清代晚期的！据此，就可判断此墓的时代为清代晚期。大家虽然有点失落，但还是没有放弃，因为洞里还有方形"宝盒"，或许还有意外的收获。发掘工作还在继续，随着方形"宝盒"拿出的那一刻，大家看到"宝盒"上的照片和文字时，彻底失望了！这个大家寄予很大希望的方形"宝盒"只不过是一个骨灰盒。原来，这场"挖宝"行动，被一个近现代墓葬给"忽悠"了。虽然大家当时都很失落，但后来每每提起此事却都很开心！时光变迁，事情虽已经过去近20年了，却难以忘怀。这次"挖宝"经历，成为那些年我们大家一起同甘共苦进行太液池考古发掘工作的美好记忆！

附录一　考古不是"挖宝"

考古不是"挖宝"

在大多数人思想里，考古就是挖宝，考古就是挖墓。但真正意义上的考古并不是这样。考古是什么？考古是一门学问。人的好奇心与生俱来，想了解奥秘，想知道谜底，想把未知变成已知。考古恰恰就是能够满足人们好奇心的学问。

考古，又称"考古学"。它是根据古代人类活动遗留下来的实物来研究人类古代历史的一门科学，也是专业性很强的一门新兴学科。它的魅力就在于我们能用一把手铲，发掘出人类对未知领域的探索精神。

一、考古学的由来

考古学的概念和研究范畴在各个时代并不相同，即便在同一时代中，各人的理解也不完全相同。中文中的"考古学"一词，译自西文，而西文中考古学一词（如英文Archaeology），都源于希腊文，泛指古代史的研究。17、18世纪时，一般用以指古物和古迹中的美术品。到了19世纪时，这才泛指一切古物和古迹。

我国早在东汉时代（1—2世纪）已有"古学"一词，如《后汉书》说郑兴长于古学、马融传古学、贾逵为古学等，这都是泛指研究古代的学问。到了北宋中叶（11世纪）便已诞生了考古学的前身金石学。其研究对象最初限于吉金（青铜彝器）和石刻。此时已有"考""古"二字连文，例如，1092年成书的北宋学者吕大临的《考古图》，其中著录了公私收藏的古代铜器和玉器，便是这样理解"考古"一词的。稍晚的南宋程大昌《考古编》、叶大庆《考古质疑》二书，虽也用"考古"一词，内容乃是考证文章。到了清代末叶，金石学的研究范围扩大了，便有人（如罗振玉）主张应改称"古器物学"。当然，清代至民国的这种古器物学，更接近于近代的考古学。①

中国考古学主要有三个阶段：古器物学（1092—1920年）、科学考古学（1920—1949年）和社会主义新中国的考古学（1949年后）。②

我们通常所说的考古学，一般是指新中国成立以来的考古学，多称现代考古学。其研究过程由三部分组成：一是收集和发现遗存（所谓"遗存"，通俗来讲，就是古代人类遗留下来、存在的东西。专业称为"遗物与遗迹总称"），其实主要就是野外干的活儿，又称"室外工作"，包括考古调查、考古钻探、考古发掘；二是整理和分析遗存；三是解释遗存。后两个过程多在室内完成，又称"室内工作""室内研究"，直到最后形成考古报告、研究论文等。

二、考古的工具与技术

1.考古人手中的两把铲——探铲和手铲

探铲，就是考古钻探用的铲，又称"洛阳铲"。据传是河南洛阳附近农村的李鸭子于20世纪初发明的，最早广泛使用于盗墓，而今则成为考古工具。著名的考古学家卫聚贤在1928年目睹盗墓者使用洛阳铲的情景后便将其运用于考古钻探。在中国各类型遗址考古中，洛阳铲发挥了重要作用。如今，学会使用洛阳铲来辨别土质、土色与包含物，进而分析地下遗

---

①夏鼐：《什么是考古学》，载《考古》1984年第10期。
②张光直：《考古学和中国历史学》，陈星灿译，载《考古与文物》1995年第3期。

存的考古现象，是每一个考古工作者的基本功。洛阳铲是中国考古钻探工具的象征。20世纪70年代初，中国考古代表团访问阿尔巴尼亚时，曾赠给对方一把打造精致的洛阳铲。现在，走出国门的中国考古，探铲的应用已经在许多国家取得了成功。

手铲，就是考古人手中用的小铲，本是农业与工业工具，采用锰钢和百年传统工艺，由经验丰富的老师傅手工精心打造成型，铲身韧、铲口硬，主要用于精细刮、铲和划定土层界限等工作。

2.新时代"高大上"的考古——先进科技手段的加入

传统的考古在寻找地下文物时，一般都是依靠手中的两把铲，但随着科技的发展，考古也有了高端的技术手段和仪器设备。比如航空遥感、电磁雷达与核物理探测、GIS地理信息系统、RTK实时差分定位高精度测量、动物考古等等。对遗址遗物的年代测定也不依赖于器物的类型，更多地应用热释光、树木年轮、碳十四测定等自然科技手段。考古研究也不再限于遗址与人类活动本身，已经通过植物考古（如孢粉分析）将研究扩大到了人类历史时期所生活的自然环境中。为了了解挖掘出来东西的内部结构，有时还要做X光透视、CT检查等。另外，三维扫描、实时厘米级精度测量性GPS和超景深三维显微系统等仪器在考古中也都有应用。

三、"远看是挖土，近看是考古"说的就是考古发掘

考古资料的发现虽然包括考古调查、考古钻探、考古发掘，但最主要的手段却是考古发掘。这也是获得可靠考古资料的主要方法。考古发掘最常见到的就是"挖土"，"远看是挖土，近看是考古"就是这么来的。铁锨、锄头是常见的工具，再有一样专业工具，就是上面所说的手铲。如果遇到需要仔细清理的遗迹（如房址、墓葬等），竹签、刷子也少不了。

考古探方是进行考古发掘的基本作业单位。考古发掘几乎都是通过探方发掘来实现的。探方一般面积5×5平方米，如果是面积较大的门址、房址、城址等，探方面积也采用10×10平方米或者20×20平方米。考古探方由发

考古探方实景

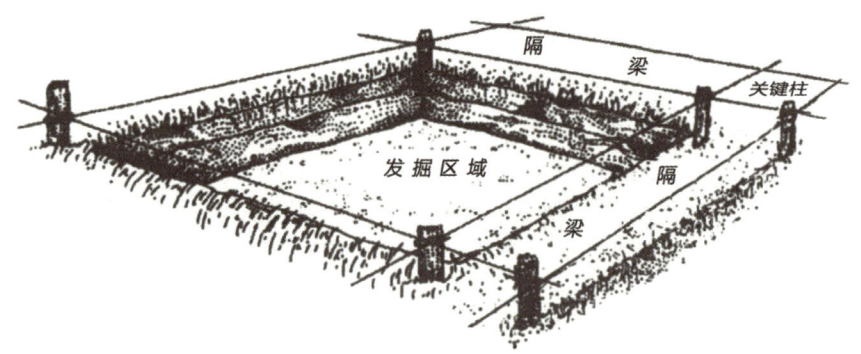

考古发掘探方各部分示意图（图出自高蒙河：《考古不是挖宝》，山东画报出版社，2009年）

掘区域、隔梁关键柱三部分组成。探方发掘先行开挖的其实是4×4平方米（10×10的探方就是开挖9×9平方米）的发掘坑，探方北面和东面要留出1米宽的隔梁，便于清理时作通道和观察地层剖面，隔梁一般在主体发掘完毕后再发掘。关键柱位于相邻四个探方交角处，能校正各探方之间的地层和遗迹关系，要保留到工地发掘结束。

很显然，考古是一个过程，是一条程序链，发掘与发现只不过是过程中的一环，是一个结点。另外，有些考古发掘与发现周期较短，比如清理中小型的古墓，发掘与研究工作有时是"立竿见影"。但有些考古发现却会"没完没了"，具有反复性和连续性。比如城址（人类居住遗址，含大、中、小型城市遗址等）的发掘与研究。世界上时间最长的考古过程，要数意大利的庞贝古城了，大约已经断断续续地干了一二百年。中国的考古发现也有不少是进行了多年，比如曾发现甲骨文的商代都城殷墟考古，自1928年起，也已经时断时续干了七八十年。今天要说的隋唐长安城考古，也前前后后干了60余载。从第一代人算起，有多少人从青年干到中年，从中年干到盛年，从盛年干到了退休。马得志先生几乎把自己的一生都献给了隋唐长安城考古。如今我们已是隋唐长安城考古的第三代工作者了，发掘与研究工作到现在还在进行着，也还不断有新的发现。

知道了这些，你也能当考古学家

一、挖到什么不叫本事，怎么挖的才是能耐

一说到考古，一般人的第一反应和关心的第一话题都是："挖到了什么呀？"其实，对于考古来说，行话是"挖到什么不叫本事，怎么挖的才是能耐"。这就应了"行有行规"那句老话。行有行规不假，行里还出状元，这状元就是考古高手。有了高手，就有中手，当然就还不乏低手。是高手挖，还是中手挖，或者是低手挖；是高手带着中手挖，还是中手带着低手挖。谁挖，怎么挖，这就有了挖好挖坏的区别，就有了挖得规矩或挖得遗憾的结果，就有了嬉笑怒骂的经历，就有了苦辣酸甜的人生。因为考古发现在带给人们众多的知识、趣味乃至惊喜的同时，考古学家又赶往了下一个寂寞而清苦的野外地点。能不能有新发现，不知道；能不能在发现中求得真相，也是未知。就这样，日复一日，月复一月，年复一年，于是，考古成了人生。

二、把挖到的东西准确地解释清楚，才是最重要的

考古这行光会挖还不行，否则考古人就只是形而下的考古匠。匠人的习性是重复，考古匠出不了大名，当不上大家，更休想成为大师。因此，

蹲着挖掘完了，更重要的是要回到室内，坐着对发现的东西（遗迹与遗物）进行整理研究。坐着考古比蹲着考古轻松不了多少，不但是体力活，还是个脑力活：要整理出甲乙丙丁，要分析出子丑寅卯，讲出一二三四的原因，谈出ABCD的价值，看上去"阳春白雪"得多。行话又说：研究出结果不是水平，用什么方法研究才见高低，用哪套理论指导才有"腔调"。考古学家的天性是发现，是突破，是创新，这就把考古一下子形而上起来了。这就如中国考古学会前理事长苏秉琦先生所指出的："考古学是一门科学，发现（包括一些重大发现）仅仅是它的一个环节，它能给我们以启发，却不允许我们满足于现状。如何解释这些发现，或者说用什么样的理论、方法来指导我们正确地解释这些发现，才是最重要的。"[1]读他这段话，我想考古匠与考古学家的区别，就不用再啰嗦了。也只有达到这个层面，才是考古与考古人的最高境界。考古不是挖宝，考古的魅力在于发掘出人类对未知领域的探索精神。

考古不是一个结果，而是一个寻找的过程，或者说既是过程，也是结果。到底是过程吸引人，还是结果牵动人，抑或是考古学家们的故事感动人，都是仁者见仁、智者见智的事。

考古工作不可能天天都有新发现，更多时候是重复琐碎的程序性工作，日复一日，年复一年，默默调查，默默发掘。除非有重大发现，否则往往不为人知。然而，考古所追寻的是人类的终极关怀，即我们从哪来？我们的过去是怎样的？认识过去，才能更好地把握现在，开创未来。考古是一份将理想主义和现实主义都发挥到极致的工作，一份需要实实在在地去发掘别人认为没有用的东西的工作，一份需要踏踏实实去寻找璀璨珍宝的工作，一份听起来传奇实则朴实的工作。

---

[1] 苏秉琦：《苏秉琦文集》（三），文物出版社，2009年，第120页。

考古不是"盗墓"

近些年,随着《盗墓笔记》的大红大紫,盗墓小说、盗墓电影成为时尚,考古学这门原本冷僻的专业突然变得"炙手可热",人气十足。但同时也有一个很奇怪的现象,不少人通过书籍、电影喜欢上了"摸金校尉",却对考古嗤之以鼻,认为考古就是"合法的盗墓"。那么两者究竟有何区别呢?

1.盗墓:偷走的不仅仅是文物,更是历史!

盗墓,在我国历史上可谓"长盛不衰"。存世久远、陪葬奢华的墓葬,吸引了不知多少人的眼光,行业内的一句话叫"十墓九盗",也就是说,古代墓葬百分之九十都遭遇过盗墓者的光顾。事实也基本如此,盗墓在古代就屡屡发生,如今也是,盗墓在全国各地时有发生。盗墓者提取文物的方法简单粗暴,就是打洞、进去、带走文物。有的不挖洞,直接用炸药炸出直通墓葬的洞穴,盗走古墓文物。盗墓者对墓葬的破坏,不仅表现在使墓葬中许多文物在洗劫中残破遗失,还在于无知的盗墓者站在商业价值角度上将一些自身未必看重,却具有极重要的科学价值和文化价值的文物毁于一旦。盗掘的同时,也将文物所在墓葬的墓道、墓室形制、文物放置地点、组合规律等破坏殆尽,导致文物本体和相关历史文化的研究失去了依靠和环境。换句话说,墓葬的价值意义,并不仅仅表现为随葬品的数量和质量等,一些看来并不直接具有商业价值的遗迹现象,其实都包含有非常重要的历史文化信息,而野蛮的盗掘,往往使这些现象遭到不可挽救的破坏。盗墓行为,使得一些非常重要的文物发现地点及其他有关遗迹现象至今仍不能明朗,一些墓室因破坏殆尽而无法进行充分研究。盗墓行为导致文物本体和墓葬的破坏与分离,使得这些认识古代社会历史的重要资料不能够发挥作用,一些重要历史信息无法还原,永远成为了历史。因此可以说,盗墓者偷走的不仅仅是文物,更是历史!

2.考古：考古不单单是发掘遗址与遗物，更是在发掘历史

发掘古代墓葬只是考古工作之一。考古大多是在建设施工或遭盗掘破坏后，才进行抢救性的发掘。保证出土文物的完好无损是考古发掘的基本要求。考古工作对于墓葬的发掘有着严格的科学操作规程。此外，墓葬对于考古工作的意义，并不仅仅表现为随葬品的数量和质量，墓葬形制、葬式等，墓葬作为一个遗址，其从地表、周边开始直到地下的墓道、墓室，这些看起来并不重要的遗迹现象，其实包含着不可或缺的历史文化信息。考古是研究、再现、补充古代社会人文历史的重要方式。墓葬中文物的商业价值，对于考古工作来说，几乎没有任何参考意义。对于古代人类社会历史的研究来说，有时墓葬中被破坏的壁画，或者有特殊研究价值的一件陶罐，比金子更重要！考古发掘遗址的过程，其实就是发掘历史的过程。

附录二 我的考古工作历程

我大学毕业就到中国社会科学院考古研究所工作了,转眼已有20余年。

在我小时候的理想中,从来就没有出现过"考古"这两个字。高考录取时,我机缘巧合地进入了某大学历史系,历史系当时有两个专业,一个是世界历史专业,另一个就是考古专业。我的高考录取志愿一栏填写的是"服从分配",因此,我也就被分配到了考古专业。

我是土生土长的农家子弟。父亲只有小学文化水平;母亲根本没有上过学,斗大的字不识,老实巴交的农民一个。父亲可能因为读过书,头脑比较灵活,改革开放初期,父亲为了养家糊口四处奔走做点小生意。我小时候常爱跟在爷爷身后转,听爷爷讲三国、说水浒,后来对历史感兴趣,大概也缘于此。

小学到初中,我学习都还不错,后来顺利考入县重点高中,走读三年。初上高中时,成绩还算理想,高三时,因天生顽皮与贪玩,导致第一年高考落榜。父亲认为我不是读书的料,就劝我回家帮着家里打理生意。我也就"子从父命",毕业回家帮着家里跑客车运输。说实话,我们那个时代,像我这样家境普通的农村孩子,心底深处都有长大出人头地的梦想,都有跳出"农门"的憧憬,都向往着能过上"吃商品粮"(农业户口,通俗的说法是"吃农业粮";城镇户口,通俗的说法是"吃商品粮")的生活。那时脱离农村、改变命运的唯一途径就是考上大学,成为天之骄子,谋求一份工作和一个"华丽的转身",成为城里人,这在农村是光宗耀祖的事。倔强的我，不甘于接受将来要待在农村，在农村娶妻生子的命运。其实也是内心深处害怕跟路遥小说《人生》里的高加林一样，在外头读几年书，没考上大学，灰溜溜地回家种田。这不该是我的命运，我也不甘于接受这样的命运！这个想法萦绕在心头久久不能散去。转眼离开学校已经快半年，到了年底。因为跑运输要早起，自己时常会不自觉地在天亮之前一个人摸黑跑到学校门口，静静地站上一会，看着背着书包走进学校的学生，想想现在的自己，只能默默地流泪。后来，姐姐知道原因后，便和父亲说让再给我一次机会，重新入学，能考上了算我命大，考不上了就老老实实地回来帮衬家里。于是，停学半年的我在临近春节时又重新回到了学校，插入补习班，准备参加第二次高考。可能是缘于孤注一掷，可能是缘于破釜沉舟，也可能是命运给我半年时间，让我去奋斗出一个绝地反击的故事。这个故事关于独立，关于梦想，关于勇气，关于坚忍。这个故事中我没日没夜寒窗攻读，我日复一日废寝忘食。这个故事是有志者事竟成！这个故事的结果是我终圆大学梦！

记得那年高考结束，我反而很平静了，也没有太多的想法，就踏踏实实帮衬家里做生意。因为我知道，摆在面前的只有两条路：要么考上大学，要么就扎根农村。高考成绩下来的时候，我还在集市上帮家里卖毛巾和花布，是同村一个要好的同学路过我们家摊点时告诉我的，"成绩下来了，你考上了！"那一刻，我都不敢相信这是真的！放下手里的活，不顾一切向学校跑去……

后来我被某重点大学的考古专业录取。天哪！考古专业？当时因为不太了解专业情况，我的第一反应考古就是挖古墓。我失望至极，心里落差极大，想想自己终于考上大学，跳出"农门"，如今却要进入如此冷门的专业学习。那时只知道，考古是冷门，大学毕业很难找到工作，即便是找到工作，将来也还是在地里挖土。前途顿时变得灰暗起来，我曾一度表示不愿意去报到，还躲进房间哭了一场。

后来，进入大学经过专业学习之后，我才有了正确认识，逐渐喜欢上了考古。而且为了将来能有好的工作单位，又加倍努力地深入学习专业知识，同时还兼修其他专业的课程，试图拿到双学位，获取更多的就业机会。因为成绩优秀，我从大一开始，连续拿了四年的专业学习奖学金。毕业时，也如愿进入国家级考古研究所工作。

到考古研究所工作时间不长，我就被安排到汉唐研究室，专门从事隋唐都城（长安城）的考古发掘与研究。隋唐长安城大致就是现在的西安市区范围。

我到西安工作是在1998年夏天，一开始就被安排到西安唐城考古队，当时考古队队长是安家瑶先生，我入职参加的第一项工作就是大明宫太液池遗址的考古勘察与试掘。1999年夏季，又参加了长安城圜丘遗址的发掘。后来又先后参加过唐长安城的现状调查、唐长安大明宫左银台门遗址的发掘、中日联合考古队大明宫太液池遗址的发掘、唐长安城延平门遗址的发掘、唐大明宫丹凤门遗址的发掘、唐长安城西市遗址的发掘、唐大明宫兴安门遗址的发掘、唐大明宫国家遗址公园全面考古工作等。每一个遗址，每一项工作前后都有许多难以忘怀的故事。当时工作之余就是带领队里的技师们对唐长安城进行考古踏察。条件所限，当时的工作交通工具只有单位配发的"永久牌"自行车。出于对工作的敬畏，我们硬是靠着两个车轮和两条腿完成了对唐长安城的踏察。唐长安城面积84平方公里，几乎所有的关节点、地上遗存我们都走了个遍。为了掌握遗址的现状，我会对长安城进行不定期踏察。每次踏察，我都会拍下照片。随着时间的变迁，这些照片如今已成为诸多遗址重要的历史照片。

接下来的几年是配合基建考古工作。2000年、2003年、2005年陕西棉纺十一厂（原大华纱厂，现名大华公司）基建考古；2002年含元殿村、含元殿游乐园基建考古；2005年市38中学基建考古；2006年太华路小学基建考古、黄河棉织厂基建考古、西安啤酒厂基建考古、中铁二十局基建考古、中铁二十局医院（后改名唐华医院）基建考古、坑底寨村基建考古；2007年大明宫建材市场基建考古、马旗寨村基建考古等。

2008年始,大明宫国家遗址公园范围内的考古工作全面展开,一直到2010年,我和我的团队(西安唐城队)对大明宫范围内的宫墙、宫门、宫殿、道路、水系等进行了系统的勘探和发掘,取得了大量珍贵的考古资料。

2011年,我又有幸参加了澳门圣保禄学院项目的考古工作。因为澳门大三巴牌坊就是圣保禄学院的一部分,所以我们每天的工作和生活,都是围绕着大三巴展开的。在这里,我和同事们一起生活一起工作,收获了学术,收获了快乐。

2014年起,我又远赴中亚加入到中国社会科学院考古研究所和乌兹别克斯坦科学院考古研究所合作进行的费尔干纳盆地考古项目(简称"中亚考古项目"),这是中国考古走出国门的一个大项目,同时也是我国"一带一路"考古项目。我们工作的地点在费尔干纳盆地的安集延州,对明铁佩古城遗址进行考古勘探、发掘和测绘。中亚考古,除了常规的田野考古与学术交流之外,我们还与当地的老百姓和睦共处,友好往来,当地的老百姓每当有集体活动或者婚礼,都会热情邀请中国发掘人员做为贵宾参加。出色的考古工作与成果,得到了中外学术机构与媒体的好评。2016年6月,习近平主席在乌兹别克斯坦进行国事访问期间,还特别接见了包括笔者在内的中亚考古项目的全体工作人员,并和考古队人员一一握手合影留念。这不仅是中亚合作考古的荣誉,更是中国考古的荣誉。如今走出国门的中国考古,在呈现出色考古成果的同时,更多呈现的是文化自信、制度自信!

2017年4月,雄安新区成立。国家文物局邀请河北省文物考古研究所、中国社会科学院考古研究所、中国国家博物馆、故宫博物院等单位组建雄安新区联合考古队,我又有幸代表中国社会科学院考古研究所率队参加雄安新区的考古调查、勘探、发掘以及课题研究等工作至今。

考古是我的人生,我的人生也注定终于考古。希望在我有限的人生中能再为考古做点事情。这些事情对于国家的考古事业来说,或许是微不足道的,但重要的是,当迟暮之年回首时,我可以坦然地说:我为考古做了点事,也做到了。